"十二五"国家重点图书出版规划项目

公共安全应急管理丛书

基于层次任务网络规划的
应急响应决策理论与方法

王红卫　祁　超◎著

科学出版社

北　京

内 容 简 介

应急响应决策是指突发事件发生后，应急组织根据当前应急态势识别应急任务目标，制订应急行动方案，并快速地组织有关部门，调动各类资源，有效开展应急处置工作。应急响应决策问题具有协作性、动态性、时效性和层次性等特点，无法完全采用数学建模和优化方法，其决策需要充分利用领域专家的知识。本书在层次任务网络规划的逐层分解思想基础上建立了相应的应急响应决策方法体系，探讨了基于本体的应急领域知识建模、应急组织目标制定、HTN 应急任务规划以及应急响应决策过程模拟等关键问题，为 HTN 规划在应急领域的应用构建了较完整的理论框架。重点讨论了基于 HTN 的应急行动方案制订方法，包括应急任务规划中的时间管理、资源管理、多指标评价、应急资源缺项处理、分布式协作任务规划，以及规划集成与执行等问题。

本书可作为系统工程、管理科学与工程以及计算机应用等专业领域的研究人员的研究用书，也可作为从事应急管理工作的有关人员的参考用书。

图书在版编目（CIP）数据

基于层次任务网络规划的应急响应决策理论与方法 / 王红卫，祁超著 . -北京：科学出版社，2014

（公共安全应急管理丛书）

ISBN 978-7-03-040678-1

Ⅰ.①基… Ⅱ.①王… ②祁… Ⅲ.①信息技术－应用－公共安全－安全管理－研究－中国 Ⅳ.①D63-39

中国版本图书馆 CIP 数据核字（2014）第 107665 号

责任编辑：马　跃　徐　倩 / 责任校对：王艳利
责任印制：肖　兴 / 封面设计：无极书装

科学出版社 出版

北京东黄城根北街 16 号
邮政编码：100717
http://www.sciencep.com

中国科学院印刷厂 印刷

科学出版社发行　各地新华书店经销

*

2015 年 9 月第 一 版　开本：720×1000　1/16
2017 年 12 月第二次印刷　印张：16 1/2
字数：332 000

定价：138.00 元

（如有印装质量问题，我社负责调换）

丛书编委会

主　编

　　范维澄　教　授　清华大学
　　郭重庆　教　授　同济大学

副主编

　　吴启迪　教　授　国家自然科学基金委员会管理科学部
　　闪淳昌　教授级高工　国家安全生产监督管理总局

编　委（按姓氏拼音排序）

　　曹河圻　研究员　国家自然科学基金委员会医学科学部
　　邓云峰　研究员　国家行政学院
　　杜兰萍　副局长　公安部消防局
　　高自友　教　授　国家自然科学基金委员会管理科学部
　　李湖生　研究员　中国安全生产科学研究院
　　李仰哲　局　长　国家发展和改革委员会经济运行调节局
　　李一军　教　授　国家自然科学基金委员会管理科学部
　　刘　克　研究员　国家自然科学基金委员会信息科学部
　　刘铁民　研究员　中国安全生产科学研究院
　　刘　奕　副教授　清华大学
　　陆俊华　副省长　海南省人民政府
　　孟小峰　教　授　中国人民大学
　　邱晓刚　教　授　国防科技大学
　　汪寿阳　研究员　中国科学院数学与系统科学研究院
　　王飞跃　研究员　中国科学院自动化研究所
　　王　垒　教　授　北京大学
　　王岐东　研究员　国家自然科学基金委员会计划局
　　王　宇　研究员　中国疾病预防控制中心
　　吴　刚　研究员　国家自然科学基金委员会管理科学部
　　翁文国　教　授　清华大学
　　杨列勋　研究员　国家自然科学基金委员会管理科学部
　　于景元　研究员　中国航天科技集团 710 所

张　辉　教　授　清华大学
张　维　教　授　天津大学
周晓林　教　授　北京大学
邹　铭　副部长　民政部

总　序

自美国"9·11事件"以来，国际社会对公共安全与应急管理的重视度迅速提升，各国政府、公众和专家学者都在重新思考如何应对突发事件的问题。当今世界，各种各样的突发事件越来越呈现出频繁发生、程度加剧、复杂复合等特点，给人类的安全和社会的稳定带来更大挑战。美国政府已将单纯的反恐战略提升到针对更广泛的突发事件应急管理的公共安全战略层面，美国国土安全部2002年发布的《国土安全国家战略》中将突发事件应对作为六个关键任务之一。欧盟委员会2006年通过了主题为"更好的世界，安全的欧洲"的欧盟安全战略并制订和实施了"欧洲安全研究计划"。我国的公共安全与应急管理自2003年抗击"非典"后受到从未有过的关注和重视。2005年和2007年，我国相继颁布实施了《国家突发公共事件总体应急预案》和《中华人民共和国突发事件应对法》，并在各个领域颁布了一系列有关公共安全与应急管理的政策性文件。2014年，我国正式成立"中央国家安全委员会"，习近平总书记担任委员会主任。2015年5月29日中共中央政治局就健全公共安全体系进行第二十三次集体学习。中共中央总书记习近平在主持学习时强调，公共安全连着千家万户，确保公共安全事关人民群众生命财产安全，事关改革发展稳定大局。这一系列举措，标志着我国对安全问题的重视程度提升到一个新的战略高度。

在科学研究领域，公共安全与应急管理研究的广度和深度迅速拓展，并在世界范围内得到高度重视。美国国家科学基金会（National Science Foundation，NSF）资助的跨学科计划中，有五个与公共安全和应急管理有关，包括：①社会行为动力学；②人与自然耦合系统动力学；③爆炸探测预测前沿方法；④核探测技术；⑤支持国家安全的信息技术。欧盟框架计划第5～7期中均设有公共安全与应急管理的项目研究计划，如第5期（FP5）——人为与自然灾害的安全与应急管理，第6期（FP6）——开放型应急管理系统、面向风险管理的开放型空间数据系统、欧洲应急管理信息体系，第7期（FP7）——把安全作为一个独立领域。我国在《国家中长期科学和技术发展规划纲要（2006—2020年）》中首次把公共安全列为科技发展的11个重点领域之一；《国家自然科学基金"十一五"发展规划》把"社会系统与重大工程系统的危机/灾害控制"纳入优先发展领域；国务院办公厅先后出台了《"十一五"期间国家突发公共事件应急体系建设规划》、《"十二五"期间国家突发事件应急体系建设规划》、《"十二五"期间国家综合防灾减灾规划》和《关于加快应急产业发展的意见》等。在863、973等相关科技计划中也设立了一批公共安全领域的重大项目和优先资助方向。

针对国家公共安全与应急管理的重大需求和前沿基础科学研究的需求，国家自然科学基金委员会于2009年启动了"非常规突发事件应急管理研究"重大研究计划，遵循"有限目标、稳定支持、集成升华、跨越发展"的总体思路，围绕应急管理中的重大战略领域和方向开展创新性研究，通过顶层设计，着力凝练科学目标，积极促进学科交叉，培养创新人才。针对应急管理科学问题的多学科交叉特点，如应急决策研究中的信息融合、传播、分析处理等，以及应急决策和执行中的知识发现、非理性问题、行为偏差等涉及管理科学、信息科学、心理科学等多个学科的研究领域，重大研究计划在项目组织上加强若干关键问题的深入研究和集成，致力于实现应急管理若干重点领域和重要方向的跨域发展，提升我国应急管理基础研究原始创新能力，为我国应急管理实践提供科学支撑。重大研究计划自启动以来，已立项支持各类项目八十余项，稳定支持了一批来自不同学科、具有创新意识、思维活跃并立足于我国公共安全核应急管理领域的优秀科研队伍。百余所高校和科研院所参与了项目研究，培养了一批高水平研究力量，十余位科研人员获得国家自然科学基金"国家杰出青年科学基金"的资助及教育部"长江学者"特聘教授称号。在重大研究计划支持下，百余篇优秀学术论文发表在SCI/SSCI收录的管理、信息、心理领域的顶尖期刊上，在国内外知名出版社出版学术专著数十部，申请专利、软件著作权、制定标准规范等共计几十项。研究成果获得多项国家级和省部级科技奖。依托项目研究成果提出的十余项政策建议得到包括国务院总理等国家领导人的批示和多个政府部门的重视。研究成果直接应用于国家、部门、省市近十个"十二五"应急体系规划的制定。公共安全和应急管理基础研究的成果也直接推动了相关技术的研发，科技部在"十三五"重点专项中设立了公共安全方向，基础研究的相关成果为其提供了坚实的基础。

重大研究计划的启动和持续资助推动了我国公共安全与应急管理的学科建设，推动了"安全科学与工程"一级学科的设立，该一级学科下设有"安全与应急管理"二级学科。2012年公共安全领域的一级学会"（中国）公共安全科学技术学会"正式成立，为公共安全领域的科研和教育提供了更广阔的平台。在重大研究计划执行期间，还组织了多次大型国际学术会议，积极参与国际事务。在世界卫生组织的应急系统规划设计的招标中，我国学者组成的团队在与英、美等国家的技术团队的竞争中胜出，与世卫组织在应急系统的标准、设计等方面开展了密切合作。我国学者在应急平台方面的研究成果还应用于多个国家，取得了良好的国际声誉。各类国际学术活动的开展，极大地提高了我国公共安全与应急管理在国际学术界的声望。

为了更广泛地和广大科研人员、应急管理工作者以及关心、关注公共安全与应急管理问题的公众分享重大研究计划的研究成果，在国家自然科学基金委员会管理科学部的支持下，由科学出版社将优秀研究成果以丛书的方式汇集出版，希望能为公共安全与应急管理领域的研究和探索提供更有力的支持，并能广泛应用到实际工作中。

为了更好地汇集公共安全与应急管理的最新研究成果，本套丛书将以滚动的方式出版，紧跟研究前沿，力争把不同学科领域的学者在公共安全与应急管理研究上的集体智慧以最高效的方式呈现给读者。

重大研究计划指导专家组

前　言

　　目前，我国正处在经济社会转型期，社会不稳定因素增多，各类突发事件时有发生。应急响应是应对突发事件的关键，应急处置措施正确与否直接影响突发事件的演变。应急响应决策问题具有协作性、动态性、时效性和层次性等特点，是典型的非结构化问题，无法完全采用数学建模和优化方法，其决策还需要充分利用领域专家的知识。因此，亟须提出符合突发事件特征的应急响应决策理论与方法，为应急管理实践提供决策支持的理论基础。

　　近几年来，笔者所在团队在国家自然科学基金委员会"非常规突发事件应急管理研究重大研究计划重点支持项目"的支持下，一直致力于应急决策及应急决策过程模拟等方面的研究工作，本书是对这一重点支持项目的研究工作的总结，主要反映了项目的最新研究成果。

　　本书旨在形成基于层次任务网络（hierarchical task network，HTN）规划的应急响应决策方法体系，其重点是基于 HTN 的应急行动方案制订方法。本书较为系统地研究了贯穿整个应急响应决策过程的一系列关键问题，包括基于本体的应急领域知识建模、应急组织目标制定、HTN 应急任务规划以及应急响应决策过程模拟等。同时，着重针对应急领域对 HTN 规划方法的挑战，从时间和资源管理、多指标评价、应急资源缺项处理、分布式协作任务规划以及规划集成与执行等几个方面开展研究，对现有的 HTN 规划方法进行了拓展。

　　全书共分 12 章，第 1 章由王红卫执笔，第 2 章由祁超执笔，第 3 章由刘典和祁超执笔，第 4 章由刘丹和祁超执笔，第 5 章由刘丹和王红卫执笔，第 6 章由唐攀和王红卫执笔，第 7、9 章由王喆和王红卫执笔，第 8 章由李明磊和王红卫执笔，第 10 章由周超和祁超执笔，第 11 章由王红卫、唐攀和王喆执笔，第 12 章由祁超和王剑执笔，全书由王红卫统稿。

　　笔者所在研究团队融洽的工作氛围和良好的团队合作精神是本书得以完成的重要基础，为此深深感谢为撰写本书做出贡献和给予大力支持的团队其他老师——王剑和陈曦副教授。同时，许多博士和硕士研究生参与了本书相关的研究工作，他们是李晶晶、刘匡宇、李圆、陆晨星、吴芳、伍建涛、尹文博、黄文俊、蒋承君、赵鹏、陈庆、李珏等。他们勤勤恳恳、任劳任怨、勇于创新，为本书的完成提供了素材并创造了条件，衷心感谢他们对本书所做的贡献。

本书的研究工作除了得到国家自然科学基金委员会"非常规突发事件应急管理研究重大研究计划重点支持项目"（90924301）的支持外，还得到了国家杰出青年科学基金项目（71125001）、"非常规突发事件应急管理研究重大研究计划集成项目"（91024032）等的支持，以及教育部长江学者和创新团队发展计划的资助，在此表示深深的谢意。

由于笔者水平有限、时间仓促，书中难免存在疏漏之处，恳请读者和同行多多批评指正。

王红卫　祁超

2014 年 3 月

目　录

第1章

绪　　论

目前，我国正处在经济社会转型期，社会不稳定因素增多，各类突发事件时有发生，且呈上升趋势。2003 年爆发的"非典"、2008 年南方地区冰冻雨雪灾害和"5·12"汶川大地震、2010 年玉树地震和舟曲特大泥石流、2012 年北京"7·21"特大暴雨灾害等重大突发事件的发生给我国的经济和社会造成了严重冲击，带来了巨大的经济损失和严重的社会问题，引起了我国政府的高度重视。2006 年 1 月，国务院发布了《国家突发公共事件总体应急预案》，2007 年 8 月公布了《中华人民共和国突发事件应对法》。突发事件可能导致的灾难性后果对应急组织如何采取有效的应急管理手段和措施提出了挑战。应急响应决策是应急管理的重要环节，由于应急响应决策问题具有协作性、动态性、时效性和层次性等特点，运用传统的决策方法无法对其进行有效处理。本章从应急管理的基本概念出发，探讨了应急响应决策过程、关键要素及其决策方法，并以此为基础提出了基于HTN 规划的应急响应决策方法。

1.1　应急管理的基本概念

虽然人类社会自古以来就在不断地应对各类突发事件，但应急管理作为一个专门的研究和应用领域的时间却不长[1]，其中仍存在大量的问题有待解决，远未达到完善的程度。本节从突发事件的定义、分类及特点出发，阐述了应急管理的四个阶段，并整理和总结了国内外应急管理的主要研究机构和应急管理的核心科学问题。

1.1.1　突发事件的定义、分类及特点

1. 突发事件的定义

依据《国家突发公共事件总体应急预案》和《中华人民共和国突发事件应对

法》，突发事件是指突然发生、造成或者可能造成严重社会危害、需要采取应急处置措施予以应对的自然灾害、事故灾害、公共卫生事件和社会安全事件。按照社会危害程度、影响范围等因素不同，自然灾害、事故灾害和公共卫生事件分为特别重大、重大、较大和一般四级。相应地，预警级别由高到低划分为特别重大（Ⅰ级）、重大（Ⅱ级）、较大（Ⅲ级）和一般（Ⅳ级）四个级别，并依次采用红色、橙色、黄色和蓝色加以表示。

与突发事件相关的英文单词包括"emergency"、"crisis"、"disaster"、"hazard"和"incident"。其中，"emergency"最为常用。"emergency"在《牛津英语词典》的定义为"a serious，unexpected，and often dangerous situation requiring immediate action"，在《朗文当代高级英语辞典》中的定义为"an unexpected and dangerous situation that must be dealt with immediately"。根据联合国《2009 UNISDR减轻灾害风险术语》[2]，"crisis"、"disaster"、"hazard"和"incident"的具体含义如下。

（1）crisis（危机）。危机主要是指面临的严峻困难和危险，与突发事件意义相近，但更加强调态势处在危险与机遇的转折点。

（2）disaster（灾害）。灾害是指社区或社会功能被严重打乱，涉及广泛的人员、物资、经济或环境的损失和影响，且超出受到影响的社区或社会动用自身所具备的资源进行应对的能力。灾害强调了损失和影响，并不一定具有突发性；突发事件具有突发性，合理有效地应对可以避免突发事件演变成灾害性事件。

（3）hazard（致灾因子）。致灾因子是指某种危险的现象、物质、人的活动或局面，它们可能导致对人员生命或健康的伤害、财产或生活的损失、社会经济的扰乱以及环境破坏。致灾因子是可能导致灾害的各种风险隐患，及时发现和处理对突发事件应对的有效性至关重要。

（4）incident（事件）。在应急管理的相关文献中，"incident"用来表述突然发生的可能造成损失的某一事件。一般意义上的中性事件往往用"event"表述。

2. 突发事件的分类

对突发事件的分类，目前国际上尚无统一的分类标准[3]。我国的《国家突发公共事件总体应急预案》和《中华人民共和国突发事件应对法》根据突发事件发生的原因、机理、过程、性质和危害对象不同，将突发事件分为四类。

（1）自然灾害。自然灾害的本质特征是其由自然因素直接所致，主要包括水旱灾害、气象灾害、地震灾害、地质灾害、海洋灾害、生物灾害和森林草原火灾等。

（2）事故灾害。事故灾害的本质特征是其由人们无视规则的行为所致，主要包括工矿商贸等企业的各类安全事故、公共设施和设备事故、核与辐射事故、环境污染和生态破坏事件等。

（3）公共卫生事件。公共卫生事件的本质特征是其由自然因素和人为因素共同所致，主要包括传染病疫情、群体性不明原因疾病、食品安全和职业危害、动物疫情以及其他严重影响公众健康和生命安全的事件。

（4）社会安全事件。社会安全事件的本质特征是其由一定的社会问题诱发，主要包括恐怖袭击事件、民族宗教事件、经济安全事件、涉外突发事件和群体性事件等。

这四类突发事件往往是相互交叉和关联的，某类突发事件可能与其他类别的事件同时发生，或者引发次生、衍生事件，应当具体分析、统筹应对。

在美国，有学者将突发事件分为两类[3]：①一般紧急事件，包括火灾、车祸和骚乱等；②特殊紧急事件，包括自然灾害（如地震、火山爆发、飓风、洪水、龙卷风和森林大火等）、人为灾害（如危险品运输、空难、建筑事故、公共卫生事件、大规模杀伤性武器以及恐怖活动等）。

也有学者认为，突发事件具有无规则、突发性、大规模、后果巨大的特点，大致可分为四类：①自然灾害，如地震、洪水、飓风、龙卷风、超高温或者超低温等；②技术发展型灾害，如大面积火灾、化学毒物泄漏、恶性传染性疾病、爆炸和对信息网络的攻击等；③社会秩序型灾害，如战争、投毒、恐怖活动、社会动荡和大型集会骚乱等；④大规模毁灭性武器，如生化武器、细菌武器和核武器等。

英国国内民防法将突发事件分为三类[3]：①人民福利类突发事件，包括人类疾病、对财产造成损害、对民生保障设施造成破坏等方面的事件或情况；②环境类突发事件，包括污染、洪水以及生态破坏或毁灭等方面的事件或情况；③安全类突发事件，包括战争、武装冲突以及恐怖事件等。

加拿大紧急状态法将突发事件分为四类[3]：①公共福利类突发事件，主要是由已经发生或即将发生的火灾、洪水、干旱、风暴、地震及其他自然因素，人类和动植物疾病，事故或者污染等所引起的事件；②公共秩序类突发事件，是指严重威胁社会安全和利益的事件；③国际突发事件，是指由恐吓、威胁行为或者重大武力、暴力的使用或即将使用而引起的，涉及加拿大和一个以上其他国家的事件；④战争类突发事件，是指由已经发生或即将发生的战争或武装冲突所引起的，涉及加拿大或其任何盟国的事件。

俄罗斯联邦紧急状态法将突发事件分为两类[3]：①暴乱类突发事件，包括武装暴动、大规模骚乱和恐怖行动等；②自然原因或技术原因造成的突发事件，包括人畜流行病、灾难、自然灾害及其他灾害引起的事件。

3. 突发事件的特点

突发事件一般具有突发性、危害性、紧迫性、不确定性和复杂性等基本特点。

(1)突发性。事件发生的真实时间、地点和危害难以预料，往往毫无征兆或征兆很少，超出人们的心理惯性和社会的常态秩序，如美国的"9·11"事件。突发性导致事件信息在发生时刻高度缺失，人们难以迅速制定有效的应对措施，这增加了决策者判断、控制和处理突发事件的难度。

(2)危害性。突发事件给人民的生命财产或者给国家、社会带来严重危害，这种危害往往具有社会性，受害主体也往往具有群体性，而且这样的危害短时间内会在大范围内蔓延，滋生出更严重更广泛的危害。例如，2004年12月26日的印度洋海啸，由印度尼西亚苏门答腊以北的海底发生的里氏9.1级大地震引发，海啸高达30米，在几个小时之内蔓延数十个国家，对东南亚及南亚地区造成重大伤亡，遇难人数近30万人。

(3)紧迫性。突发事件突然发生且迅速发展，进程极快，从预兆、萌芽、发生、发展、高潮到结束周期非常短暂。虽然突发事件通常是由一系列小事件逐渐发展而来，有一个量变过程，但事件一旦发生质变而爆发，其破坏性能量就会被迅速释放，且快速蔓延，解决问题的时机稍纵即逝，如不及时采取应对措施将会造成更大的损失和危害。

(4)不确定性。突发事件是小概率事件，其发生和发展机理不清楚，演化规律不明确，导致人们很难预知事件的发展趋势，这些不确定信息增加了应急决策的难度和风险。事件的发展和可能的影响往往是根据既有经验和措施难以判断和掌控的，处理不当就可能导致事态迅速扩大。

(5)复杂性。突发事件的起因复杂，往往是政策、经济、社会等因素相互交织，而且突发事件会蔓延、演化，导致"涟漪反应"、"连锁反应"和"裂变反应"。例如，2011年3月日本东北部地震引发海啸，影响到太平洋沿岸的大部分地区，并造成日本福岛第一核电站发生核泄漏事故。

1.1.2 应急管理的四个阶段

应急管理作为一门新兴的学科，目前还没有一个统一的定义。我们认为，应急管理是指为了降低突发事件的危害，政府及其他公共机构在减灾、备灾、应急响应和灾后恢复等过程中，应用科学、技术、规划与管理等手段，集成社会各方面资源，采取的一系列必要措施和有关活动。这些措施和活动主要包括：制订预案，建立预防机制，防患于未然；加强监控和预警预报工作，防御突发事件的扩散；组织各方面力量，采取有力措施控制事态发展，开展应急救援工作，努力减轻和消除损失；做好事后恢复和重建工作，尽快恢复正常秩序。

应急管理过程一般包括减灾、备灾、应急响应和灾后恢复四个阶段，如图1.1所示。应急管理的"四阶段理论"是1978年美国州长联合会(National Governors Association，NGA)在《应急准备项目最终报告》(1979 年 5 月以缩写 *Comprehensive Emergency Management：A Governor's Guide* 为名称出版[4])中提出的，后在世界各国的应急管理研究和实践中被广泛应用[5]。

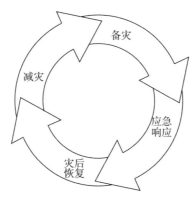

图 1.1　应急管理的四阶段模型[4]

(1)减灾阶段(mitigation phase)。该阶段主要是针对灾害的根源，减少灾害发生的可能性或限制其影响，包括消除或减少灾害发生的活动以及减轻灾害后果的长期活动。例如，提升情报能力以阻止恐怖袭击，开展土地规划和建筑安全立法，等等。减灾活动可能在灾前也可能在灾后开展，其核心是改变自然因素、人为因素或同时改变二者，从而事先预防灾害的发生。

(2)备灾阶段(preparedness phase)。它是为应对可能的突发事件进行相应的准备，从而提升应急响应行动效果，有利于快速恢复。备灾活动包括编制预案、储存物资、培训演练等，它们不仅要支持对迫在眉睫的威胁做出及时、有效的应急响应，而且也需要指导灾后的恢复工作。

(3)应急响应阶段(response phase)。它是应对特定突发事件的关键阶段，是指突发事件发生之后，立即组织有关部门，调动各类资源，制订行动方案，有效开展应急处置措施，为遇险人员提供紧急援助，最大限度地减少损失，防止事态扩大和次生、衍生事件带来的二次影响[6]。应急响应活动主要包括确保受影响区域的安全、疏散受威胁的人员、搜救伤者、为伤员提供应急医疗救助和为灾民提供住所等活动。应急响应阶段涉及众多的人员、部门、设备、物资等，在非常紧急的条件下进行组织协调和方案制订非常困难。应急响应阶段的时间长短与灾害类型、规模、资源保障条件等都紧密相关。

(4)灾后恢复阶段(recovery phase)。它包括灾后协助社区回到正常状态的所有活动，有短期恢复活动(将生命线系统恢复到最低运行标准，如清理现场、提供临时住房等)和长期恢复活动(使生活恢复到正常状态或更高水平，如社区规划、重建贷款、法律援助等)。这一阶段不但需要充分调集人员和物资，还需要对灾后重建进行规划和设计，并对灾后重建的全过程进行系统的管理。

1.1.3　国内外应急管理主要研究机构

人类社会对灾害的应对已经具有很长的历史，Drabek 于 1987 年发表的 *The professional emergency manager：structures and strategies for success*[7] 标志着应急管理成为一个独立而且有明确内涵的学科方向[1]。尤其是美国"9·11"恐怖袭击事件发生后，应急管理研究引起了国际上的广泛关注。2003 年"非典"事件发生后，应急管理研究也在我国受到了充分重视。各国普遍投入大量的人力、物力和财力，成立相应的研究机构，用于开展应急管理的科学研究，为应急管理提供强有力的支撑。

1. 美国应急管理的主要研究机构

美国国土安全部（Department of Homeland Security）下属的国家实验室办公室（Office of National Laboratories，ONL）整合美国国内的应急管理科研力量，建立起了旨在维护国土安全的科研网络。相关的研究机构可以分为以下三类。

（1）与大学及科研机构共建的研究中心，组织相关的专家学者针对各类安全问题开展研究工作（表 1.1）。

表 1.1　美国 ONL 与大学及科研机构共建的研究中心

共建单位	研究中心	研究重点
University of Southern California	Center for Risk and Economic Analysis of Terrorism Events (CREATE)	评估恐怖袭击的风险、成本和后果
Michigan State University；Drexel University	Center for Advancing Microbial Risk Assessment (CAMRA)	细菌和微生物危害的风险评估问题
Texas A&M University；Kansas State University	Center of Excellence for Zoonotic and Animal Disease Defense (ZADD)	由动物、细菌引起的农业和公共卫生的疾病问题
University of Maryland	National Consortium for the Study of Terrorism and Responses to Terrorism (START)	通过研究恐怖行动中的人为因素，寻求瓦解恐怖组织的途径
Johns Hopkins University	National Center for the Study of Preparedness and Catastrophic Event Response (PACER)	如何优化对严重的自然和人为灾害的应急准备工作
Northeastern University；University of Rhode Island	Center of Excellence for Awareness & Location of Explosive-Related Threats (ALERT)	爆炸威胁的应对方法

续表

共建单位	研究中心	研究重点
University of Arizona in Tucson; University of Texas at El Paso	National Center for Border Security and Immigration(NCBSI)	边境安全相关的技术、工具和方法
University of Hawaii; Stevens Institute of Technology	Center for Maritime, Island and Remotes and Extreme Environmental Security(MIREES)	研究领海权问题从而保障地区人口和财产安全
University of North Carolina at Chapel Hill; Jackson State University	Coastal Hazards Center of Excellence(CHC)	通过开展教育项目提高全民在自然灾害中保障生命、财产和经济安全的能力
Purdue University; Rutgers University	Center of Excellence in Command, Control and Interoperability(C2I)	研究基于海量信息分析的威胁监测
MITRE Corporation	Homeland Security Systems Engineering and Development Institute(HSSEDITM)	运用系统工程方法设计并实现与国家安全相关的复杂系统
Analytic Services Inc.	Homeland Security Studies and Analysis Institute(HSSAI)	从各利益相关者的角度系统地分析政策整合、经济、技术、运作及其他相关问题

(2)美国国土安全部成立的实验室，开展基础研究，包括 Chemical Security Analysis Center、National Biodefense Analysis and Countermeasures Center、National Urban Security Technology Laboratory、Plum Island Animal Disease Center 和 Transportation Security Laboratory 等。

(3)美国应急管理相关的国家实验室，包括 Lawrence Livermore National Laboratory、Los Alamos National Laboratory、Sandia National Laboratory、Argonne National Laboratory、Brookhaven National Laboratory、Oak Ridge National Laboratory、Pacific Northwest National Laboratory 和 Idaho National Laboratory 等。

2. 日本应急管理的主要研究机构

日本多年来一直重视应急管理的基础科学研究[8]，日本京都大学(Kyoto University)防灾研究所(Disaster Prevention Research Institute)主要从以下四个方向开展相关研究工作。

(1)从整体出发运用先进的科学技术进行减灾工作，考虑人的活动在灾害过程中的作用以及对社会经济环境的影响，研究社会脆弱性、增强社会鲁棒性和弹性的预防措施以及灾后重建政策等。

(2)地震和火山的成灾机制以及防灾减灾。

(3)大气及水灾害的防灾减灾，以及保护全球水生态环境。

(4)岩土灾害及滑坡的防灾减灾。

日本建筑研究所(Building Research Institute)针对建筑安全问题开展了大量基础研究，包括各种外力条件下建筑的结构安全性能、建筑周边环境及建筑内部的设备安全问题等。日本消防研究所(National Research Institute of Fire and Disaster)针对火灾安全开展了大量基础研究，包括火灾过程研究、特殊火灾研究、物质安全研究、设施安全研究、灭火研究、建筑防火研究、消防机械研究、火灾探测研究、防灾研究、救急研究和火灾调查等。日本产业安全研究所(National Institute of Industrial Safety)开展了机械系统安全、建筑施工安全、化学安全和物理工程安全等方面的研究。

3. 欧洲应急管理的主要研究机构

欧洲各国以大学为主，成立了各类应急管理的研究机构，对应急管理相关的风险分析、灾害应对、模拟训练以及灾害演化机理等进行广泛深入的研究，如表1.2所示。

表1.2 欧洲应急管理的主要研究机构

研究中心	共建单位	国家	研究重点
Aston Crisis Centre	University of Birmingham	英国	危机事件应对管理
Flood Hazards Research Center	Middlesex University	英国	洪水灾害的减灾、备灾、应灾、灾后恢复
Fire Safety Engineering Group	University of Greenwich	英国	计算消防工程，研究火灾与群众疏散建模、紧急与非紧急行人动力学等
Institute of Civil Protection and Emergency Management	International Civil Defence Organisation	英国	研究各类突发事件和灾害
Centre for Disaster Resilience	University of Salford	英国	灾后重建，致力于提高灾区建筑物、基础设施等的抗灾能力
Center for European Security Strategies		德国	战略风险分析，应急管理，能源安全、交通安全、区域安全研究
INDIGO Consortium Crisis Management Solutions		法国	救援训练模拟，应急响应管理，危机分析
Risk and Crisis Research Center	Mid Sweden University	瑞典	风险评估研究，危机管理研究，社会应对突发事件脆弱性研究

续表

研究中心	共建单位	国家	研究重点
National Center for Crisis Management Research and Training	Swedish National Defence College	瑞典	研究涉及多方面的应急管理,包括自然灾害、传染病、基础设施损毁、暴乱、政治丑闻、恐怖袭击等各种安全事件
Center for Natural Disaster Science		瑞典	从社会、地球科学和工程方面开展研究工作,以预测、减轻或者防止自然灾害
Laboratory for Safety Analysis	Swiss Federal Institute of Technology	瑞士	采用复杂系统建模与仿真研究系统的可靠性与脆弱性,进行风险评估
Italian Team for Security, Terroristic Issues and Managing Emergencies	Catholic University of Milan	意大利	社会安全、恐怖袭击的相关的应急管理
Disaster Studies Group	Wageningen University	荷兰	研究灾害与社会安全事件的产生原因及其对公众与社会的影响
Crisis,Communication and Society	University of Hesinki	芬兰	多学科交叉的危机管理研究,涵盖媒体、政治、历史、哲学等多学科,研究重点是暴力事件对社会的影响
Centre for Risk Management and Societal Safety	University of Stavanger (UiS);International Research Institute of Stavanger (IRIS)	挪威	社会风险管理与社会安全

4. 中国应急管理的主要科学研究计划

与发达国家相比,我国应急管理研究的总体水平还较低。2003年"非典"事件以来,我国政府从应急预案、体制、机制和法制建设方面开展了大量的工作,并大力支持应急管理研究工作。科学技术部"十一五"科技支撑计划设立了重大项目"国家应急平台体系关键技术研究与应用示范",重点支持应急管理的关键技术攻关和应用研究。国家批准了"十一五"期间"国家突发公共事件应急体系建设规划",支持开展国家突发公共事件应急体系建设,明确要求通过政府科技计划和基金等对应急管理基础理论和关键技术的研究开发给予支持,推动科技成果转化。2009年,我国正式启动了国家自然科学基金重大研究计划项目"非常规突发事件应急管理研究",推动我国应急管理基础研究的进程,加速科研队伍建设。该重大研究计划以非常规突发事件应急管理为研究对象,充分发挥管理科学、信息科学、心理科学等多学科合作研究的优势,对应急管理进行深入研究。这在认识应急管理的客观规律、构建非常规突发事件应急管理的理论体系、增强应急管理科技自主创新能力、提高国家应急管理体系的科学性等方面均有重大意义[9]。

1.1.4　应急管理的核心科学问题

面对可能导致灾难性后果的突发事件，如何运用有效的应急管理手段和措施来正确应对突发事件是摆在我们面前的主要课题。这不但需要研究应急管理的体制和机制，更需要研究突发事件应急管理的科学问题、技术问题和工程问题，如图1.2所示。

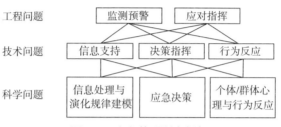

图 1.2　应急管理研究框架

范维澄[8]院士在国家自然科学基金重大研究计划项目"非常规突发事件应急管理研究"中认为，应急管理的科学问题主要包括以下三个方面。

(1)信息处理与演化规律建模。针对突发事件的可能前兆和事件演化过程中的海量、异构、实时数据，研究对这些信息进行收集获取、数据分析、传播、可视化和共享等的信息处理科学问题；研究非常规突发事件演化规律的复杂性建模理论与方法。

(2)应急决策理论。研究突发事件应急的现场决策所蕴涵的动态评估决策的理论方法；研究应急决策指挥体系、救援/执行体系、资源动员体系的组织设计、运行和评估理论及方法；研究面向多事件耦合与情景构建的综合决策支持系统技术平台。

(3)紧急状态下个体和群体的心理与行为反应规律。研究紧急状态下管理者、救援人员和民众等几类主要参与者的个体和群体的心理和行为反应规律。

应急管理科学问题的显著特点是多学科交叉。例如，应急决策研究涉及管理科学、信息科学、心理科学和组织行为学等；信息处理与事件演化规律建模作为应急决策的基础，则涉及信息科学和组织行为学等；而应急决策执行过程中会产生行为偏差和非理性问题，它涉及组织行为学、心理科学和管理科学等。

1.2　应急响应决策过程

应急响应是应急管理的主要阶段之一，而应急响应阶段的核心则是突发事件发生后应急决策者如何快速有效地组织有关部门，调动各类资源，制订行动方案，有效开展应急处置措施。本节在对现有的典型决策过程模型进行总结的基础上提出了应急响应决策过程模型，分析了应急响应决策过程涉及的关键要素和特征，以作为研究应急响应决策方法的基础和前提。

1.2.1　决策过程模型

决策是人类认知活动的核心之一，且具有很长的研究历史。目前，学者们已经提出了众多的决策过程模型，下面介绍几类典型的决策过程模型，为研究应急响应决策过程提供参考和借鉴。

1. 西蒙的决策过程模型

在决策过程模型中，著名的科学家西蒙[10]提出的四阶段模型具有重要的影响。西蒙指出，决策过程涉及备选方案的确定、备选方案可能后果的明确和后果的评估三个主要环节。基于他在心理学领域的研究，西蒙强调了决策过程中与决策者的认知相关的注意力（attention）、信息（information）和压力（stress）三个主要因素。有限的认知能力决定了决策者在决策过程中是有限理性的（bounded rationality），决策者在决策过程中无法掌握全部信息、考虑所有的备选方案，其评价准则也没有统一标准，而且并非一成不变，只能追求满意方案而非全局最优方案。在此基础上，西蒙提出了著名的四阶段决策过程模型。

（1）情报活动阶段（intelligence）：获取信息，明确问题。

（2）设计活动阶段（design）：也可称为制订方案阶段，对问题进行求解，确定备选方案。

（3）抉择活动阶段（choice）：也可称为选择方案阶段，根据决策者的评价准则对备选方案进行选择。

（4）审查活动阶段（review）：也可称为评价阶段，对选定方案的执行效果进行评价。

该决策过程模型的各阶段虽然相对独立，但也常常交替进行，如设计阶段可能需要新的信息，抉择阶段又会产生新的方案等。西蒙的四阶段模型开创性地将决策与信息紧密地结合起来，成为众多相关研究的基础。

2. RPD 模型

自然决策理论（naturalistic decision-making theory）[11]特别强调决策过程中决策者（个人或组织）的认知过程和心理行为因素，认为人在实际的决策过程中，尤其是在具有时间压力和不确定性的决策环境下，往往是根据经验或知识寻找与当前情景匹配的行动，突出了决策者的认知过程及其与领域和情景相关的经验和知识。与经典的决策理论相比，自然决策理论适用于有经验的决策者，具有以下四个特点[12]。

(1)过程导向(process orientation)：强调决策者的认知过程，需要描述决策者收集什么信息、如何解释信息以及采用什么决策方式。

(2)情景–行动匹配的决策方式(situation-action matching decision rules)：对熟练决策者的研究表明，他们在决策过程中更多地采用与情景相匹配的行动，而不是在多个可能行动中进行选择。

(3)情境依赖的非规范建模(context-bound informal modeling)：熟练决策者依赖于经验和知识进行决策，而这些经验和知识是针对特定领域和情境的。

(4)基于经验的处方(empirical-based prescription)：处方(prescription)来源于对专家行动效果的描述性模型，从而提高决策者有效的个性化决策模式的作用。

基于自然决策理论，学者们研究了一系列时间紧迫情况下的决策过程模型，其中，Klein 提出的认知主导决策(recognition-primed decision-making，RPD)模型具有较大的影响力[13,14]，其决策过程如图 1.3 所示。

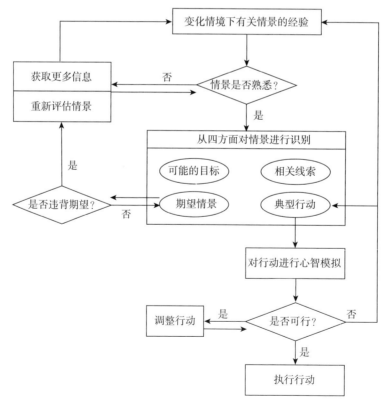

图 1.3　RPD 模型决策过程[13]

RPD 模型描述了决策者在时间压力条件下利用由经验知识形成的模式(pattern)进行决策的过程。模式描述了与情景相关联的四方面要素,包括相关线索(relevant cues)、期望情景(expectancies)、可能的目标(plausible goals)以及这类情景下应采取的典型行动(typical actions)。当决策者需要决策的时候,应寻找与当前情景相匹配的模式。如果匹配成功,则通过心智模拟(mental simulation)对可能采取的行动进行评价,进而对行动进行调整并实施,从而实现快速决策;如果无法匹配,则获取更多的信息再次进行匹配。

另外,Kontogiannis[15]提出了一种在压力状态下的 COSMO 模型(contingent operator stress model),可确定决策过程中涉及的认知活动和技能。其决策过程主要包括早期评价、问题形成、特征识别与选择、情景再评估、目标评价、任务规划和执行与监控七个主要阶段。Mendonça 等[16,17]将应急响应过程与爵士乐的即兴演奏过程进行了对比分析,构建了应急组织在应急响应决策过程中的认知模型,描述了应急组织如何针对当前情景根据层次化的领域知识对方案片段进行即兴重组。

3. OODA Loop

由于应急响应决策往往具有时间紧迫性,且决策环境动态变化,所以与战斗过程中的决策具有相似性。这里以 OODA(observe orient decide act)Loop 为代表介绍战争领域的决策过程模型,用于描述时间高度紧迫情况下的指挥控制过程。

Boyd 提出的 OODA Loop 是军事领域最被普遍接受和认可的决策过程模型。最初提出的 OODA Loop[18]是为了解释空军飞行员在战斗过程中如何战胜对手,描述了飞行员在战争环境下与其他对手进行对抗时的指挥控制过程。1996 年,Boyd 将 OODA Loop 扩展为更具一般性的指挥控制模型[19],描述了战斗人员基于观察获取相关信息,根据感知到的外部威胁进行研判,做出相应的抉择,并采取行动的过程,如图 1.4 所示。

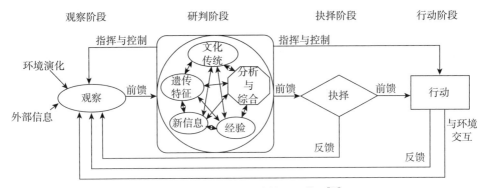

图 1.4　OODA Loop 决策过程模型[19]

具体来说，OODA Loop 主要包括观察、研判、抉择、行动四个阶段。

(1)观察阶段(observe)：通过交互与感知获取环境信息，该阶段同时会接收来自研判阶段的指挥与控制信息，以及来自抉择和行动阶段的反馈信息。

(2)研判阶段(orient)：对环境信息进行推断、评估、分析和筛选的过程，该过程受众多因素交叠影响，包括遗传特征、文化传统、经验和环境演化生成的新信息等，最终形成对现实世界的影像(images)、观点(views)或印象(impressions)。研判阶段是战术的重要突破点，决定了观察、抉择和行动的方式。

(3)抉择阶段(decide)：基于对环境的假设在可能采取的响应行动中进行选择，受来自研判阶段的内部前馈过程的影响，并为观察阶段提供内部反馈。

(4)行动阶段(act)：在与环境交互的过程中检验所选择的行动，这一阶段会受研判阶段的引导与控制，同时接受来自抉择阶段的前馈信息，并为观察阶段提供内部反馈。

OODA Loop 的核心是研判阶段，强调对情景保持清晰的理解和认识。取胜的关键在于比对手拥有更快的决策“节奏”(tempo)，能够更快地执行 OODA Loop，抢先对手更准确地对情景进行判断，使得对手的指挥控制过程滞后，让对手只能根据过时和不准确的情景进行抉择。

以 OODA Loop 为基础，Brehmer[20] 将其与控制理论方法相结合，提出了 DOODA (dynamic OODA) Loop，考虑了指挥控制过程中引起滞后的因素。Rousseau 和 Breton 在 OODA Loop 的基础上提出了 M-OODA(modified OODA) Loop[21]，考虑了动态和控制因素，并通过模块化的结构对层次化的指挥控制过程(包括层次化的信息处理、交互、合作和指挥)进行描述。之后 Breton 和 Rousseau 强调了 OODA Loop 中的认知因素，提出了 C-OODA (cognitive OODA) Loop[22]。除 OODA Loop 的相关研究之外还有一些指挥控制模型，它们在描述战争领域的决策过程方面具有较重要的影响。例如，Hayes 等提出了 HEAT(headquarters effectiveness assessment tool)模型[23]，对指挥部的指挥控制过程(战斗力量的规划、支持和协调)进行了描述和评估，主要包括监控(monitor)、理解(understand)、制订备选方案(develop alternatives)、预测(predict)、抉择(decide)和指令下达(direct)六个主要步骤；受到行为和实验科学的启发，Wohl 提出了一个非线性的决策过程模型 SHOR(stimulus-hypothesis-option-response)[24]，用于描述空军战斗人员的指挥控制过程，主要包括数据获取、情景感知、方案制订和方案选择与执行四个主要步骤。这些指挥控制模型与 OODA Loop 较为相似，在此不做进一步详细介绍，关于这些模型的分析和比较，可参考文献[25，26]。

以上决策过程模型具有共性，总体上都强调对信息的获取，在此基础上确定行动方案并执行。同时，它们在确定行动方案的过程中所采取的具体步骤、基本假设和强调的重点有所区别。例如，西蒙的决策过程模型强调对备选方案的评价和选择，自然决策理论强调根据决策者的经验知识进行情景-行动匹配，而战争领域的决策过程模型则强调决策的快速性。

应急响应决策是在态势感知的基础上结合经验知识制订行动方案，其中涉及大量物资和人员的分配和调度。应急响应决策既要强调方案的有效性，又要考虑方案制订的及时性和快速性，可以参考和借鉴上述决策过程模型。然而，这些决策过程模型无法直接用于描述应急响应决策过程，其原因主要体现在两个方面：①一般性的西蒙决策过程模型和自然决策理论下的决策过程模型缺乏对应急响应过程具体要素的描述和强调；②战争领域的决策过程模型描述了具体的战斗情景下的决策过程，并主要考虑一线战斗人员在时间高度紧迫情况下的决策，而应急响应决策过程则更侧重于高层指挥人员对应急任务的分配和资源的部署。

1.2.2　应急响应决策过程模型

应急响应是应对突发事件的关键，应急处置措施正确与否直接影响突发事件的演变，而应急响应决策是应急响应中的一个核心问题，贯穿于整个应急响应过程中，是一个动态的决策过程。应急响应决策过程模型需要考虑以下几方面。

(1)应急响应决策是高度情景依赖的，需要进行态势感知和信息处理。

(2)决策具有时限性，但在许多情况下，指挥层面的决策由于涉及的部门和资源众多且方案质量关系重大，仍需要进行分析和计算。

(3)应急响应决策问题往往规模大、复杂度高，在决策过程中需要充分利用领域知识。

(4)应急态势的演化要求决策过程具有反馈机制，能够对行动方案进行快速调整。

基于以上分析，我们提出了如图 1.5 所示的应急响应决策过程模型，主要包括应急态势感知、任务目标识别、行动方案制订和行动方案执行四个阶段。应急态势感知是指在突发事件突然发生或出现某种征兆时，在有限的时间内收集处理有关环境、资源和事件现场等信息，分析和预测应急态势；任务目标识别是指根据应急领域知识、相关案例和专家意见，明确决策问题与目标；行动方案制订是指协调各应急组织成员的行动，制订人员救援、资源调度和险情处置等应急行动方案；行动方案执行是指组织实施应急行动方案，跟踪检验执行效果，纠正应急响应决策的偏差，直到完成应急处置工作。

(1)应急态势感知。应急响应决策过程开始于信息获取，即搜集、整理、分析和预测突发事件、承灾载体、应急组织及资源等相关信息，包括：突发事件的位置、程度、规模和复杂性；承灾载体的当前状态，应急组织及其所有资源的状态，以及态势发展的趋势。应急态势感知是开展应急响应决策工作的前提和基础。

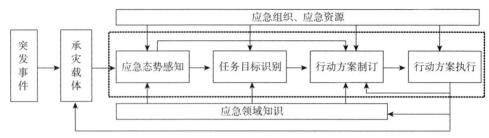

图 1.5　应急响应决策过程模型

（2）任务目标识别。任务目标识别即应急决策实体根据应急态势和应急领域知识，在各自任务目标的基础上，通过协商形成应急组织认可的任务目标集合，确定任务目标的优先级。应急任务目标决定了应急组织的行动方向，引导应急行动方案的制订。在应急任务目标识别过程中应当重点考虑应急响应的时限条件和资源的约束条件。

（3）行动方案制订。行动方案制订是指，为了完成应急任务目标，应急决策实体根据应急态势、应急管理规章制度、标准化操作程序和专家经验知识等，制订能够落实到各应急执行实体的操作层面的行动方案，描述各具体任务的执行单位、执行时间和资源等。由于应急响应决策具有时效性，一般来说人们希望能尽快得到一个可行的应急行动方案，但如果响应时间允许，更希望在可行方案的基础上能够获得更好的应急行动方案。

（4）行动方案执行。应急决策实体将制订的应急行动方案作为应急指令进行签署和发布，并监督应急执行实体执行相关应急行动。一方面，应急行动执行过程具有动态性和不确定性，需要对执行情况进行跟踪评估并反馈到应急决策实体；另一方面，应急行动方案的执行将作用于承灾载体，引起应急态势的变化，应急决策实体需要适时调整或重新制订应急行动方案。

应急响应决策过程模型总体上借鉴了西蒙的决策过程阶段划分的思路，其中应急态势感知阶段获取决策所需依据的信息，对应于情报活动阶段；行动方案制订阶段对应于设计活动和抉择活动阶段；而行动方案执行阶段则对应于审查活动阶段。任务目标识别阶段则借鉴了 OODA Loop 的研判阶段，根据应急态势确定应急任务目标。同时，应急响应决策过程模型强调应急领域知识的重要性，包括应急预案、应急管理规章制度、标准化操作程序、案例以及经验等，借鉴了自然决策理论中以知识和经验作为决策依据的思想。另外，应急响应决策过程模型关注突发事件和态势的演化以及行动方案执行对应急态势的影响，与自然决策理论和战争领域的决策过程模型中高度情景依赖的特征相吻合。

应急行动方案制订是应急响应决策过程的核心环节，它涉及的应急组织众多、应急任务错综复杂、应急态势动态变化、资源种类繁多、应急领域知识不完备，且需要考虑时限性条件。因此，应急行动方案制订是一个典型的复杂非结构化决策问题。对于这类问题，无法完全采用数学建模和优化方法进行处理，主要原因为：①难以事先确定并描述每个具体的应急行动，无法建立数学模型；②应急响应决策中往往存在信息缺失和传递失真现象，导致难以获取模型所需的准确数据；③应急态势的动态变化要求对数学模型进行适时调整，难以适应应急响应快速决策的需求。

另外，在应急管理实践中，应急预案、应急管理规章制度、标准化操作程序、案例以及专家经验是应急行动方案制订的主要依据。因此，需要研究利用领域知识制订应急行动方案的方法。具体来说，应以应急态势、任务目标和领域知识作为输入，考虑应急响应决策的特征和方案执行过程中的动态性、不确定性，生成具体的应急行动方案，如图 1.6 所示。

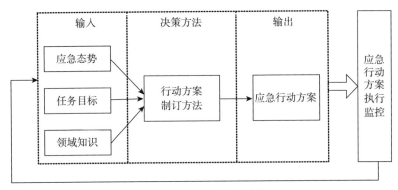

图 1.6　应急行动方案制订

1.2.3　应急响应决策过程的关键要素

基于上述应急响应决策过程的描述，可以归纳出应急响应决策所涉及的关键要素，主要包括突发事件、承灾载体、应急组织、任务目标、应急态势和应急领域知识等。有关突发事件的概念本书已在 1.1 节中介绍过，下面描述其他五种关键要素的基本概念。

(1)承灾载体。它是突发事件的作用对象，一般包括人、物和系统(人与物及其功能共同组成的经济社会与自然系统)三个方面，是突发事件应急的保护对象。突发事件对承灾载体的破坏表现为本体破坏和功能破坏两种形式，有可能导致承灾载体蕴涵的灾害要素的激活或意外释放，从而导致次生、衍生灾害，形成突发事件链[27]。

(2)应急组织。它是应急响应决策和执行主体，由负责识别任务目标和制订行动方案的应急决策实体以及负责执行行动方案的应急执行实体构成，其成员可能来自多个利益相关且缺乏合作经验的单位或部门。应急决策实体主要负责识别应急目标，统一指挥、协调、调度各层级的人力、物力、财力等资源，制订各级应急行动方案，为各应急执行实体实施行动提供支持；应急执行实体主要负责执行应急行动方案，并向应急决策实体汇报方案执行的情况和效果。在应急响应实践中，应急决策实体通常是指应急指挥机构，应急执行实体通常是指应急处置机构。

(3) 任务目标。它是应急决策实体识别任务目标的结果，是行动方案制订的输入。它往往具有时限条件，且需要消耗一定数量的资源。在应急响应决策过程中，会产生多个任务目标，这些任务目标之间可能存在时间约束关系。任务目标能够进一步被分解为一系列相互关联的行动，决定了应急组织的行动方向。

(4) 应急态势。它是受突发事件影响后的应急系统(主要包括突发事件、承灾载体、环境、组织和资源等相互耦合的要素)的当前状态以及预测后的状态发展趋势，是整个应急系统的"综合印象"，主要包括突发事件演化、承灾载体演变、环境变化、资源使用情况、组织活动以及应急任务的执行情况等，是制订应急行动方案所需依据的主要信息。

(5) 应急领域知识。它是在处置突发事件的实践中不断积累获得的用于描述客观事实的主要概念，以及领域专家和决策者的认识、经验教训、规律等的综合知识，是应急指挥团队开展应急决策的基本依据，主要包括应急预案、应急管理规章制度、标准化操作程序、案例以及经验等，往往涉及突发事件、承灾载体、环境、组织和资源等要素。

介绍了应急响应决策关键要素的基本概念后，还需要对关键要素的属性进行梳理和分析，以利于应急管理的实际工作和科学研究。通过对应急管理工作的调研，我们归纳了应急响应决策的关键要素及其属性，如表1.3所示。

表 1.3　应急响应决策的关键要素及其属性

关键要素	属性
突发事件	类型：自然灾害、事故灾难、公共卫生事件和社会安全事件等
	强度：描述了突发事件的等级
	时间：发生时间
	空间：受影响的空间范围
	传播形式：物质、能量、信息三种主要形式
承灾载体	影响范围：描述地理边界
	受影响人群：伤害程度、人数
	受损实体：实体名称、实体类型、位置、损坏程度
	受影响系统：系统类型(包括地理环境、生态系统、经济系统、网络、交通运输系统等)、破坏程度

续表

关键要素	属性
应急组织	角色：表示各部门在应急响应过程中所扮演的角色集合，如现场指挥、抢险搜救、交通运输、物资发放角色等，每个角色又需要承担具体的职责
	层级：表示角色在应急组织中的层级
	职能部门：表示参与应急响应的政府职能部门。各政府职能部门的属性包括：部门名称；部门可支配的资源实体集合，其中资源实体通过资源实体 ID、资源实体名称、资源类型、资源数量和资源位置描述；该职能部门扮演的角色；该部门的角色层级。资源类型包括物力资源（消耗性资源和可重用资源）、人力资源和财力资源三类
	关系矩阵：描述了单位间的权威或平等关系
任务目标	任务目标集合：根据领域知识识别的具体需要完成的任务目标集合，其中各项任务可以通过任务名称、任务类型（如运输、抢险任务）、任务下达部门、任务负责部门，以及任务的资源或时间约束来描述
	任务间的时间约束关系
应急态势	时间：标记态势发展的时间轴
	突发事件：突发事件的当前状态及预测的变化趋势
	承灾载体：承灾载体的当前状态及预测的变化趋势
	环境：环境的当前状态及预测的变化趋势
	应急组织：应急组织的当前活动
	应急资源：应急资源的当前状态
	应急任务：应急任务的执行情况
应急领域知识	应急预案、应急管理规章制度、标准化操作程序、案例以及经验

1.2.4　应急响应决策的特征

应急响应活动包括保障受影响区域的安全、疏散受威胁的人员、搜救伤者、为伤员提供应急医疗救助和为被疏散者提供住所等，在非常紧急的条件下，其决策涉及众多的人员、部门、设备、物资等的组织协调、资源调度等问题，而突发事件所具有突发性、危害性、紧迫性、不确定性和复杂性等特征，决定了应急响应决策的特殊性。一般来说，应急响应决策具有协作性、动态性、时效性和层次性等特点。

（1）协作性。应急响应过程往往涉及多个利益相关且缺乏合作经验的单位或部门，包括多个地区的政府部门、非政府组织和社会公众等。各单位的应急行动需要共享信息、协作配合、消解局部目标的冲突，这样可以更有效地完成应急任务目标，避免救援力量分布不合理、孤军奋战以及资源浪费。另外，应急决策实体来自不同的领域，具有不同的知识背景，要实现决策实体间的协作需要对具有异构性的领域知识进行有效管理。

（2）动态性。应急态势涉及众多相互耦合的要素，突发事件发生发展和演变过程与应急行动执行过程共同导致应急态势的动态变化。同时，应急过程中的信息往往不确定、不准确或不可知，因此应急响应决策方法应能够适应应急态势动态变化的情况。

（3）时效性。突发事件是突然发生和难以预料的，未及时有效地对其实施干预和抑制会造成严重甚至灾难性后果。应急响应决策具有强烈的时效性特征，应急决策工作的开展和应对方案的执行必须在有限时间内完成。因此，与传统的决策过程相比，应急响应决策更强调能够快速生成可行的行动方案。

（4）层次性。应急组织往往涉及从国家到地方的单位或部门，具有层次性特征。同时，应急行动方案的制订是根据抽象的应急任务目标形成具体可执行的应急行动方案，实际上是从宏观到微观逐渐细化，将任务目标逐步分解到具体可执行的行动。

1.3　基于 HTN 规划的应急响应决策方法

作为应急响应决策过程的核心，应急行动方案制订是一个典型的复杂非结构化决策问题，无法完全采用数学建模和优化方法，而且需要充分利用应急领域知识作为方案制订的依据。在智能规划领域，HTN 规划基于分层分解思想进行动作推理，能够有效模拟决策者的认知过程，在任务分解的过程中能够很好地描述和利用领域知识，能够用以建模和求解大规模决策问题，这种思想与应急行动方案制订决策问题相一致，能够有效辅助应急管理人员根据复杂应急态势规划制订应急行动方案，开展应急响应工作。本节首先分析了 HTN 规划在应急响应决策中的适用性，并在此基础上提出了基于 HTN 规划的应急响应决策方法体系。

1.3.1　HTN 规划在应急响应决策中的适用性

HTN 规划起源于 20 世纪 70 年代[28,29]，是一种应用最为广泛的智能规划方法。但人们直到 90 年代才对它有了充分的理论认识[30~33]，提出了 HTN 规划的形式化模型，进行了复杂性分析，并证明了它的可靠性和完备性。

HTN 规划的主要思想是利用领域知识递归地将复杂抽象的任务进行逐层分解，直到可以通过执行规划动作就能完成的原子任务（primitive task）为止，具有较高的规划效率。与经典规划类似，其系统状态用原子命题集合表示，原子动作对应于确定的状态转换。HTN 规划中设计了任务分解过程，其目标描述和规划过程均与经典规划有所区别。HTN 规划的目标不是要达到某一目标状态集合，而是要完成某一任务集合，从而解决了实际规划领域难以给出系统目标状态的问题。HTN 规划的输入不仅包含任务集合和操作符(operator)集合，还包含方法(method)集合，其以"处方"的形式描述如何将某一任务分解为更小的子任务。

HTN 规划体现了任务目标驱动的决策行为，能够实现问题领域过程性知识的建模，是一种用以解决大规模规划问题(planning problem)的有效技术。与经典规划相比，HTN 规划的主要优点在于其推理能力及其对领域知识进行有效表示，它能表示并求解多种非经典规划问题。借助方法集合来引导搜索，HTN 规划求解经典规划问题的速度能比那些经典或类经典规划快好几个数量级，但其先决条件是需要领域专家给出合适的方法集合。

应急响应决策过程主要是指应急决策者基于当前态势，根据应急领域知识，识别应急任务目标，以此制订应急行动方案，并组织方案实施和监控。制订有效的应急行动方案是应急响应决策过程的核心环节。在图 1.6 中，非结构化的应急领域知识是应急行动方案制订的主要依据，而 HTN 规划能够有效地描述和使用这些领域知识。另外，HTN 规划针对任务目标集合的分解过程体现了目标驱动的决策行为，符合应急响应决策的层次性特征。因此，利用 HTN 规划能够有效辅助应急决策人员面对复杂应急态势生成应急行动方案。

具体来说，基于 HTN 规划的应急响应决策方法的主要优势包括以下四个方面。

(1)HTN 规划具有较强的表达能力，能够对应急决策问题进行有效的知识建模和表示。

(2)HTN 规划求解过程具有目标导向的特征，将问题求解过程分解为确定目标的完成途径和选择实现目标的最佳方法两个相对独立的子过程，与决策者进行应急响应决策的思考过程具有相似性。

(3)HTN 规划过程生成的分层任务网络(task network)表达了目标与子目标之间的分解关系，提供了应急行动方案制订过程中涉及的决策点及其上下文信息，反映了具有层次性的应急响应决策过程。

(4)HTN 规划使用了方法集合，可以利用方法模型描述应急领域的过程性知识，表达不同应急态势条件下完成给定任务目标的多种途径，将已有的经验和知识很好地表示和利用，提高了规划的速度以及应急响应决策的速度。

目前，HTN 规划已经被应用于应急决策领域。Asuncion 等[34] 基于时态 HTN 规划设计并开发了一种用于辅助应急指挥人员应对森林火灾的决策支持系统 SIADEX。Muñoz-Avila 等[35] 将 HTN 规划和案例推理方法相结合，提出了一种基于案例的规划算法 SiN，作为决策支持系统 HICAP(hierachical interactive case-based architecture for planning)的推理逻辑，用以支持应急管理人员制订海上应急疏散方案。Biundo 和 Schattenberg[36] 将 HTN 规划与状态抽象技术相结合设计了一种混合规划框架，用以辅助防汛应急管理人员制订防汛行动方案。Wickler 等[37]将 HTN 规划作为应急决策支持系统 I-X 的推理逻辑，将其应用于地震救灾过程中。Tecui 等[38]基于 HTN 规划构建了应急决策支持系统 Disciple-VPT（virtual planning team），能够有效支持应急响应中多个部门开展合作规划的过程，辅助应急管理人员制订应急行动方案，取得了较好的应用效果。Nau 等[39]研发的领域可配置（domain configurable）的 HTN 规划器 SHOP（simple hierarchical ordered planner）和 SHOP2（simple hierachical ordered planner 2）也被广泛应用于应急疏散等应急响应决策问题中。

1.3.2　基于 HTN 规划的应急响应决策方法体系

应急行动方案制订决策问题以应急态势、任务目标和领域知识作为输入，以具体的行动方案作为输出，图 1.7 描述了基于 HTN 的应急响应决策方法体系。该方法体系的各环节对应于应急响应过程中的各决策阶段，其核心是基于 HTN 的应急行动方案制订方法，态势信息、领域知识、任务目标是基于 HTN 的应急行动方案制订方法的输入，对所制订方案的执行情况的监控及反馈则体现了应急决策过程的高度动态性和不确定性的特征。

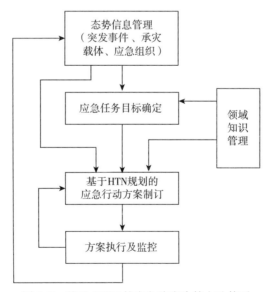

图 1.7　基于 HTN 的应急响应决策方法体系

1. 应急领域知识管理

应急领域知识是生成科学有效的应急行动方案的依据，以规划领域文件（即 Domain 文件）的形式作为 HTN 规划器的输入，领域知识是否准确和完备会直接影响规划的质量和效率。但规划领域文件需要用特定的规划描述语言表示，而应急管理者通常缺乏领域知识建模能力，无法将应急预案、规章制度、案例和经验知识等应急领域知识直接表示成规划领域文件。解决这一问题的一种可行的思路是将应急领域知识表示成一种知识模型，再向规划领域文件转换。然而，应急领域知识往往是异构且非结构化的，缺乏统一的术语进行描述，难以对其进行建模。因此，需要研究一种知识建模方法，以消除异构知识间的理解障碍，实现知识共享。同时，还需要研究将该知识模型转换为规划领域文件的转换方法。

2. 应急决策组织建模与应急目标制定

在应急响应决策过程中，识别应急目标是制订应急行动方案的前提。它是由分布在不同地理位置的多个单位根据局部动态变化的应急态势制定各自目标并相互协作形成应急任务目标集合，其本质是一种组织决策。许多学者对应急决策组织开展了大量研究，主要集中在应急决策组织的结构、模式等方面的定性研究，但组织成员的决策行为及其交互方式决定了应急组织决策的效率，对应急决策组织进行建模并模拟其交互过程成了一个亟须研究的问题。另外，对有关应急目标制定问题，人们大多是从定性的角度开展研究，其目标描述方法和目标处理方式相对简单，但应急目标不仅带时间窗而且具有时间约束和资源约束，不能采用拒绝采纳或放弃目标的简单方式处理，需要研究组织背景下考虑时间约束和资源约束的应急目标制定方法。

3. 基于 HTN 的应急任务规划

虽然 HTN 规划具有强大的规划能力，适用于解决复杂规划问题。然而，应急领域的特殊性对其提出了新的要求。应急任务规划是在应急响应决策的特殊约束条件下，由多个参与单位共同协作，快速制订应对方案，并根据动态变化的应急态势对方案进行实时调整，从而有效组织和实施突发事件应急处置工作。现有 HTN 规划对于几类关键问题的处理仍然存在不足。

（1）现有 HTN 规划没有充分考虑时间和资源等约束条件对任务规划过程的影响，而应急响应决策中，应急任务间存在着依赖关系、并串行执行关系和同步关系等复杂时态特征。同时，方案制订过程和资源分配过程高度耦合，方案制订过程中选择不同的任务执行方式会产生不同的资源需求，资源因素又会影响应急决策者的决策行为。因此，需要在 HTN 规划过程中对时间和资源进行管理，考虑时间约束和资源的合理分配。

（2）现有的 HTN 规划主要以快速产生可行解为主要目的，对解的性能优化的相关研究相对较少。在应急响应决策中，应急行动方案性能的好坏直接影响应急响应决策的效果。应急决策者通常不满足于获得一个可行的行动方案，而是希望得到性能更好的应急行动方案。而且，应急行动方案的评价往往涉及多个性能指标。在应急任务规划中，需要研究如何根据多个性能指标评价应急行动方案，并将评价的结果应用于规划过程中，以搜索质量更好的应急行动方案。

（3）应急响应决策往往涉及多个参与单位，由于难以做到信息完全共享，各单位基于局部应急态势制订行动方案，行动方案之间往往存在冲突。传统的HTN规划处理这类问题的主要思路是先生成局部行动方案，然后再按照协调机制消解局部行动方案间的冲突，最终形成全局行动方案。然而，这种方法很可能会以决策时间为代价，不符合应急环境下快速决策的要求。因此，需要在规划过程中同时考虑协作问题，研究HTN协作任务规划的新方法。

（4）应急决策环境的动态性是应急响应决策过程的显著特征，现有HTN规划往往假设规划过程中的任务目标保持不变，对系统的动态变化过程考虑甚少。应急决策环境的动态变化主要体现在新的任务目标的产生，以及随机因素导致的执行过程与规划方案的不一致。因此，需要充分考虑这些因素对规划方法的影响，研究动态决策环境下的HTN规划方法。

1.4　本书的内容及结构

应急响应决策过程主要是指在突发事件发生后，应急组织根据当前应急态势识别应急任务目标，制订应急行动方案并组织实施、跟踪检验方案执行效果。本书围绕这一决策过程，提出了基于HTN规划的应急响应决策方法体系，探讨了在应急领域中HTN规划方法所要解决的关键科学问题，为HTN规划在应急领域的应用构建了较完整的理论框架，为今后的相关研究提供了可借鉴的思路。

本书第2章简要介绍了HTN规划的基本原理和SHOP2等几类典型的规划系统；第3章阐述了方法体系中基于本体的应急领域知识模型；第4章构建了应急决策组织模型，并以此为基础在第5章提出了基于BDI模型的应急组织目标制定方法；第6~11章围绕应急领域对HTN规划方法的挑战，从时间和资源管理、行动方案的多指标评价、应急资源缺项处理、分布式协作任务规划以及动态条件下的集成规划与执行等几个方面详细总结了笔者所在研究团队开展的理论研究工作；第12章探讨了决策过程模拟对应急管理的重要性，并描述了我们开发的三峡区域综合防洪应急协同决策模拟系统。

参考文献

[1] Wilson J, Oyola-Yemaiel A. The evolution of emergency management and the advancement towards a profession in the United States and Florida. Safety Science, 2001, 39: 117-131.

[2] United Nations International Strategy for Disaster Reduction. 2009 UNISDR Terminology

on Disaster Risk Reduction. http://www. unisdr. org/we/inform/terminology，2009.

[3] 汪永清. 中华人民共和国突发事件应对法解读. 北京：中国法制出版社，2008.

[4] National Governor's Association Center for Policy Research. Comprehensive Emergency Management：A Governor's Guide. Washington，D. C.：National Governors' Association，1979.

[5] 李湖生. 应急管理阶段理论新模型研究. 中国安全生产科学技术，2010，6(5)：18-22.

[6] 林德尔 M K，普拉特 K，佩里 R W. 应急管理概论. 王宏伟译. 北京：中国人民大学出版社，2011.

[7] Drabek T E. The professional emergency manager：structures and strategies for success. Institute of Behavioral Science，University of Colorado，Boulder，CO.，1987.

[8] 范维澄. 国家突发公共事件应急管理中科学问题的思考和建议. 中国科学基金，2007，21(2)：71-76.

[9] 钟永光，毛中根，翁文国，等. 非常规突发事件应急管理研究进展. 系统工程理论与实践，2012，32(5)：911-918.

[10] 西蒙 H A. 管理决策新科学. 李柱流，等译. 北京：中国社会科学出版社，1982.

[11] Klein G A. Naturalistic decision making. Human Factors，2008，50(3)：456-460.

[12] Lipshitz R，Klein G，Orasanu J，et al. Taking stock of naturalistic decision making. Journal of Behavioral Decision Making，2001，14(5)：331-352.

[13] Klein G A. Recognition-primed decisions. In：Rouse W B. Advances in Man-Machine Systems Research. Greenwich：JAI Press，1989，5：47-92.

[14] Klein G A. Sources of Power：How People Make Decisions. Cambridge：MIT Press，1998.

[15] Kontogiannis T. Stress and operator decision making in coping with emergencies. International Journal of Human-Computer Studies，1996，45(1)：75-104.

[16] Mendonça D，Beroggi G E G，Wallace W A. Decision support for improvisation during emergency response operations. International Journal of Emergency Management，2001，1(1)：30-38.

[17] Mendonça D，Wallace W A. A cognitive model of improvisation in emergency management. IEEE Transactions on Systems，Man，and Cybernetics—Part A：Systems and Humans，2007，37(4)：547-561.

[18] Boyd J R. Destruction and creation. http://dnipogo. org/john-r-boyd/，1976-09-03.

[19] Boyd J R. The essence of winning and losing. http://dnipogo. org/john-r-boyd/，1996-08.

[20] Brehmer B. The dynamic OODA loop：amalgamating boyd's OODA loop and the cybernetic approach to command and control. Proceedings of the 10th International Command and Control Research and Technology Symposium，Washington，D. C.，USA，2005.

[21] Rousseau R，Breton R. The M-OODA：a model incorporating control function and teamwork in the OODA loop. Proceedings of the 2004 Command and Control Research and

Technology Symposium，San Diego，CA，USA，2004.

[22] Breton R，Rousseau R. The C-OODA：a cognitive version of the OODA loop to represent C2 activities. Proceedings of the 10th International Command and Control Research and Technology Symposium，Washington，D. C. ，USA，2005.

[23] Hayes R E，Hainline M，Strack C，et al. Theater Headquarters Effectiveness：It's Measurement and Relationship to Size Structure，Functions，and Linkage. McLean：Defense Systems，Inc. ，1983.

[24] Wohl J G. Force management decision requirements for air force tactical command and control. IEEE Transactions on Systems，Man，and Cybernetics，1981，11(9)：618-639.

[25] Azuma R，Daily M，Furmanski C. A review of time critical decision making models and human cognitive processes. Proceedings of IEEE Aerospace Conference，Big Sky，Montana，2006.

[26] Grant T，Kooter B. Comparing OODA and other models as operational view C2 architecture. Proceedings of the 10th International Command and Control Research and Technology Symposium，Washington，D. C. ，USA，2005.

[27] 范维澄，刘奕. 城市公共安全体系架构分析. 城市前沿管理，2009，5：38-41.

[28] Sacerdoti E D. A Structure for Plans and Behavior. New York：Elsevier North-Holland，1977.

[29] Tate A. Generating project networks. Proceedings of the 5th International Joint Conference on Artificial Intelligence. San Francisco：Morgan Kaufmann Publishers Inc. ，1977：888-893.

[30] Erol K，Hendler J，Nau D S. Semantics for hierarchical task network planning. Technical Report，CS-TR-3239，UMIACS-TR-94-31，ISR-TR-95-9，University of Maryland，March 1994.

[31] Erol K，Hendler J，Nau D S. UMCP：a sound and complete procedure for hierarchical task network planning. Proceedings of the International Conference on AI Planning Systems (AIPS)，Chicago，1994：249-254.

[32] Yang Q. Formalizing planning knowledge for hierarchical planning. Computational Intelligence，1990，6：12-24.

[33] Kambhampati S. On the utility of systematicity understanding trade-offs between redundancy and commitment in partial-ordering planning. Unpublished manuscript，1992.

[34] Asuncion M，Castillo L，Fdez-Olivares J. SIADEX：an integrated planning framework for crisis action planning. AI Communications，2005，18(4)：257-268.

[35] Muñoz-Avila H，Aha D W，Nau D，et al. SiN：integrating case-based reasoning with task decomposition. Proceeding of the 7th International Joint Conference on Artificial Intelligence，Seattle，August，2001.

[36] Biundo S，Schattenberg B. From abstract crisis to concrete relief：a preliminary report on flexible integration on nonlinear and hierarchical planning. Proceedings of the 6th the Euro-

pean Conference on Planning, Spain, 2001: 157-168.

[37] Wickler G, Potter S, Tate A. Using I-X process panels as intelligent to-do lists for agent coordination in personnel recovery. Proceedings of the 3rd International ISCRAM Conference, Newark, USA, 2006.

[38] Tecuci G, Boicu M, Marcu D, et al. Teaching virtual experts for multi-domain collaborative planning. Journal of Software, 2008, 3(3): 38-59.

[39] Nau D, Tsz-Chiu A, Okhtay I. SHOP2: an HTN planning system. Journal of Artificial Intelligence Research, 2003, 20(12): 379-404.

第 2 章

HTN 规划方法

HTN 规划是本书所提出的应急响应决策方法体系的核心和基础，应急响应决策过程的特征对 HTN 规划提出了新的挑战。本章简要介绍了 HTN 规划的基本原理和 SHOP2 等几类典型的规划系统，本书后续章节将以此为基础，针对应急响应决策的特征对规划方法进行进一步拓展。

2.1 HTN 规划基本原理

HTN 规划是一种应用最为广泛的智能规划方法，它基于任务分解的思想，利用领域知识，将抽象的任务目标进行逐步分解，直到可执行的原子任务为止。它对规划问题具有较强的表达能力，并能够充分利用领域知识进行搜索，具有较高的搜索效率，能够处理大规模规划问题。本节简要介绍 HTN 规划的基本概念以及规划过程。

2.1.1 HTN 规划的基本概念

HTN 规划器以给定的初始状态、任务目标和领域知识为输入，以行动方案为输出。初始状态描述了规划初始时刻系统的状态；任务目标是指描述应完成的任务集合及其逻辑关系的初始任务网络；领域知识包括操作符集合和方法集合，其中操作符描述了完成原子任务的动作执行的前提条件及其对系统状态产生的执行效果，方法描述了对任务的分解途径，包括其前提条件和子任务。输出的行动方案描述了完成任务目标的动作序列。HTN 规划器在初始状态下根据方法集合对初始任务网络进行分解，直到任务网络中只含有可由实例化操作符实现的原子任务为止。

在实际应用中，任务规划往往是一个动态的过程。它应该能够描述规划和动作的交互，具有规划监控、规划修改和重新规划的机制。这种情况下的 HTN 规划的系统模型应包括 HTN 规划器、控制器和系统环境三个部分，如图 2.1 所示。其中，控制器负责执行并监控方案的实施，系统环境受动作执行和外部事件的影响，控制器向规划器返回规划的执行状态以便进行动态的规划。

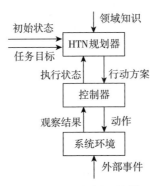

图 2.1　HTN 规划系统模型

下面分别介绍 HTN 规划中的规划问题、任务网络、操作符、方法和规划解（plan）等基本概念[1]。

1. 规划问题

一个 HTN 规划问题是一个 3 元组，$P=(s_0, T, D)$。其中，s_0 为初始状态；T 为初始任务网络；D 表示规划领域。HTN 规划领域是包括了操作符集合和方法集合的序对，$D=(O, M)$。

2. 任务网络

任务网络是形如 $T=(U, C)$ 的序对，其中 U 为任务节点集合，C 为任务节点间的约束集合。任务节点集合 U 由原子任务和复合任务（compound task）组成。原子任务可以通过实例化操作符完成，复合任务可以通过方法分解成子任务。如果 U 是尚未分解的任务目标集合，则该网络为初始任务网络；当 U 完全由原子任务组成时，该网络为原子任务网络。

规划问题的所有规划解必须满足 C 中的每一个约束。令 π 为规划问题 P 的一个解，$U' \subseteq U$ 为 T 的任务节点集合，A 为所有 $a_i \in \pi$ 的动作集合，a_i 为 U' 中某一节点分解而来的动作，则 $\mathrm{first}(U', \pi)$ 表示最先发生的动作 $a_i \in A$（即对于任意 $a_j \in A$，均有 $i \leqslant j$），$\mathrm{last}(U', \pi)$ 表示最后发生的动作 $a_k \in A$（即对于任意 $a_j \in A$，均有 $k \geqslant j$）。HTN 规划所能处理的几类典型约束包括以下几个方面。

（1）先后约束（precedence constraint），可表示为 $u \prec v$，其中 u 和 v 是任务节点。对任一规划解 π，动作 $\mathrm{last}(\{u\}, \pi)$ 必须在动作 $\mathrm{first}(\{v\}, \pi)$ 之前发生。

（2）前置约束（before-constraint），可表示为 $\mathrm{before}(U', l)$，其中 $U' \subseteq U$ 是

任务节点集合，l 是一个文字。对于任一规划解 π，文字 l 必须在动作 first$(U',$ $\pi)$ 执行前的状态中成立。

（3）后置约束（after-constraint），可表示为 after(U', l)，对于任一规划解 π，文字 l 必须在动作 last(U', π) 之后的状态中成立。

（4）中间约束（between-constraint），可表示为 between(U', U'', l)，文字 l 必须在 last(U', π) 之后、before(U'', l) 之前的所有中间状态中保持成立。

3. 操作符

操作符说明了原子任务执行的前提条件和产生的效果，可以表示为 3 元组 $o=($name(o), precond(o), effects$(o))$，其中，name(o) 表示操作名称；precond(o) 表示操作的前提条件；effects(o) 表示操作的效果。操作符的实例化是具体可以执行的动作。

4. 方法

方法说明了复合任务在不同前提条件下的分解途径，可表示为 4 元组 $m=($name(m), task(m), subtasks(m), constr$(m))$。其中，name(m) 为方法的名称；task(m) 为一个复合任务，是该方法可以分解的任务；subtasks(m) 为使用该方法后分解得到的子任务节点集合；constr(m) 为相应的子任务间的约束条件集合。

假定 $T=(U, C)$ 为一任务网络，$u\in U$ 为一任务节点，u 对应的任务为 t_u，m 为方法 M 的一个实例，并且 task$(m)=t_u$。这样，m 可将 t_u 分解成 subtasks(m')，并产生任务网络 $\delta(T, u, m)=((U-\{u\})\bigcup$ subtasks(m'), $C'\bigcup$constr$(m'))$。其中 C' 是对 C 作下列修改后得到的。

（1）对所有含 u 的先后约束用含 subtasks(m') 的节点的先后约束代替。例如，如果 subtasks$(m')=\{u_1, u_2\}$，则约束 $u<v$ 可用 $u_1<v$ 和 $u_2<v$ 代替。

（2）对于前置约束、后置约束或中间约束，如果这些约束中的任务节点集合 U' 含有 u，则以 $(U'-\{u\})\bigcup$subtasks(m') 代替 U'。例如，如果 subtasks$(m')=\{u_1, u_2\}$，则可以用约束 before$(\{u_1, u_2, v\}, l)$ 代替约束 before$(\{u, v\}, l)$。

5. 规划解

$\pi=\langle a_1, \cdots, a_n\rangle$ 为规划问题 P 的一个解，当 $T=(U, C)$ 为原子任务网络，并存在 (U, C) 的一个基例（ground instance，即没有变量的任务网络实例）(U', C') 以及 U' 节点集上的一个全序关系 $\langle u_1, \cdots, u_k\rangle$ 时，下列所有性质都应当成立。

（1）规划 π 中的动作由节点 $u_1, \cdots, u_k$ 命名，即对于 $i=1, \cdots, k$，name$(a_i)=t_{u_i}$。

（2）规划 π 在状态 s_0 下可执行。

（3）全序 $\langle u_1, \cdots, u_k\rangle$ 满足 C' 中的先后约束。

(4)对于 C' 中的每一前提条件 before(U'，l)，l 在动作 a_i 的直前驱状态 s_{i-1} 下成立，这里 a_i 为 U' 中第一个节点命名的动作。

(5)对于 C' 中的每一后置约束 after(U'，l)，l 在动作 a_j 所产生的状态 s_j 下成立，其中 a_j 为 U' 中最后一个节点命名的动作。

(6)对于 C' 中的每一中间约束 between(U'，U''，l)，l 在动作 a_i 和 a_j 的所有中间状态下保持成立，其中 a_i 为 U' 最后一个节点命名的动作，a_j 为 U'' 中第一个节点命名的动作。

2.1.2　规划过程

HTN 规划的目标是生成完成任务目标集合的动作序列。HTN 规划过程即递归地通过方法将抽象的复合任务分解成越来越具体的子任务，并在这一过程中消除任务间的冲突，直至产生由原子任务组成的没有冲突的动作序列为止，原子任务可以通过操作的实例化直接执行。包含操作符集合和方法集合的规划领域知识，作为规划问题的重要组成部分，是整个规划过程的主要依据，对规划能力和效率有重要影响。图 2.2 描述了 HTN 基本规划过程[1]。

```
Abstract-HTN(s,T,D)
    if (U,C) can be shown to have no solution
        then return failure
    else if U is primitive then
        if (U,C) has a solution then
            nondeterministically let π  be any such solution
            return π
        else return failure
    else
        choose a nonprimitive task node  u ∈ U
        active ← {m ∈ M | task(m) is unifiable with t_u}
        if  active ≠ ∅ then
            nondeterministically choose any  m ∈ active
            σ ← an mgu for m and t_u that renames all variables of m
            (U',C') ← δ(σ(U,C), σ(u), σ(m))
            (U',C') ← apply-critic(U',C') ;; this line is optional
            return Abstract-HTN(s,T,D)
        else return failure
```

图 2.2　HTN 基本规划过程

注：一个 mgu 为一个最一般合一

本书后续章节中所研究的基于 HTN 的应急行动方案制订方法是在领域可配置的 HTN 规划器 SHOP2 的基础上开展的，因此，我们接下来将详细介绍 SHOP2 的基本原理及特征。

2.2　SHOP2 基本原理及特征

SHOP2 是 Nau 等[2] 提出的一种领域可配置的 HTN 规划器，其前身是 1999 年 Nau 等[3] 提出的 SHOP 规划器。SHOP2 在 2002 年国际规划大赛中获得了前四名的好成绩，总共解决了 904 个问题中的 899 个，远远超过其他规划器[4]。SHOP2 是开源规划器，在应急疏散、军事、工业管理、项目管理等领域受到广泛关注和应用。

2.2.1　SHOP2 的特点

SHOP2 是一种基于有序任务分解（ordered tasks decomposition）控制策略的 HTN 规划器，它在规划过程中确定动作序列的顺序与动作执行的顺序一致，因此，规划器在规划过程中知道当前状态。这样可以通过消除大量的不确定因素而减少推理的复杂性，从而增强规划器的表达能力。SHOP2 还具有以下特点[2]。

（1）SHOP2 可以进行公理推导，进行符号/数值混合计算，以及调用外部程序。

（2）SHOP2 允许任务或子任务间存在偏序关系，使规划方案中来自不同任务的子任务可以交错执行，这样可以使领域知识的描述更加贴近实际。

（3）SHOP2 吸收了 PDDL（planning domain definition language）[5] 的许多特征，如量词和条件效果（conditional effects）。

（4）如果某一方法的前提条件存在多种变量绑定的途径使其得到满足，SHOP2 可以根据评价准则对其进行排序和选择，从而确定优先搜索的搜索空间。

（5）SHOP2 将时态 PDDL 操作符转换成 SHOP2 操作符，可以在当前状态下维护多时间轴信息，从而处理时态规划领域问题。

2.2.2　SHOP2 规划领域的基本要素

SHOP2 规划领域主要包括操作符、方法和公理，下面对这些基本要素进行简要描述[2]。

1. 操作符

每个操作符说明了一个原子任务如何执行。操作符与 PDDL 的操作符非常类似，每个操作符 o 包括以下要素：①头 head(o)，包含了操作符名称和一组参数；②前提条件 pre(o)，表示操作符执行时当前状态应满足的条件；③删除列表 del(o) 和添加列表 add(o)，给出操作符的负效果和正效果。与 PDDL 类似，前提条件和效果可能包含逻辑运算符和量词。操作符也可以进行数值计算，并为局部变量赋值。任意两个操作符不可用相同的名称，操作符 o 一般具有如下形式：$(:operator\ head(o)\ pre(o)\ del(o)\ add(o))$。

2. 方法

方法说明如何将一个复合任务分解成由复合任务或原子任务组成的偏序任务集合。方法 m 的表示一般包括三个部分：头 $head(m)$，包含了方法名称和一组参数，与可以采用该方法进行分解的任务的名称和参数相一致；$pre(m)$，运用该方法必须满足的前提条件；该任务的子任务集合。图 2.3 为一个 SHOP2 方法示例，该方法说明了如何将人员 $?p$ 用飞机从 $?c1$ 地点运送至 $?c2$ 地点，并且飞机当前并不在 $?c1$ 地点。关键词:ordered 说明以下的子任务必须顺序执行：先将飞机转移至 $?c1$ 地点，然后让人员 $?p$ 登机，再将飞机转移至 $?c2$ 地点，最后让人员 $?p$ 在 $?c2$ 地点下飞机。关键词:unordered 则用来描述无执行顺序约束的子任务，更复杂的偏序任务可以用嵌套的:ordered 和:unordered 来描述。

```
(:method
    ;; head
        (transport-person ?p ?c2)
    ;; precondition
        (and
            (at ?p ?c1)
            (aircraft ?a)
            (at ?a ?c3)
            (different ?c1 ?c3))
    ;; subtasks
        (:ordered
            (move-aircraft ?a ?c1)
            (board ?p ?a ?c1)
            (move-aircraft ?a ?c2)
            (debark ?p ?a ?c2)))
```

图 2.3　SHOP2 方法示例

方法 m 一般具有如下形式：$(:method\ head(m)\ p_1\ t_1\ p_2\ t_2\cdots)$。其中，$head(m)$ 表示方法名称为 m；每个 p_i 表示一组前提条件；每个 t_i 则表示一个偏序子任务集合。这类似于 if-then-else，如果 p_1 满足，则采用 t_1，否则，如果 p_2 满足，则采用 t_2，以此类推。不失一般性，可假设一组前提条件 $pre(m)$ 和一个子任务集合 $sub(m)$。

通常会有多种途径能够完成 $head(m)$，可能会有多个方法具有 $head(m)$，会有多组变量满足 $pre(m)$，多组子任务序列与 $sub(m)$ 一致，或多种途径能够完成 $sub(m)$ 中的部分子任务。这样，把所有这些可能途径集合起来可形成 SHOP2 搜索空间的分支。

3. 公理

方法和操作符的前提条件可能包含合取、析取、否定、全称量词、存在量词、含义、数值计算和外部函数调用等。公理可以对在当前状态下没有明确断言的前提条件进行推断。公理是霍恩子句的广义版本，并用类似 Lisp 的语法表达。例如，(:- head tail) 表示如果 tail 为真则 head 为真。

如图 2.4 所示的公理表达了一架飞机有到达 ?$destination$ 的足够燃油的条件：飞行距离为 ?$dist$，油料水平为 ?$fuel\text{-}level$，耗油率为 ?$rate$，并且 ?$fuel\text{-}level$ 大于等于 ?$rate$ 和 ?$distance$ 的乘积。

```
(:-
    ;; head
        (enough-fuel ?plane ?current-position ?destination ?speed)
    ;; tail
        (and (distance ?current-position ?destination ?dist)
            (fuel ?plane ?fuel-level)
            (fuel-burn ?speed ?rate)
            (eval ( >= ?fuel-level (* ?rate ?dist)))))
```

图 2.4　SHOP2 公理示例

2.2.3　SHOP2 规划算法

图 2.5 描述了 SHOP2 的基本规划过程[2]，参数有初始状态 s、偏序任务集合 T 和规划领域 D。

如前所述，SHOP2 为需要完成的一系列任务进行规划，它随意选择一项无先序任务的任务 $t \in T$，并从任务 t 开始规划。按任务 t 的性质，可分为两种情况。

(1)如果任务 t 是原子任务，SHOP2 找到与 t 吻合并且当前状态满足其前提条件的动作 a，在当前状态下执行动作 a，若找不到符合的动作，则表明状态空间的这一分支搜索失败。

(2)如果任务 t 是复合任务，SHOP2 则随意选择一个方法 m，将 t 分解成子任务，若找不到符合的方法，则表明状态空间的这一分支搜索失败。若存在一个规划解，其中涉及方法 m，则规划问题 P 中的动作是任务分解树 D_P 中的叶子节点。在 D_P 中的首个动作 a 之前，系统状态必须满足 m 的前提条件 pre(m) 为真。为确保这一点，SHOP2 生成 D_P 中最左侧的分支直到原子行动，以检验 a 之前的 pre(m)。图 2.5 中 loop 的最后三行便是起到了这个作用，如果方法 m 有子任务，在分解其他任务之前，SHOP2 将分解其中一项子任务直到原子任务。

这里，引用文献[2]中的一个运输问题实例，用以说明 SHOP2 的规划过程。图 2.6 描述了该实例中的方法，包括(transport ?p)、(transport-two ?p ?q)、(dispatch ?t ?x)以及(return ?t ?x)等。图 2.6 中的箭头表示顺序约束，灰色的子任务表示原子任务，相应的操作符包括(load ?t ?p)、(move ?t ?x ?y)、(reserve ?t)和(free ?t)等。

Procedure SHOP2(s, T, D)

　　P = the empty plan

　　$T_0 \leftarrow \{t \in T :$ no other task in T is constrained to precede $t\}$

　　loop

　　　　if $T = \varnothing$ then return P

　　　　nondeterministically choose any $t \in T_0$

　　　　if t is a primitive task then

　　　　　　$A \leftarrow \{(a, \theta) : a$ is a group instance of an operator in D, θ is a

　　　　　　　　substitution that unifies $\{head(a), t\}$, and s satisfies a's preconditions$\}$

　　　　　　if $A = \varnothing$ then return failure

　　　　　　nondeterministically choose a pair $(a, \theta) \in A$

　　　　　　modify s by deleting del(a) and adding add(a)

　　　　　　append a to P

　　　　　　modify T by removing t and applying θ

　　　　　　$T_0 \leftarrow \{t \in T :$ no task in T is constrained to precede $t\}$

　　　　else

　　　　　　$M \leftarrow \{(m, \theta) : m$ is an instance of a method in D, θ unifies $\{head(m), t\}$,

　　　　　　　　pre(m) is true in s, and m and θ are general as possible$\}$

　　　　　　if $M = \varnothing$ then return failure

　　　　　　nondeterministically choose a pair $(m, \theta) \in M$

　　　　　　modify T by removing t, adding sub(m), constraining each task in sub(m) to

　　　　　　　　precede the tasks that t precedes, and applying θ

　　　　　　if sub$(m) \neq \varnothing$ then

　　　　　　　　$T_0 \leftarrow \{t \in$ sub$(m) :$ no task in T is constrained to precede $t\}$

　　　　　　else $T_0 \leftarrow \{t \in T :$ no task in T is constrained to precede $t\}$

　　repeat

end SHOP2

图 2.5　SHOP2 的基本规划过程[2]

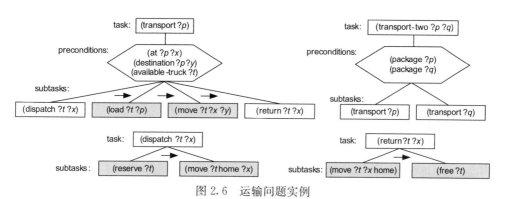

图 2.6　运输问题实例

　　假设该规划问题的初始状态是：{(package p1)，(at p1 l1)，(destination p1 l3)，(available-truck t1)，(at t1 home)，(package p2)，(at p2 l2)，(destination p2 l4)，(available-truck t2)，(at t2 home)}。图 2.7 表示了运输方案的生成过程，完成将

p1 从 l1 运输至 l3，将 p2 从 l2 运输至 l4 的任务（transport-two p1 p2）。

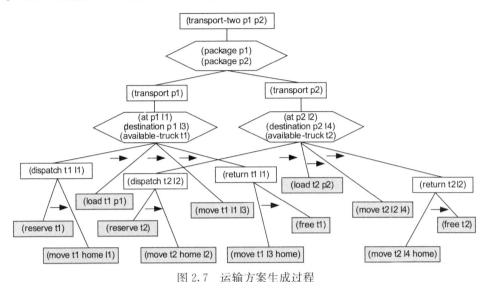

图 2.7　运输方案生成过程

　　SHOP2 将任务（transport-two p1 p2）分解成（transport p1）和（transport p2），并随意选择分解（transport p1）成{（dispatch t1 l1），（load t1 p1），（move t1 l1 l3）}。接着，将继续分解（dispatch t1 l1），而非分解（transport p2），从而确保（dispatch t1 l1）和（reserve t1）发生时系统状态满足（available-truck t1）的条件。动作（reserve t1）将使 t1 的状态变为 unavailable，这样当（transport p2）分解时将使用 t2，而非 t1。

2.3　HTN 规划器及其应用

　　HTN 规划的思想最初是 Sacerdoti[6] 在 1975 年的研究中提出并发展而来的。Sacerdoti[6] 和 Tate[7] 在有关规划空间规划方面的研究，使人们的视线从状态空间规划技术转移到规划空间规划技术中来，其有关任务约简和分层规划的思想可看做后来 HTN 技术的萌芽。1994 年，Erol 等[8] 提出了 HTN 规划的形式化模型，分析了它的复杂性，证明了其可靠性和完备性，并将其与 STRIPS（Stanford Research Institute Problem Solver）规划进行了比较，说明了 HTN 规划的优点。1998 年，Nau 等[9] 提出了一种全序规划控制策略，使 HTN 规划在众多应用领域实现了更好的效果。1998 年，Tsuneto 等[10] 分析了采用外部前提条件方式的优点：它能够在不破坏模型完整性的情况下提高实际应用的效率，为 HTN 规划器的设计提供了坚实的理论基础。在众多研究的基础上，研究人员已经开发出了多个 HTN 规划器，如最早的 HTN 规划器系统之一 Nonlin[7]、第一个被证明是可靠且完备的规划系统 UMCP(universal method-composition planner)[11]，以及后来的 SIPE-2(system for interactive planning and execution)、O-Plan2(the open planning architecture)、SIADEX 和 SHOP2 等。

因为 HTN 规划方法依据问题求解"处方"进行分层规划，这与领域专家求解规划问题的思考方式非常类似，所以 HTN 规划技术在实践中得到了广泛应用。其应用领域包括生产线调度、危机管理与后勤规划、航天器规划与调度、装备配置、加工流程规划、紧急疏散规划、桥牌以及机器人等。在应急管理领域，国内外相关研究人员将 HTN 规划方法应用于支持应急响应决策，并开展了相关工程应用。下面分析几类经典的 HTN 规划器在应急领域的应用情况。

2.3.1　SHOP2

SHOP2 与多数 HTN 规划器不同，运用偏序任务分解的搜索控制策略，将任务分解成子任务，在规划过程中表示每个规划步骤执行后的规划状态，且规划方案生成次序与其执行次序相同。SHOP2 能够进行公理推导、符号/数值混合计算，并可以调用外部函数，且易于描述规划领域。美国海军研究实验室开发的 HICAP[12] 将 SHOP 与案例推理模块 NaCoDAE(Nary conversational decision aids environment)[13] 相互结合，用于生成危急情况下的人员疏散方案。SHOP2 还被成功应用于美国海军研究实验室开发的 AHEAD(analogical hypothesis elaboration for activity detection)系统[14]，该系统用于分解和评价恐怖威胁。根据 HTN 的领域描述，AHEAD 调用 SHOP2 生成一定假设条件下的行动序列，SHOP2 会将生成的行动序列与外部证据库中的信息进行比对，检验证据与 SHOP2 生成的行动是否吻合，从而判定危险程度。

2.3.2　SIPE-2

SIPE-2[15] 是斯坦福国际研究所(Stanford Research Institute International, SRI)研发的一种通用智能规划系统，可用于产生方案并监控方案的执行，已被广泛应用于解决很多实际问题。

SIPE-2 基于一种领域无关的形式化体系来描述操作，利用操作中的知识和启发式信息进行规划，以生成达到给定目标的规划方案。在任意给定的初始状态下，SIPE-2 可以对操作进行组合，产生包含条件语句的非线性规划方案(包含并行的行动或偏序的行动)。规划系统根据规划方案中包含的因果关系，可以在执行过程中调整方案以响应意外事件。此外，SIPE-2 提供了强大的图形用户界面，主要用于输入领域知识和创建操作符、跟踪和控制规划过程、以图形的方式显示复杂的信息(包括规划解、操作符和世界描述)等。

SIPE-2 力图将规划器的表达能力和灵活性与规划效率相互平衡，保留足够

表达能力的同时，在规划过程中充分利用启发式信息避免频繁的一致性检验，从
而减小计算负荷、提高规划效率。另外，SIPE-2 还可以在一定范围内进行资源
推理，利用约束张贴技术处理约束，并采用因果关系推演理论（deductive causal
theory）来表示和推理不同的世界状态。在时态处理方面，SIPE-2 能够表示 13 种
定性时态关系和任务之间的任意定量时间约束关系[16]，并在规划过程中调用相
对独立的时态推理机进行处理。SIPE-2 的上述特性使其在石油泄漏、移动机器
人、旅行计划、建筑任务、生产线调度和联合军事规划等领域得到了广泛的
应用[17~19]。

2.3.3　O-Plan2

O-Plan2[20]是由爱丁堡大学 Tate 教授主持开发的规划系统，为行动方案的
详细说明、产生、交互以及执行提供支持。现有的 O-Plan2 系统是在 Nonlin 规
划器[7]和 O-Plan1[21]的基础上发展而来的，为指挥、规划和执行过程提供了一种
通用的领域无关计算框架，能够进行时间约束管理、资源分配、对象实体选择和
条件效果执行等，在项目管理、供应与配送物流以及航空探测器控制等领域得到
了应用[20]。O-Plan2 系统主要包括任务指派、规划器和执行三个模块，任务指派
模块通过人机交互界面指定需要完成的任务；规划器为需要完成的任务进行规划
并安排规划方案的执行；执行模块在执行环境模型上实施规划器指定执行的
任务。

O-Plan2 规划器采用基于议程表（agenda based）的模块化框架结构。在方案
产生过程中，议程表用来记录每个控制周期内不能处理的任务，并维持这些任务
直到有合适的处理方法。通常，规划器的方案产生过程是从部分方案逐步扩展形
成完整方案，而 O-Plan2 规划器的方案产生则是从一个完整但存在瑕疵的方案开
始，通过不断的修复以得到完整可行的方案。O-Plan2 规划框架主要由领域信
息、方案状态、知识源、支持模块和控制器五个部分组成[20]，各部分在结构上
相互独立，实现不同的功能。其中，支持模块是从规划器中分离出来的功能组
件，提供了良好的功能性接口，使规划器的开发可以分阶段进行，容易集成新的
功能模块。支持模块可以实现时间约束、资源使用、对象/变量选择和效果/条件
等的管理。

2.3.4　SIADEX

SIADEX[22~24]是以智能规划技术为核心，专门为森林火灾制订行动方案的
规划系统，主要包括规划、本体、外部数据与应用接口、用户接口、监控器和
web 中心六个模块。其中，规划模块是 SIADEX 的核心，接收世界状态描述、
初始状态和目标等信息，基于 HTN 规划技术输出行动方案；本体模块是为规划

模块提供世界状态描述、实体和资源的初始状态以及生成规划解的过程性知识；外部数据与应用接口模块为规划模块提供本体无法提供的一些信息，如地理信息和天气预报信息等；用户接口模块允许用户使用 TCP/IP（transmission control protocol/internet protocol，传输控制协议/网络协议）与系统进行通信，用户可以通过个人电脑、便携式电脑或者掌上电脑使用该系统；监控器模块对方案的执行进行监督，能够向用户提醒事件的发展动向并确认方案执行的情况，如果方案无法顺利执行，它将触发方案修复或者重规划；web 中心模块负责 SIADEX 与外部世界的协调，接受用户的规划需求，要求规划模块进行方案修复或重规划，根据监控模块的通知触发人员操作的执行次序，收集外部信息，对可能的方案执行失败情况进行提醒。

SIADEX 的规划模块决定了系统的规划能力。它是一个基于状态的前向 HTN 规划器，具有以下特点[24]：基于 PDDL2.2 对原子任务进行描述，能够表达持续性和带数值的动作；扩展了 PDDL，能够表示带时间的任务和方法；在搜索中嵌入了控制和削减功能（即时态和资源推理），具有较高的规划效率；支持外部函数，通过在领域定义中使用 Python 脚本在规划过程中实现外部信息访问或复杂计算的功能。

2.3.5　Dynagent

Dynagent[25] 采用在线的前向 HTN 规划技术，实现了方案规划、方案执行、信念更新和方案修正的紧密耦合。Dynagent 在执行一个行动方案的同时保持多个可选方案，并在动态变化的环境中不断修正方案。规划器能随时感知环境的变化，而环境的变化可能导致当前行动方案所依赖的某些前提条件不成立，所以考虑从可选方案中选择可行的方案进行执行。Dynagent 采用类似 A* 的启发式函数计算行动方案的费用，如果当前行动方案变为不可行或者有其他可选的行动方案优于当前方案，则选择更优的行动方案替代当前方案。对于可选方案，Dynagent 并不马上将复合任务分解为原子任务，只有当可选方案被选中时才进行进一步分解并执行。

在此基础上，为了提高规划效率，Hayashi[26] 提出了分层多 Agent 规划的思想，并扩展了 Dynagent 对其进行实现。分层多 Agent 规划由父 Agent 和子 Agent 共同完成一个规划任务目标。父 Agent 给出粗糙的子任务目标并分配给子 Agent，子 Agent 继续对子任务目标进行规划或执行。在动态环境下，父 Agent 不知道子 Agent 要执行哪些动作以及这些动作是否已经执行，通过更新信念并基于子 Agent 的动作中断来制订出新的行动方案。

2.4　本章小结

本章简要介绍了 HTN 规划的基本原理和 SHOP2 等几类典型的规划系统。本书后续章节将以此为基础，系统地阐述基于 HTN 规划的应急响应决策方法体系，并针对应急响应决策的特征，从时间和资源管理、行动方案的多指标评价、应急资源缺项处理、分布式协作任务规划以及集成规划与执行等几个方面对 HTN 规划方法进行进一步拓展。

参考文献

[1] 加拉卜 M，诺 D，特拉韦尔索 P．自动规划：理论与实践．姜云飞，杨强，凌应标译．北京：清华大学出版社，2008.

[2] Nau D，Au T C，Ilghami O，et al．SHOP2：an HTN planning system．Journal of Artificial Intelligence Research，2003，20：379-404.

[3] Nau D，Cao Y，Munoz-Avila H．SHOP：simple hierarchical ordered planner．Proceedings of the 16th International Joint Conference on Artificial Intelligence，Stockholm，Sweden，July，1999：968-973.

[4] Nau D，Au T，Ilghami O，et al．Applications of SHOP and SHOP2．IEEE Intelligent System，2005，20(2)：34-41.

[5] McDermott D，Ghallab M，Howe A，et al．The PDDL planning domain definition language．The AIPS-98 Planning Competition Committee，Pittsburgh，USA，1998.

[6] Sacerdoti E．The nonlinear nature of plans．Proceedings of the 4th International Joint Conference on Artificial Intelligence，Tbilisi，Georgia，USA，1975：206-214.

[7] Tate A．Generating project networks．Proceedings of the 5th International Joint Conference on Artificial Intelligence，Cambridge，Massachusetts，USA，1977：888-893.

[8] Erol K，Hendler J，Nau D S．Semantics for hierarchical task network planning．Technical Report，CS-TR-3239，UMIACS-TR-94-31，ISR-TR-95-9，University of Maryland，March，1994.

[9] Nau D，Smith S，Erol K．Control strategies in HTN planning：theory versus practice．Proceedings of the 15th National Conference on Artificial Intelligence，American Association for Artificial Intelligence，1998：1127-1133.

[10] Tsuneto R，Hendler J，Nau D．Analyzing external conditions to improve the efficiency of HTN planning．Proceedings of the 15th National Conference on Artificial Intelligence，American Association for Artificial Intelligence，1998：913-920.

[11] Erol K，Hendler J，Nau D S．UMCP：a sound and complete procedure for hierarchical task-network planning．Proceedings of the International Conference on AI Planning Systems (AIPS)，Chicago，1994：249-254.

［12］Munoz-Avila H，Aha D W，Breslow L，et al. HICAP：an interactive case-based planning architecture and its application to noncombatant evacuation operations. Proceedings of the 16th National Conference on Artificial Intelligence，American Association for Artificial Intelligence，1999：870-875.

［13］Breslow L，Aha D W. NaCoDAE：Navy conversational decision aids environment. Technical Report，AIC-97-018，Navy Center for Applied Research in Artificial Intelligence，Washington，D. C. ，1998.

［14］Murdock J W，Aha D W，Breslow L. AHEAD：case-based process model explanation of asymmetric threats. Technical Report，AIC-02-203，Navy Center for Applied Research in Artificial Intelligence，Washington，D. C. ，2002.

［15］Wilkins D E. Can AI planners solve practical problems? Computational Intelligence，1990，6(4)：232-246.

［16］Wilkins D E，Myers K L. A common knowledge representation for plan generation and reactive execution. Journal of Logic and Computation，1995，5(6)：731-761.

［17］Wilkins D E，Desimone R V. Applying an AI planner to military operation planning. *In*：Zweben M，Fox M S. Intelligent Scheduling. San Francisco：Morgan Kaufmann Publishers Inc. ，1994：685-709.

［18］Wilkins D E，Myers K L，Lowrance J D，et al. Planning and reacting in uncertain and dynamic environments. Journal of Experimental and Theoretical Artificial Intelligence，1995，7(1)：197-227.

［19］Agosta J M. Formulation and implementation of an equipment configuration problem with the SIPE-2 generative planner. Proceedings of AAAI-95 Spring Symposium on Integrated Planning Applications，Palo Alto，USA，1995：1-10.

［20］Tate A，Drabble B，Kirby R. O-Plan2：an open architecture for command，planning and control. *In*：Zweben M，Fox M S. Intelligent Scheduling. San Francisco：Morgan Kaufmann Publishers Inc. ，1994：213-239.

［21］Currie K W，Tate A. O-Plan：the open planning architecture. Artificial Intelligence，1991，52(1)：49-86.

［22］Asunción M，Castillo L，Fdez-Olivares J，et al. SIADEX：an interactive knowledge-based planner for decision support in forest fire fighting. AI Communications，2005，18(4)：257-268.

［23］Asunción M，Castillo L，Fdez-Olivares J，et al. SIADEX：a real world planning approach for forest fire fighting. Proceedings of the 2nd Starting AI Researchers' Symposium，Valencia，Spanish，2004：211-216.

［24］Castillo L，Fdez-Olivares J，García-Pérez O，et al. Plan design，execution and monitoring for crisis episodes：the SIADEX environment. Proceedings of the 16th International Conference on Automated Planning and Scheduling，The English Lake Districk，UK，2006：10-13.

［25］Hayashi H，Tokura S，Hasegawa T，et al. Dynagent：an incremental forward-chaining HTN planning agent in dynamic domains. Proceedings of the 3rd International Conference on Declarative

Agent Languages and Technologies，Utrecht，The Netherlands，2005：171-187.

［26］Hayashi H. Stratified multi-agent HTN planning in dynamic environments. *In*：Nguyen N T，Grzech A，Howlett R J，et al. Proceedings of the 1st KES International Symposium on Agent and Multi-Agent Systems：Technologies and Applications. Berlin：Springer-Verlag，2007：189-198.

第 3 章

面向 HTN 规划的应急领域知识本体模型

HTN 规划作为一种效率较高的自动规划技术,已广泛应用于应急响应决策中,其规划能力和效率在很大程度上受规划领域知识的影响。在应急任务规划中,规划领域知识来源于应急领域知识。但是,应急领域知识往往是异构且非结构化的,难以统一地进行建模和表示。本体作为一种能在语义和知识层次上描述知识系统的概念模型,可用于应急领域知识的规范化描述。然而,基于本体的应急领域知识模型与 HTN 规划领域知识模型在编码结构和语法上存在差异,需要进一步研究应急领域知识与规划领域知识之间的转换问题。本章主要探讨了基于本体的应急领域知识模型,并研究了基于本体的应急领域知识转换成规划领域知识的方法。

3.1 引言

应急领域知识是在处置突发事件的实践中不断积累获得的用于描述客观事实的主要概念以及领域专家和决策者的认识、经验教训、规律等的综合知识,主要包括应急预案、应急管理规章制度、标准化操作程序、案例以及经验等。应急领域知识具有异构和非结构化的特点,缺乏统一的描述术语,难以共享。

本体用于组织较高层次的知识抽象,描述领域知识,根据捕获的相关领域知识确定领域内共同认可的概念和概念间的关系,从而提供对该领域的共同理解,并以不同的形式化模式给出这些概念术语和概念术语之间相互关系的明确定义[1]。本体可作为应急领域知识表达的基础,避免重复的领域分析,并通过统一的术语和概念达成应急领域知识的共享。网络本体语言(web ontology language,OWL)[2]是目前应用最为广泛的本体描述语言,通过类、属性、关系和实例等对本体进行描述。其中,类(owl:Class)是对一类具有相似特性对象的概念抽象,类的属性包括数据类型属性和对象属性。数据类型属性(owl:DatatypeProperty)用XML Schema中的基础数据类型描述类的特性,其值域为该属性的取值类型。对象属性(owl:ObjectProperty)表示类之间的关系,其值域为该属性关联的类,并可通过基数(owl:Cardinality)声明属性取值的数量约束,包括至少(minCardinality)、最多(maxCardinality)和有且仅有(cardinality)等。实例是类实例化生成的具体对象。

应急领域知识的核心是应急处置过程知识,会涉及相互关联的应急环境要素,因此应急领域知识本体可分为应急环境知识本体和应急处置知识本体两部分。应急环境知识本体描述了应急响应决策过程中的相关基本概念及其属性和概念之间的关系,包括突发事件、地理环境、承灾载体、应急组织和应急资源等;应急处置知识本体描述了应急处置过程或片段,包括应急任务、应急处置方法、前提条件、处置片段、应急行动和行动效果等。

基于HTN的应急任务规划问题由初始状态、初始任务网络和规划领域知识组成。其中,规划领域知识由特定规划描述语言表示,包括操作符集合和方法集合。应急领域知识本体模型与HTN规划领域知识模型在编码结构和语法上存在差异,如何实现从应急领域知识到规划领域知识的转换是一个需要解决的问题。

综上所述,构建面向HTN规划的应急领域知识本体模型的总体思路如图3.1所示,主要包含应急领域知识本体模型构建和转换两个阶段。

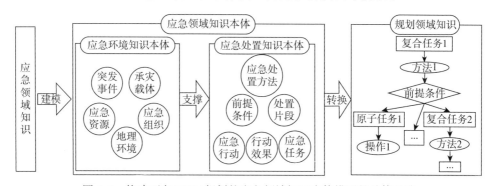

图 3.1 构建面向 HTN 规划的应急领域知识本体模型的总体思路

1. 本体模型构建阶段

笔者在研究工作中选取由斯坦福大学开发的支持 OWL 语言的 Protégé 软件作为本体的建模工具。应急领域知识本体的构建包括应急环境知识本体的构建和应急处置知识本体的构建。

(1)应急环境知识本体的构建。通过对应急领域知识载体(如应急预案等)的分析,抽象出应急领域中的基本概念及其属性,并确定概念之间的关系。具体来说就是,抽象类和属性概念,然后确定属性与类之间的从属关系以及类与类之间的关系，在此基础上，建立包括突发事件类、承灾载体类、应急组织类、地理环境类和应急资源类的应急环境知识本体模型，如图 3.1 左边框图所示。

（2）应急处置知识本体的构建。在应急环境知识本体的基础上，通过对应急领域知识中的过程性知识进行分析，抽象出体现处置过程中步骤之间逻辑关系的规则类，如应急处置方法类、前提条件类、处置片段类、应急行动类、行动效果类和应急任务类等，并确定它们的属性及其取值范围。应急处置知识本体模型如图 3.1 中间框图所示，其中，应急处置方法类、应急行动类等概念与 HTN 规划领域知识模型中的方法、操作符等概念存在一定的对应关系，为本体模型向HTN 规划领域知识模型的转换创造了条件。

2. 转换阶段

一般来说，应急处置知识本体并不能直接被 HTN 规划器使用，必须将其转换成规划器可识别的规划领域知识。HTN 规划领域知识可表示成如图 3.1 右边框图所示意的任务分解策略树，其具体内容来源于应急处置知识本体。为此，我们提出了将应急处置知识本体转换为 HTN 规划领域知识的方法。具体来说就是，利用 protégé-owl 应用程序接口获取应急处置知识本体中的实例，分别完成应急行动实例到操作符的转换和应急处置方法实例到方法的转换，进而构建完整的规划领域文件。

3.2　应急环境知识本体模型

应急环境主要由突发事件、地理环境、应急资源、应急组织和承灾载体等组成，其相互耦合关系如图 3.2 所示。发生于特定地理环境中的突发事件，作用于该环境中的承灾载体并造成破坏。地理环境涉及的应急组织进行相应的应急处置，根据应急资源的储备情况制订并执行应急行动方案，作用于承灾载体，以减轻突发事件造成的破坏。

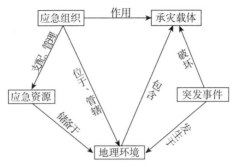

图 3.2　应急环境要素及其关系

根据上述分析，应急环境知识本体可分为突发事件、地理环境、承灾载体、应急组织和应急资源等，下面分别介绍其本体模型。

3.2.1　突发事件本体模型

根据《国家突发公共事件总体应急预案》，突发事件按发生的原因、机理、过程、性质和危害对象不同可分为自然灾害、事故灾害、公共卫生事件和社会安全事件四类。这四大类突发事件可以进一步细分为若干子类，如表 3.1 所示。

表 3.1　常见突发事件的分类

突发事件类型	子类型
自然灾害	水旱灾害、气象灾害、地震灾害、地质灾害、海洋灾害、生物灾害和森林草原火灾等
事故灾难	工矿商贸安全事故、公共设施设备事故、核与辐射事故、环境污染、生态破坏事件
公共卫生事件	传染病疫情、群体性不明原因疾病、食品安全和职业危害、动物疫情、其他卫生事件
社会安全事件	恐怖袭击事件、民族宗教事件、经济安全事件、涉外突发事件、群体性事件

突发事件的共有属性包括事件名称、发生时间、发生原因、事件级别和发生地点(行政区域)等，具体如表 3.2 所示。此外，各类突发事件也各自具有不同的特征属性。例如，洪水突发事件具有洪水频率、洪峰流量等特征属性；地震具有震级、震源深度等特征属性。由于突发事件种类繁多，此处对其特征属性不一一列举。

表 3.2　突发事件类中的共有属性

属性	值域	属性约束
事件名称	XMLSchema # string	无
发生时间	XMLSchema # dateTime	无
发生原因	XMLSchema # string	无
事件级别	XMLSchema # string	〈特别重大(Ⅰ级)、重大(Ⅱ级)、较大(Ⅲ级)和一般(Ⅳ级)〉
发生地点	地理环境类	owl:cardinality＝1
影响实体	承载载体类	owl:minCardinality＝1
包含子事件	元事件类	owl:minCardinality＝1
…	…	…

对于突发事件，不仅需要描述其静态的属性，还应描述其动态的变化过程。由于突发事件的发生、发展和演化过程各不相同，需要采用统一的方式对其进行

描述。ABC 本体模型[3]包含了事件、情景、动作等与事件相关的概念，通过事件包含的子事件、子事件发生前后的情景以及情景时间特征隐含的先后关系描述事件的动态过程。本章在 ABC 本体事件类的基础上定义了元事件类，用来描述与突发事件密切相关的子事件，并增加对象属性"前置事件"和"后置事件"来表示应急态势演化过程中常见的元事件之间的相互关系，如因果、顺序、耦合等。根据上述分析，可以得到突发事件本体模型，如图 3.3 所示。

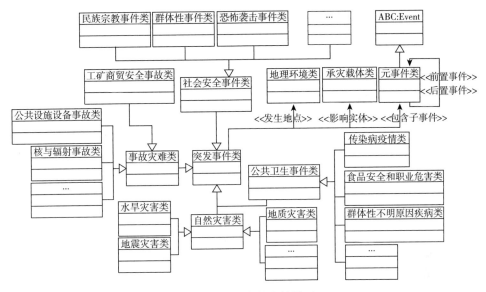

图 3.3　突发事件本体模型

由于突发事件特征属性各不相同，形成的突发事件本体各有差异，下面以某河段洪水灾害事件为例进行说明。该突发事件除了继承突发事件类的共有属性外，还具有河流名称、河段名称、河段水位、洪水频率、洪峰流量和洪峰形状等特征属性，具体如表 3.3 所示。河段洪水灾害继承突发事件类的"包含子事件"属性的取值为暴雨、水位上涨、洪峰形成、堤防险情、险情解除和水位下降等元事件。这些元事件及其相互关系描述的该事件发生、发展和演化过程可概括为：持续暴雨导致河段水位上涨并形成洪峰，洪峰导致河段防洪大堤出现堤防险情，经过一系列抢险行动堤防险情解除，在水位下降、洪水消退后该洪水灾害事件造成的危险消除。

表 3.3　河段洪水灾害事件的特征属性

属性	值域	属性约束
河流名称	XMLSchema # string	无
河段名称	XMLSchema # string	无

续表

属性	值域	属性约束
河段水位	XMLSchema # float	无
洪水频率	XMLSchema # float	无
洪峰流量	XMLSchema # float	无
洪峰形状	XMLSchema # string	{单峰型、双峰型和多峰型}
...	...	...

3.2.2　地理环境本体模型

地理环境是指突发事件从孕育、爆发、控制、衰减到消失整个演化过程中涉及的自然和人文环境。根据地理概念的属性不同，自然地理环境可划分为自然地物和地理现象，人文地理环境可划分为人工地物和经济社会布局[4]。根据上述划分的大类，并从《国土基础信息数据分类与代码》(GB/T 13923—92)中抽取应急可能涉及的地理标识，形成地理环境本体模型，如图 3.4 所示。

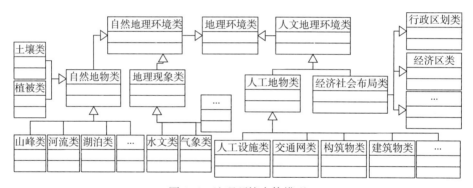

图 3.4　地理环境本体模型

由于地理环境类别繁多，此处对其特征属性不一一列举。下面以应对洪水灾害时的灾民转移安置为例进行介绍，其涉及的行政区划的属性主要包括区域人口、区域面积、区内道路、区内居民点、区内灾民安置点和区内物资储备点等，具体如表 3.4 所示。

表 3.4　洪灾转移安置中行政区划的属性

属性	值域	属性约束
行政等级	XMLSchema # string	{省级、地级、县级、乡级、村级、组级}
区域人口	XMLSchema # int	无
区域面积	XMLSchema # float	无
上级行政区划	行政区划类	owl:cardinality＝1
下级行政区划	行政区划类	owl:minCardinality＝1

续表

属性	值域	属性约束
区内道路	道路类	owl:minCardinality＝1
区内居民点	居民点类	owl:minCardinality＝1
区内灾民安置点	灾民安置点类	owl:minCardinality＝1
区内物资储备点	资源物资点类	owl:minCardinality＝1
管辖政府	政府职能部门类	owl:cardinality＝1
…	…	…

3.2.3　承灾载体本体模型

承灾载体是突发事件的作用对象，也是突发事件应急的保护对象，一般包括人、物、社会经济系统三个方面[5]。在应急响应过程中，承灾载体的属性主要包括破坏机理、脆弱性指标、承受能力、损毁情况和可衍生事件等。对于各类承灾载体的上述属性，尚没有统一的描述形式，此处为各属性建立相应的描述类作为其值域，对不同类承灾载体属性的描述类可相应地扩展出不同的子类和特征属性。承灾载体本体模型如图 3.5 所示。

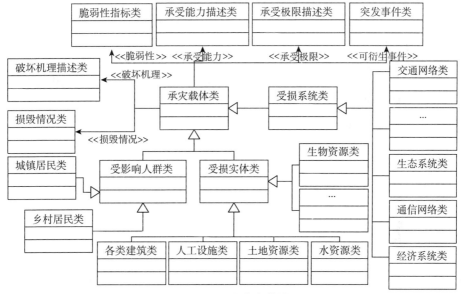

图 3.5　承灾载体本体模型

承灾载体类扩展出的子类及其特征属性各不相同，此处以受洪水灾害影响的人群为例进行说明。受影响人群继承了承灾载体类的所有属性，其损毁情况包括轻伤、重伤、死亡和失踪的人数。除此之外，受影响人群还具有受影响人数、性别组成、年龄结构、民族结构等特征属性，具体如表 3.5 所示。

表 3.5　受洪水灾害影响的人群属性

属性名称	值域	属性约束
承灾载体名称	XMLSchema＃string	无
受影响人数	XMLSchema＃int	无
性别组成	XMLSchema＃string	⟨男女比例⟩
年龄结构	XMLSchema＃string	⟨各年龄段人数比例⟩
民族结构	XMLSchema＃string	⟨各民族人数比例⟩
损毁情况	人群损毁情况类	⟨轻伤、重伤、死亡和失踪人数⟩
…	…	…

3.2.4　应急组织本体模型

应急组织包括应急决策机构和应急执行机构。应急决策机构负责制定应急目标，组织和协调突发事件应对工作，包括由政府职能部门负责人组成的指挥组和应急专家组等。应急执行机构负责落实具体的应急处置工作，可进一步分为政府职能部门和现场指挥部两类。

SUMO[6]（suggested upper merged ontology）是 IEEE 标准上位本体研究组（Standard Upper Ontology Working Group，SUO）在对现有多个顶层本体进行整合时提出的一种通用的上位本体，其中包含的 Human、Goal 和 Role 等概念可直接用于描述应急组织中的部分属性。应急组织类的共有属性如表 3.6 所示。应急决策机构和应急执行机构不仅继承了应急组织的所有属性，而且还具有自身独有的属性，分别如表 3.7 和表 3.8 所示。同样，政府职能部门和现场指挥部作为应急执行机构的子类，其各自独有的属性分别如表 3.9 和表 3.10 所示。根据上述分析，形成的应急组织本体模型如图 3.6 所示。

表 3.6　应急组织类的共有属性

属性	值域	属性约束
组织名称	XMLSchema＃string	无
职责	XMLSchema＃string	无
可应对突发事件	突发事件类	owl:minCardinality＝1
所在地	行政区划类	owl:cardinality＝1
负责人	SUMO:Human	owl:cardinality＝1
上级指挥机构	应急决策机构类	owl:maxCardinality＝1
…	…	…

表 3.7　应急决策机构类的特有属性

属性	值域	属性约束
机构级别	XMLSchema＃string	无
创建时间	XMLSchema＃date	无

续表

属性	值域	属性约束
解散时间	XMLSchema # date	无
组织目标	SUMO:Goal	owl:minCardinality＝1
负责地区	行政区划类	owl:cardinality＝1
下级指挥机构	应急决策机构类	owl:maxCardinality＝1
机构成员	指挥组类、专家组类、工作组类	owl:minCardinality＝1
…	…	…

表 3.8　应急执行机构类的特有属性

属性名称	值域	属性约束
执行任务	应急任务类	owl:minCardinality＝1
可用资源	应急资源类	owl:minCardinality＝1
…	…	…

表 3.9　政府职能部门类的特有属性

属性	值域	属性约束
行政等级	XMLSchema # string	无
上级部门	政府职能部门类	owl:maxCardinality＝1
下级部门	政府职能部门类	owl:minCardinality＝1
部门角色	SUMO:Role	owl:minCardinality＝1
岗位设置	岗位类	owl:minCardinality＝1
…	…	…

表 3.10　现场指挥部类的特有属性

属性	值域	属性约束
成立时间	XMLSchema # date	无
撤销时间	XMLSchema # date	无
现场人员组成	工作组类	owl:minCardinality＝1
…	…	…

3.2.5　应急资源本体模型

应急资源包括突发事件应急响应过程中需要的各类资源，可分为人力资源、物资资源和财力资源[7]。应急资源类的共有属性如表 3.11 所示。

表 3.11　应急资源类的共有属性

属性名称	值域	属性约束
资源名称	XMLSchema # string	无
资源类型	XMLSchema # string	{人力资源、物资资源、财力资源}

续表

属性名称	值域	属性约束
计量单位	XMLSchema # string	无
资源数量	XMLSchema # float	无
资源位置	经济社会布局类	owl:cardinality＝1
所属组织	政府职能部门类	owl:cardinality＝1
…	…	…

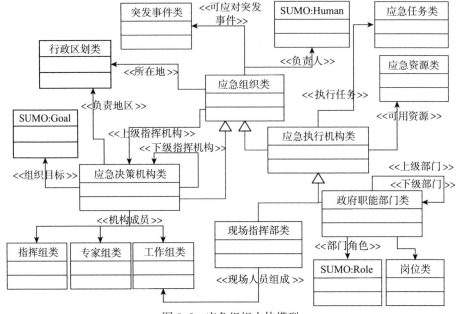

图 3.6　应急组织本体模型

应急人力资源是指参与应急响应的各类人力资源,根据人员具备的能力可分为专业救援人员、普通救援人员和应急专家三类[8]。专业救援人员由具有一定专业技能的人员组成,如医疗卫生队伍和防洪抢险队伍等;普通救援人员由不具备专业技能但能提供劳动力的人员组成;应急专家是能够为应急管理提供决策建议的专业人才。应急人力资源类的特有属性如表 3.12 所示。

表 3.12　应急人力资源类的特有属性

属性	值域	属性约束
人员类型	XMLSchema # string	{专业救援人员、普通教授人员、应急专家}
技能	XMLSchema # string	{驾驶、救护、搜救…}
级别	XMLSchema # string	{主管、职员…}
…	…	…

应急物资资源是突发事件应急处置过程中必需的保障性物资,分为消耗性资

源(consumable resources)和可重用资源(reusable resources)，其用途根据《应急物资分类及产品目录》可划分为防护用品、生命救助、生命支持、救援运载、临时食宿、污染清理、动力燃料、工程设备、器材工具、照明设备、通信广播、交通运输和工程材料 13 类。应急物资资源类的特有属性如表 3.13 所示。

表 3.13　应急物资资源类的特有属性

属性	值域	属性约束
物资类型	XMLSchema # string	{消耗性、可重用}
物资来源	XMLSchema # string	{公共、征用、捐赠、自有}
物资用途	XMLSchema # string	{生命救助、生命支持、救援运载…}
…	…	…

　　应急财力资源主要为应急管理提供资金支持，按照来源不同可以划分为财政资金、捐赠资金、金融资金和自筹资金[7]。应急财力资源类的属性如表 3.14 所示。根据上述分析，形成的应急资源本体模型如图 3.7 所示。

表 3.14　应急财力资源类的属性

属性	值域	属性约束
资金数目	XMLSchema # float	无
资金来源	XMLSchema # string	{财政、捐赠、金融、自筹}
…	…	…

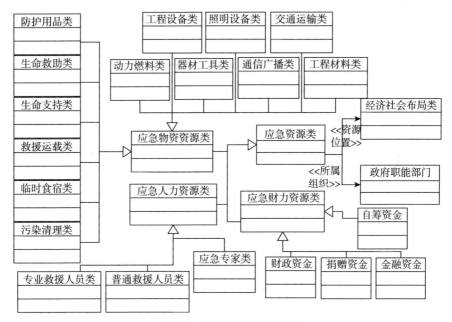

图 3.7　应急资源本体模型

3.3 应急处置知识本体模型

在应急处置过程中，应急响应实体针对应急任务、根据应急态势选择适当的处置方法，制订由具体应急行动构成的行动方案，通过执行行动方案产生相应的行动效果，作用于应急态势，从而实现应急任务目标。应急处置知识描述了不同应急态势条件下应急响应实体应对突发事件的处置过程，具体包括应急任务、应急处置方法、应急行动、前提条件、行动效果和处置片段等。构建应急处置知识本体模型，可对应急管理规章制度、标准化操作程序和应急处置经验等进行有效描述和管理，为应急响应决策提供主要依据。本节首先建立应急处置知识涉及的类，并在此基础上形成应急处置知识本体模型。

1. 应急任务类

应急任务是指为实现应急任务目标而需要完成的一系列活动，通常具有任务名称、任务类型、任务内容和任务参数等要素，因此应急任务类具有对应的数据类型属性。在应急任务类中，"任务名称"属性唯一标识应急任务；"任务类型"属性描述应急任务的类型，如抢险、疏散、运输等；"任务内容"属性描述应急任务拟完成的目标；"任务参数"属性描述应急任务涉及的执行主体、开始时间、结束时间、资源、地点等参数。

应急任务根据其执行特征可分为原子任务和复合任务。其中，原子任务能够被应急响应实体直接执行，而复合任务不能直接被执行，需要通过执行一系列原子任务来完成。原子任务类和复合任务类作为应急任务类的子类，不仅继承了应急任务类的数据类型属性，而且还分别具有各自的对象属性。原子任务类的"实现行动"对象属性描述了完成该原子任务的应急行动，其值域为应急行动类，具有属性约束 owl:cardinality＝1，表明一个原子任务对应一个应急行动。复合任务类的"完成方法"对象属性描述了完成该复合任务的处置方法，其值域为应急处置方法类，具有属性约束 owl:minCardinality＝1，表明一个复合任务至少有一种处置方法。

2. 应急处置方法类

应急处置方法是指在不同应急态势下通过执行一系列子任务完成复合任务的处置流程，可以通过处置目标、处置条件和处置过程对其进行描述。因此，应急处置方法类具有对应的对象属性。在应急处置方法类中，"处置目标"属性表示该应急处置方法能完成的复合任务，其值域为复合任务类，具有属性约束 owl:cardinality＝1；"处置条件"属性是该应急处置方法适用的应急态势的逻辑表达，其值域为前提条件类，具有属性约束 owl:cardinality＝1；"处置过程"属性表示该应急处置方法完成复合任务的子任务序列，其值域为处置片段类，具有属性约束 owl:cardinality＝1。

3. 应急行动类

应急行动是指在特定应急态势下实现原子任务的活动，执行后对应急态势产生影响，可以通过行动目标、行动条件和执行效果对其进行描述。因此，应急行动类具有对应的对象属性。在应急行动类中，"行动目标"属性表示该应急行动能够完成的原子任务，其值域为原子任务类，具有属性约束 owl:cardinality＝1；"行动条件"属性是应急行动可执行的应急态势的逻辑表达，其值域为前提条件类，具有属性约束 owl:cardinality＝1；"执行效果"属性表示应急行动执行的效果，其值域为行动效果类，具有属性约束 owl:minCardinality＝1。

4. 前提条件类

前提条件是用于匹配应急环境状态与应急处置方法或应急行动的判断条件，通常为文本内容。相应地，前提条件类具有"前提条件内容"属性，其值域为 XMLSchema # string。此外，为了清晰描述文本形式前提条件内容的语义，在前提条件类中增加"逻辑表达式"属性，使用一阶逻辑对前提条件内容进行形式化表示，其值域为 XMLSchema # string。该表达式通常由量词、变量、原子逻辑语句和逻辑连接词等组成，其中，量词是对应急环境对象的"存在一个"和"对于所有"数量修饰进行解析形成的符号；变量表示应急环境中的对象；原子逻辑语句表示应急环境中对象状态或之间相互关系的陈述性事实；逻辑连接词用来表示前提条件内容中的"与"、"或"、"非"、"蕴涵"等逻辑关系。例如，前提条件"对于所有在储备点 loc-1 且剩余承载量大于 50 的卡车"的逻辑表达式为 $\forall$ $truck$ loc-at($truck$，loc-1) $\wedge$ availableCapacity($truck$，$capacity$) $\wedge$ more($capacity$，50)。

5. 行动效果类

行动效果是应急行动执行的效果，可改变应急态势的某些状态。考虑到应急行动执行需要更新状态，即删除原状态和添加新状态，在行动效果类中相应地设置"所属应急行动"、"正效果"和"负效果"属性。其中，"所属应急行动"属性表示产生该行动效果的应急行动，其值域为应急行动类，具有属性约束 owl:car-dinality＝1；"正效果"属性表示应急行动执行后添加的新状态，其值域为 XMLSchema # string；"负效果"属性表示应急行动执行后删除的原状态，其值域为 XMLSchema # string。行动效果中添加或删除的状态都可以通过原子逻辑语句描述。

6. 处置片段类

处置片段是应急处置方法完成复合任务的子任务序列，可通过子任务及其执行顺序来描述。因此，处置片段类具有对应的属性"所属处置方法"、"所含应急任务"和"约束关系"。其中,"所属处置方法"属性表示利用该处置片段完成复合任务的应急处置方法,其值域为应急处置方法类,具有属性约束 owl:cardinality＝1;"所含应急任务"属性表示处置片段任务序列中包含的应急任务,其值域为应急任务类,具有属性约束 owl:minCardinality＝1;"约束关系"属性表示子任务序列中应急任务执行应满足的约束关系,如先后序和无序等,其值域为 XMLSchema ＃ string。

综合上述对应急任务类、应急处置方法类、应急行动类、前提条件类、行动效果类和处置片段类等的描述,形成应急处置知识本体模型,如图 3.8 所示。

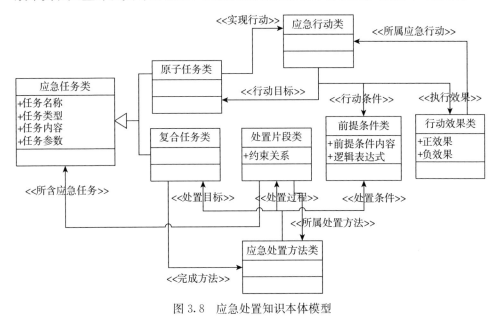

图 3.8　应急处置知识本体模型

3.4　应急领域知识本体向 HTN 规划领域的转换

规划领域知识是 HTN 规划进行推理的依据,其完备性和有效性对推理的效率有较大影响。由于应急领域知识本体是利用 OWL 表示的,与 HTN 规划领域的描述在编码结构和语法上存在差异,需要将上述应急领域知识本体转换为 HTN 规划领域。

HTN 规划领域是包括了操作符集合和方法集合的序对 $D=(O, M)$,操作符 $o \in O$ 说明了原子任务执行的前提条件和产生的效果,方法 $m \in M$ 说明了复合任务在不同前提条件下的分解途径。规划领域描述的过程性知识主要对应于应急处置知识本体,过程性知识中涉及的执行主体、资源等概念要素需要应急环境知识本体作为支撑。现有的 HTN 规划器在语法上存在差异，本书与任务规划相关的研究工作是在 SHOP2 规划器的基础上开展的。因此，下面本书将着重阐述应急处置知识本体向符合 SHOP2 语法规范的 HTN 规划领域知识转换的方法。

在 SHOP2 中，操作符 o 的形式为（:operator head(o) pre(o) del(o) add(o)），方法 m 的形式为（method head(m) p_1 t_1 p_2 t_2 ···），它们的各组成部分分别与应急处置知识本体中的应急行动类和应急处置方法类的属性具有较好的对应关系。具体地，应急行动类中的"行动目标"和"行动条件"属性分别对应操作符 o 中的 head(o) 和 pre(o)；应急行动类中的"执行效果"属性关联的行动效果类的"正效果"和"负效果"属性分别对应操作符 o 中的 add(o) 和 del(o)；应急处置方法类中的"处置目标"、"处置条件"和"处置过程"属性分别对应于方法 m 中的 head(m)、p_i 和 t_i。应急行动类的"行动条件"属性和应急处置方法类的"处置条件"属性的值域都是前提条件类，在将"行动条件"属性和"处置条件"属性转换为操作符和方法中的前提条件时均需要对前提条件类进行转换。下面分别介绍前提条件类、应急行动类和应急处置方法类的转换方法。

1. 前提条件类的转换

图 3.9 表示了前提条件类实例向符合 SHOP2 语法规范的逻辑表达式的转换方法，其获得的逻辑表达式对应于操作符或方法的前提条件。在转换前，将前提条件类实例的"逻辑表达式"属性值进行递归解析，得到仅包括量词、变量、原子逻辑语句、逻辑连接词、逻辑连接前项和逻辑连接后项的逻辑语句结构（logical sentence structure，LSS）。

Translate-precondition (Q)

Input：前提条件类实例 Q。

Output：前提条件表达式 *Precon*。

Procedure:

1）　*compSentence*=Q 的"逻辑表达式"属性值，并将 *compSentence* 解析为 LSS；
2）　if LSS 的逻辑连接词="not"，then LE=(not LSS 的原子逻辑语句);
3）　if LSS 的逻辑连接词="imply"，令 L_1= LSS 的逻辑连接前项，L_2= LSS 的逻辑连接后项，
　　　then LE=(imply L_1 L_2);
4）　if LSS 的逻辑连接词="and/or"，then LE=(and/or L_1 L_2 ··· L_n);
5）　quantifier= LSS 的量词，$\{v_1 v_2 \cdots v_n\}$= LSS 的变量，提取 LSS 的原子逻辑语句为 $\{L_1 L_2 \cdots L_n\}$;
6）　LE=(quantifier $(v_1 v_2 \cdots v_n)$ $(L_1 L_2 \cdots L_n)$);
7）　Return Precon =LE。

图 3.9　前提条件类转换方法

2. 应急行动类的转换

图 3.10 表示了一个应急行动类实例向一个 SHOP2 操作符的转换方法：首先，将应急行动类实例的"行动目标"属性值转换为操作符的 head(o)；其次，将

应急行动类实例的"行动条件"属性值转换为操作符的 pre(o)；最后，将应急行动类实例的"行动效果"属性值转换为操作符的 add(o) 和 del(o)。

Translate-Eaction (Q)

Input：一个应急行动类实例 Q。

Output：一个操作符 o。

Procedure：

1) $task$=Q 的"行动目标"属性值，$name$=$task$ 的"任务名称"属性值，$\{p_1 p_2 \cdots p_n\}$=$task$ 的"任务参数"属性值，则 head(o)=($!name\ p_1\ p_2 \cdots p_n$)；

2) $precon$=Q 的"行动条件"属性值，则 pre(o)=Translate-Precondition ($precon$)；

3) $effect$=Q 的"行动效果"属性值，则 del(o)=$effect$ 的"负效果"属性值，add(o)= $effect$ 的"正效果"属性值；

4) Return：o=(: operator head(o) pre(o) del(o) add(o))。

图 3.10　应急行动类转换方法

3. 应急处置方法类的转换

图 3.11 表示了一个应急处置方法类实例向一个 SHOP2 方法的转换方法：首先，将应急处置方法类实例的"处置目标"属性值转换为方法的 head(m)；其次，将应急处置方法类实例的"处置条件"属性值转换为方法的 p_i；最后，将应急处置方法类实例的"处置过程"属性值转换为方法的 t_i。

Translate-disposal-method (Q)

Input：一个应急处置方法类实例 Q。

Output：一个 SHOP2 方法 m。

Procedure：

1) $task$=Q 的"处置目标"属性值，$name$=$task$ 的"任务名称"属性值，$\{p_1 p_2 \cdots p_n\}$=$task$ 的"任务参数"属性值，则 head(m)=($name\ p_1\ p_2 \cdots p_n$)；

2) $precon$=Q 的"处置条件"属性值，则 pre(m)=Translate-Precondition ($precon$)；

3) $fragment$=Q 的"处置过程"属性值，$\{t_1 t_2 \cdots t_n\}$= $fragment$ 的"所含应急任务"属性值，$name'$= t_i 的"任务名称"属性值，$\{p'_1 p'_2 \cdots p'_n\}$= t_i 的"任务参数"属性值，

　　if t_i 是原子任务，then t_i=($!name'\ p'_1\ p'_2 \cdots p'_n$)；

　　else if t_i 是复合任务，then t_i=($name'\ p'_1\ p'_2 \cdots p'_n$)；

4) $type$= $fragment$ 的"约束关系"属性值，

　　if $type$="ordered"，表明任务间的顺序执行关系，then $taskList$=(:ordered $t_1\ t_2 \cdots t_n$)；

　　else if $type$="unordered"，表明任务间的无序执行关系，then $taskList$=(:unordered $t_1\ t_2 \cdots t_n$)；

5) Return m=(head(m) pre(m) $taskList$)。

图 3.11　应急处置方法类转换方法

采用上述转换方法，将所有的应急行动类实例转换为操作符添加到操作符集合中，将所有的应急处置方法类实例转换为方法添加到方法集合中，从而得到完整的规划领域。

3.5　应急领域知识本体模型及其转换的示例

　　本节以荆江分洪区的转移安置为例,采用本体模型对转移安置中涉及的应急领域知识进行本体建模,并将其转换为转移安置任务规划所需的规划领域知识,从而验证提出的应急领域知识本体模型和转换方法的适用性和有效性。

　　长江洪水发生导致荆江河段水位上涨,超过其设防水位,国家防汛抗旱总指挥部(以下简称国家防总)经过审批,决定启用荆江分洪区泄洪。湖北省防汛抗旱指挥部(以下简称湖北防总)向荆州市防汛抗旱指挥部发布转移安置通知,要求其在泄洪前完成转移安置。荆州市防汛抗旱指挥部制订转移安置方案:荆州市公安局组织警力开展围堤巡逻;荆州市交通局集结运输队伍到各居民点转移灾民至相应灾民安置点;荆州市民政局筹集救援物资,并委托荆州市交通局组织运力将物资运达安置点;荆州市卫生局组织医疗卫生队伍赴安置点开展医疗救护工作。转移安置完成后,启用分洪区开始泄洪,对区内耕地、房屋和道路等造成不同程度的破坏。通过对上述转移安置过程的分析,提取该过程涉及的应急环境概念实例,具体如表 3.15 所示。通过对上述概念实例的属性和相互间的关系进行描述,形成转移安置应急环境知识本体,如图 3.12 所示。

表 3.15　荆江分洪区转移安置中的应急环境概念实例

应急环境概念	概念实例
突发事件	长江洪水
地理环境	荆江河段、荆江大堤、荆江右大堤、南线大堤、虎东干堤、斗湖堤镇、埠河镇、夹竹园镇、斗湖堤安全区、雷州安全区、埠河安全区、杨黄公路、斗闸公路、荆江分洪区、荆州市物资储备点
承灾载体	受灾居民、受损耕地、受损房屋
应急组织	国家防汛抗旱总指挥部、湖北省防汛抗旱指挥部、荆州市防汛抗旱指挥部、荆州市民政局、荆州市交通局、荆州市卫生局、荆州市公安局
应急资源	运输队伍、抢险队伍、仓储队伍、警力队伍、水、药品、帐篷

　　荆江分洪区转移安置涉及的应急领域知识除了包含上述应急环境知识外,还包括转移安置中的处置过程性知识。转移安置工作不仅需要将灾民从居民点转移至相应安置点,还需要为各安置点配备相应数量的应急物资。因此,当居民点待转移人数不大于指定安置点剩余安置容量时,居民点的转移安置任务可通过依次执行灾民运输任务、物资出库任务和物资运输任务来完成。灾民运输任务执行的前提条件是运输队伍到达居民点且队伍剩余装载量大于需要转移人数,任务执行后居民点待转移人数、安置点剩余容量和运输队伍位置会相应改变。物资出库任

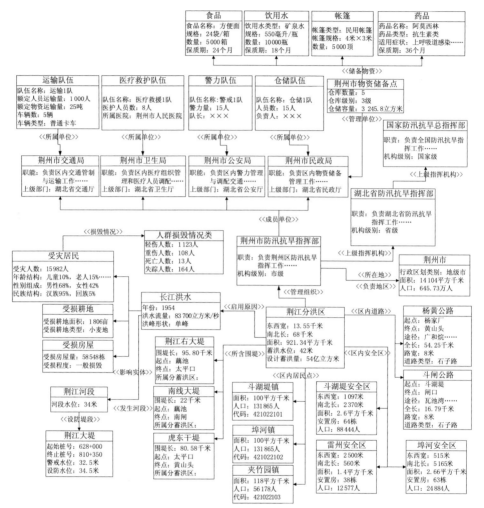

图 3.12　转移安置应急环境知识本体

注：1亩≈666.7平方米

务执行的前提条件是仓储队伍在资源储备点，且储备点物资储备量不小于物资计划出库量，任务执行后储备点资源储备量会相应减少。物资运输任务在物资出库任务完成后执行，其前提条件是运输队伍在资源储备点且队伍剩余物资装载量大于需要运输的物资量，任务完成后安置点物资需求量和运输队伍位置会相应改变。根据对上述处置过程的分析，基于应急处置知识本体模型构建相应的本体，如图 3.13 所示。

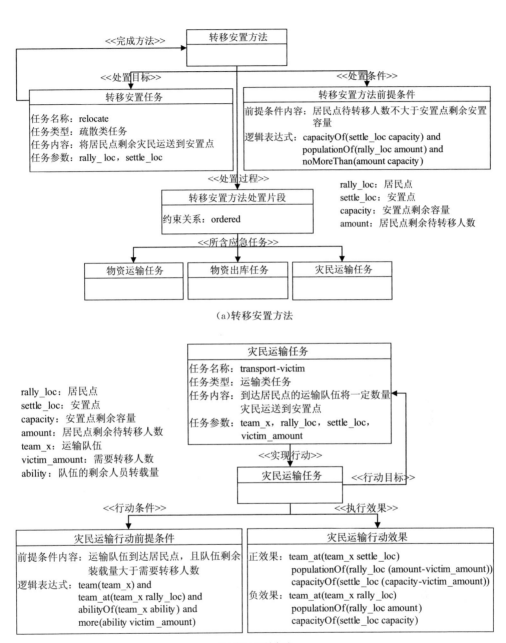

<<完成方法>> 转移安置方法

<<处置目标>> 转移安置任务

任务名称：relocate
任务类型：疏散类任务
任务内容：将居民点剩余灾民运送到安置点
任务参数：rally_loc，settle_loc

<<处置条件>> 转移安置方法前提条件

前提条件内容：居民点待转移人数不大于安置点剩余安置容量
逻辑表达式：capacityOf(settle_loc capacity) and populationOf(rally_loc amount) and noMoreThan(amount capacity)

<<处置过程>> 转移安置方法处置片段

约束关系：ordered

rally_loc：居民点
settle_loc：安置点
capacity：安置点剩余容量
amount：居民点剩余待转移人数

<<所含应急任务>>

物资运输任务   物资出库任务   灾民运输任务

(a)转移安置方法

灾民运输任务

任务名称：transport-victim
任务类型：运输类任务
任务内容：到达居民点的运输队伍将一定数量灾民运送到安置点
任务参数：team_x，rally_loc，settle_loc，victim_amount

rally_loc：居民点
settle_loc：安置点
capacity：安置点剩余容量
amount：居民点剩余待转移人数
team_x：运输队伍
victim_amount：需要转移人数
ability：队伍的剩余人员转载量

<<实现行动>> 灾民运输任务 <<行动目标>>

<<行动条件>> 灾民运输行动前提条件

前提条件内容：运输队伍到达居民点，且队伍剩余装载量大于需要转移人数
逻辑表达式：team(team_x) and team_at(team_x rally_loc) and abilityOf(team_x ability) and more(ability victim_amount)

<<执行效果>> 灾民运输行动效果

正效果：team_at(team_x settle_loc) populationOf(rally_loc (amount-victim_amount)) capacityOf(settle_loc (capacity-victim_amount))
负效果：team_at(team_x rally_loc) populationOf(rally_loc amount) capacityOf(settle_loc capacity)

(b)灾民运输任务

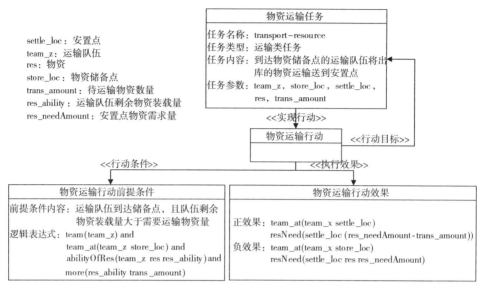

settle_loc：安置点
team_z：运输队伍
res：物资
store_loc：物资储备点
trans_amount：待运输物资数量
res_ability：运输队伍剩余物资装载量
res_needAmount：安置点物资需求量

(c)物资运输任务

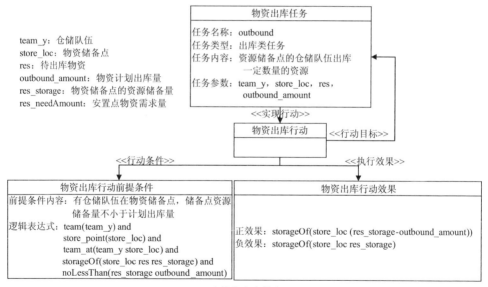

team_y：仓储队伍
store_loc：物资储备点
res：待出库物资
outbound_amount：物资计划出库量
res_storage：物资储备点的资源储备量
res_needAmount：安置点物资需求量

(d)物资出库任务

图 3.13　转移安置应急处置知识本体

　　在构建的转移安置应急处置知识本体的基础上，采用 3.4 节提出的转换方法，将其转换为转移安置任务规划的规划领域知识。为了便于阐述，以灾民运输应急行动向灾民运输操作符的转换为例进行说明。基于 OWL 描述的灾民运输任务本体如图 3.14 所示，转换后得到相应的 SHOP2 操作符如图 3.15 所示。

```
<原子任务 rdf:ID="灾民运输任务">
 <任务名称 rdf:datatype=http://www.w3.org/2001/XMLSchema#string
  >transport-victim</任务名称>
 <任务参数 rdf:datatype="http://www.w3.org/2001/XMLSchema#string"
  >team_xrally_locsettle_locvictim_amount</任务参数>
<任务类型 rdf:datatype="http://www.w3.org/2001/XMLSchema#string"
  >运输类任务</任务类型>
<任务内容 rdf:datatype="http://www.w3.org/2001/XMLSchema#string"
  >到达居民点的运输队伍将一定数量灾民送到安置点
</任务内容>
<实现行动>
 <应急行动 rdf:ID="灾民运输行动">
   <执行效果>
   <行动效果 rdf:ID="灾民运输行动的执行效果">
    <负效果 rdf:datatype="http://www.w3.org/2001/XMLSchema#string"
     >team_at(team_xrally_loc) populationOf(rally_locamount)
      capacityOf(settle_loccapacity)</负效果>
    <正效果 rdf:datatype="http://www.w3.org/2001/XMLSchema#string"
     >team_at(team_xsettle_loc)populationOf(rally_loc(amount-victim_amount))
      capacityOf(settle_loc(capacity-victim_amount))</正效果>
   </行动效果>
   </执行效果>
   <行动目标 rdf:resource="#灾民运输任务"/>
   <行动条件>
    <前提条件 rdf:ID="灾民运输行动的前提条件">
     <前提条件内容 rdf:datatype="http://www.w3.org/2001/XMLSchema#string"
            >运输队伍到达居民点,且队伍剩余装载量大于需要转移人数
     </前提条件内容>
     <逻辑表达式 rdf:datatype="http://www.w3.org/2001/XMLSchema#string"
            >team(team_x) and team_at(team_xrally_loc) and
             abilityOf(team_x ability) andmore(ability victim_amount)
     </逻辑表达式>
    </前提条件>
   </行动条件>
 </应急行动>
</实现行动>
</原子任务>
```

图 3.14　基于 OWL 描述的灾民运输任务本体

```
(:operator (!transport-victim ?team_x ?rally_loc ?settle_loc ?victim_amount)
     ((team ?team_x) (team_at ?team_x ?rally_loc) (abilityOf ?team_x ?ability)
      (call > ?ability ?victim_amount) (populationOf ?rally_loc ?amount)
      (capacityOf ?settle_loc ?capacity)
      )
     ((team_at ?team_x ?rally_loc) (populationOf ?rally_loc ?amount)
      (capacityOf ?settle_loc ?capacity)
      )
     ((team_at ?team_x ?settle_loc)
      (populationOf ?rally_loc (call – ?amount ?victim_amount))
      (capacityOf ?settle_loc (call + ?capacity ?victim_amount))
      )
)
```

图 3.15　灾民运输任务对应的 SHOP2 操作符

3.6 本章小结

针对应急领域知识难以统一建模和表示且无法直接作为 HTN 规划领域知识的问题，本章分析了应急领域知识的构成，分别对应急环境知识和应急处置知识进行本体建模，得到了一种面向 HTN 规划的应急领域知识本体模型。在此基础上，考虑到本体描述语言与 HTN 规划领域表示语言的差异，本章提出了应急领域知识本体向 HTN 规划领域的转换方法。

本章的研究工作关注于上层应急领域知识的本体建模方法，所构建的本体主要用于验证方法的有效性，与实际的应急领域知识有一定的差距。如何针对不同类型的突发事件，基于该方法完善相应的应急领域知识本体，开发本体知识管理系统，从而获得完备的领域知识，是下一步研究工作的重点。

参考文献

[1] 苏亚萍. 基于本体的领域知识建模研究. 吉林大学硕士学位论文，2007.

[2] Bechhofer S，van Harmelen F，Hendler J，et al. OWL web ontology language reference. http://www. w3. org/TR/owl-ref/，2014-02-10.

[3] Lagoze C，Hunter J. The ABC ontology and model. *In*：Koch T，Weibel S. Proceedings of the International Conference on Dublin Core and Metadata Applications. Oxford：British Computer Society and Oxford University Press，2001：1-18.

[4] 景东升. 基于本体的地理空间信息语义表达和服务研究. 中国科学院博士学位论文，2005.

[5] 范维澄，刘奕. 城市公共安全体系架构分析. 城市前沿管理，2009，5：38-41.

[6] Niles I，Pease A. Towards a standard upper ontology. Proceedings of the International Conference on Formal Ontology in Information Systems. New York：ACM Press，2001：2-9.

[7] 陈安，马建华，李季梅，等. 现代应急管理应用与实践. 北京：科学出版社，2010.

[8] 国务院. 国家突发公共事件总体应急预案. 北京：中国法制出版社，2006.

第4章

应急决策组织建模

应急响应决策是一种分布式组织决策，组织和协调地理上分散的多个部门使其相互协作应对突发事件，部门的构成形式和部门之间的交互方式对应急响应决策的质量和效率有重要影响。为评价应急决策组织的决策效率，比较应急决策中的协商策略和协调机制，需要对应急决策组织进行建模，并模拟应急决策过程。本章主要研究了应急决策组织建模问题，具体包括设计适合我国国情的应急决策组织结构，并提出了基于多主体系统（multi-agent system，MAS）建模和实现应急决策组织的方法。

■ 4.1 应急决策组织结构

4.1.1 应急管理组织体系与应急决策组织结构

突发事件一般具有突发性、危害性、紧迫性、不确定性和复杂性等特点。应急响应工作涉及多个地区的大多数政府部门、非政府组织、社会公众以及其他单位，甚至国外救援队伍。快速建立通用、规范、强有力的应急决策组织，使其各尽其责协调配合以合作实现应急目标是实施有效应急处置的基础[1,2]。

应急决策组织一般由各级政府设立的常设性机构以及在应急期间设立的各级指挥中心和现场指挥部等临时性机构组成，建立应急决策组织的目的主要是更有效地开展应急决策、指挥与协调工作，使事态得到及时控制。应急决策组织的建立会受应急管理理念和应急管理组织体系的影响，而其在应急响应过程中的表现取决于应急决策组织结构的设计是否合理和高效。应急管理组织体系主要可分为两类：一类是建立综合性强的应急管理机构，实行集权化和专业化管理，统一应对和处置危机；另一类是实行分权化和多元化管理，在应急管理中多部门参与和协作。根据上述分类，下面分别介绍美国和德国的两种典型应急决策组织结构。

1. 美国突发事件应急决策组织结构

事故指挥体系(incident command system，ICS)最初源于加利福尼亚州森林及消防处、加利福尼亚州紧急事故处理办公室等七个机构主导的"组织南加州消防资源应对紧急事件"计划，即 FIRESCOPE(Firefighting Resources of Southern California Organized for Potential Emergencies)计划[3]。ICS 现已成为美国国家突发事件管理系统(national incident management system，NIMS)的核心内容之一，它使多个组织机构在参与紧急事件处置时能有效地协调、计划和互动。目前，美国要求接受联邦财政援助的州及地方辖区必须推行该系统，其具体结构如图 4.1 所示。ICS 将设施、设备、人员、规程和通信操作结合在一个通用的组织结构中，主要包括指挥、执行、规划、后勤保障以及财政/管理五大职能。

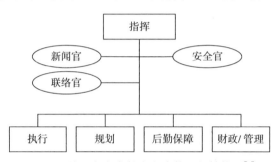

图 4.1　美国突发事件应急决策组织结构图[4]

应急响应需要动员国家各级政府的资源，因此组织结构需要体现行政级别，行使行政权威进行指挥与控制十分重要[5]。然而，ICS 为扁平结构，没有体现行政级别，这使得其寻求外部资源十分困难，因而该结构主要用于处理局部和短期的突发事件[6]。在 ICS 的基础上，美国建立了州-区域-地方-现场指挥部的标准应急管理系统(standardized emergency management system，SEMS)。SEMS 将扁平管理与垂直管理相结合，基层的现场指挥部仍采用 ICS，当危机逐步扩散与升级时，SEMS 结构开始发挥作用，通过多层级的协调运作，使现场处置不至于陷入孤立无援的状态。但是 SEMS 没有包含联邦级别，并且各层级间没有体现权威指挥与控制。

2. 德国突发事件应急决策组织结构

德国的突发事件应急管理权力在联邦、州及地方政府。德国突发事件应急指挥部由事件总指挥、人力资源管理(S1)、灾情计划(S2)、救援(S3)和物流(S4)五个部门组成，根据需要可设额外的功能部门，如媒体与新闻(S5)、通信与输送电(S6)和专家与机构代表部门(S7)等，如图 4.2 所示。

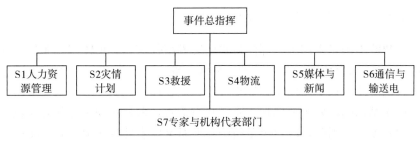

图 4.2　德国突发事件战术指挥部组织结构图[7]

指挥部功能的实现并不一定在现场指挥所里进行，特别是 S1、S4 和 S6 可以全部或者部分地在其他地方进行，如在指挥中心或者通信中心。如果事件分散在几个区域，应该成立下一级的指挥分所，指挥分所可以是固定的，也可以在移动的场所里。

4.1.2　我国应急决策组织存在的主要问题

目前，我国尚未发布有关应急决策组织结构设置与职能划分的通用规范，仅仅是消防、森林防火、核电安全和海事溢油等特定部门制定了初步的规范。在实际应急响应过程中，参与单位往往根据各自情况设立组织结构互不相同的应急决策组织。从实际应对突发事件的角度来看，我国应急决策组织从南方雨雪冰冻灾害和汶川地震时的各自为政，逐步形成可以对各种救援力量进行统一指挥调度的应急决策组织，并在玉树地震中得到运用和发展。然而，我国应急决策组织仍存在以下一些主要问题。

（1）缺乏应急决策指挥组织标准[7]。汶川抗震救灾初期，各层级指挥协调机构齐集都江堰，曾出现指挥协调混乱的局面，直到 2008 年 5 月 14 日，中央军委授权成都军区组建抗震救灾联合指挥部，统一指挥调度在灾区的所有军区、武警、公安、消防和专业救援队伍，混乱局面才得到改善。

（2）应急指挥部内部组织结构职能设计还有待进一步优化[7]。例如，青海省和玉树藏族自治州抗震救灾指挥部都没有设置灾情组，在地震发生后没有专门组织负责对各区域灾害情况进行调查和分析，不利于上级政府和社会获得权威的灾情数据，也不能为救援力量分配和防御次生灾害提供决策支持。各应急指挥部内部组织的名称、职能和机构数量还缺乏统一性，不利于横向和纵向的指挥与协调。

（3）着重于组织的静态能力建设，而对其动态能力则很少给予关注。由于应急态势的动态变化，应急决策组织不仅包括静态的常设性机构，而且还包括动态的现场指挥部和会商小组。现有的应急管理规章制度大多规定了参与应急响应的单位及其职责和应急响应程序，但对于现场指挥部和会商小组的建立没有统一的规定。

4.1.3　我国应急决策组织结构的特点

大多数欧美国家采用单一部门负责的突发事件应急管理体制，而我国则实行以"统一领导、综合协调、分类管理、分级负责、属地管理为主"的综合应急管理体制。我国应急管理更倾向于官僚指挥与控制，而官僚指挥与控制通常产生层次结构，层次结构的高效主要体现于常规执行流程，但是在动态变化的应急态势环境中表现较差[8]。因此，应急决策组织在面对突发事件时必须开放，即控制组织成员的加入和退出，并相应地调整组织结构以适应演化的应急态势，提高组织的自适应能力[9]。高效的应急决策组织结构设计应解决如下问题：①要体现行政级别，保持层级间的权威性，根据应急管理规章制度将平时的行政机构转化为应急时的职能部门；②要考虑应急态势对应急决策组织结构的影响，特别是态势演化导致应急指挥机构指挥权力动态转移的问题。

在组织结构设计方面，以西蒙的组织决策理论[10]和韦伯的官僚制组织理论[11]为代表的理性系统强调组织的决策是理性的，突出其规范结构，通过严格的等级划分来计划、实施和控制组织活动。以 Lawrence 等的系统权变理论[12,13]为代表的开放系统强调组织结构是开放的，组织是与参与者之间不断变化的关系相互联系、相互依赖的活动体系，追求对外部不确定环境的适应性。我国应急决策组织依据应急管理规章制度临时构建，呈现规范性和理性的特征。同时，应急决策组织与应急态势相互依赖、相互影响，呈现开放性特征。因此，应综合理性系统视角和开放系统视角来分析我国应急决策组织结构的特点。

（1）复合性。突发事件应急决策组织结构存在两个相互冲突的需求：一方面需要强调指挥和控制；另一方面需要协调各方面的参与者。《国家突发公共事件总体预案》规定，面对突发事件时应遵循应急指挥与现场处置相结合的原则，应急决策组织结构是政府应急指挥机构和前方的现场指挥部的复合。

（2）临时性。突发事件应急决策组织的临时性体现在以下三个方面：①临时的政府应急指挥机构。依据《中华人民共和国突发事件应对法》的规定，在突发事件发生后，突发事件发生地的政府需要视情况建立临时性的应急指挥机构，组织、协调和指挥突发事件应对工作。②临时的现场指挥部。突发事件现场汇集了来自不同单位的应急力量和应急资源，需要视情况设立临时的现场指挥部，负责现场控制、消除危害和危险源、紧急决策、抢救伤亡人员、保护财产、善后处理等一系列工作。③临时的会商小组。突发事件的应对涉及不同的学科和专业领域，需要临时成立会商小组，制订科学有效的应急处置方案。

（3）层次性和权威性。突发事件具有突然发生和快速蔓延的特点，需要集中结构中单一的权威决策者快速决策[14]。依据《中华人民共和国突发事件应对法》的规定，需要视情况启动县级、市级、省级乃至国家级等各层级的应急指挥机构。国家层级的应急指挥机构由国务院领导成立,地方层级的应急指挥机构由地方各级政府领导成立。各层级中下级严格执行上级的应急指令,服从上级的统一领导、指挥和协调。上级应急指挥机构在全面掌握应急态势信息和下级应急处置执行情况的条件下可基于法定权威直接下达指令,并对下级的决策方案进行干预和调整。

(4)开放性和权变性。应急决策组织根据获取的态势信息分析并识别应急目标,制订并组织实施应急行动方案,从而影响和控制应急态势的演化趋势。应急态势的演化又将不断地对应急决策组织产生反馈作用,需要调整组织结构以适应态势演化。

总而言之,应急决策组织结构的复合性特点体现了系统性,政府应急指挥机构的临时性特点及应急决策组织结构的层次性和权威性特点体现了理性,现场指挥部和会商小组的临时性特点以及应急决策组织结构的开放性和权变性特点体现了开放性。我国以一级政府作为统一决策、指挥和协调机构,非常设的政府应急指挥机构以及国家和省之间的层次性和权威性,显著区别于美国等联邦制国家的应急决策组织结构。

4.1.4　基于组织理论的应急决策组织结构

我国应急决策组织结构的特点是,组织结构的组成要素既包含刚性的政府应急指挥机构,也包含柔性的现场指挥部和会商小组。为规范应急决策组织的基本结构与职能,无缝集成组织要素,并考虑应急态势对组织结构的影响,使其在继承官僚结构组织稳定、理性、规范和高效的基础上更具灵活性,全面发挥应急决策组织的静态能力和动态能力,我们基于组织理论设计了应急决策组织结构,如图 4.3 所示[15]。

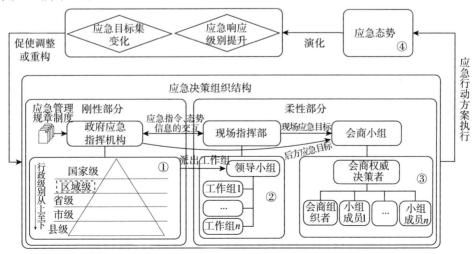

图 4.3　我国应急决策组织结构

应急决策组织结构由政府应急指挥机构、现场指挥部及会商小组构成，与外部应急态势相互作用。它采用矩阵结构[16]，可分为刚性和柔性两部分。

（1）刚性部分是指政府应急指挥机构。政府应急指挥机构的建立受应急管理规章制度的硬性约束，应急态势的变化对其影响较小，属于刚性结构，相对稳定。政府应急指挥机构组织规模大，涉及职能部门众多，专业分工明确，构成了矩阵结构的职能部门系列。

（2）柔性部分包括现场指挥部和会商小组。现场指挥部和会商小组根据应急态势动态构建，受应急态势变化的影响较大，属于柔性结构，动态变化。现场指挥部和会商小组以应急目标和应急任务为导向，集中人力和资源应对突发事件，应急状况完全消除后复员回原单位，构成了矩阵结构的项目小组系列。

政府应急指挥机构、现场指挥部和会商小组相互衔接、分工协作，体现了复合性特点，共同构成了应急决策组织结构。下面本书分别阐述各组成部分的内部结构。

1. 政府应急指挥机构

政府应急指挥机构由本级政府主要负责人、相关部门负责人、驻当地解放军和武警部队负责人组成。它统一领导和协调本级人民政府各有关部门和下级人民政府开展突发事件应对工作，为现场指挥部处置现场应急态势提供资源支持和保障。政府应急指挥机构采用官僚结构[16]（图 4.3 中的①），具有临时性、层次性和权威性等特点。政府应急指挥机构自上而下分为国家级、省级、市级和县级。针对特定的突发事件，可在国家级和省级之间增加区域级应急指挥机构。政府应急指挥机构的职责是确定应急目标，下达应急指令，指挥协调下级应急指挥机构和同级下属的职能部门进行资源调配，并监控其执行情况，必要时协助和干预下级的应对工作。

政府应急指挥机构主要负责指挥协调工作，应急处置所需的人、财、物等资源分布在政府各个职能部门，具体应急处置工作由相关政府职能部门负责落实（图 4.4）。职能部门接收到政府应急指挥机构下达的应急指令后，根据应急管理规章制度（特别是部门应急预案），严格执行应急指令，在整个过程中强调多级垂直控制、集中决策和效率。

2. 现场指挥部

现场指挥部负责现场应急处置工作，并向政府应急指挥机构汇报现场情况，提出应急资源需求，具有临时性特点。现场指挥部由领导小组和工作组组成，采用项目结构[16]（图 4.3 中的②）。政府应急指挥机构派出工作组担任现场指挥部的领导小组。领导小组根据当前应急态势识别、分析应急目标，抽组人员形成工作组，并制订现场应急处置方案，向各工作组下达应急指令。工作组接收下达的

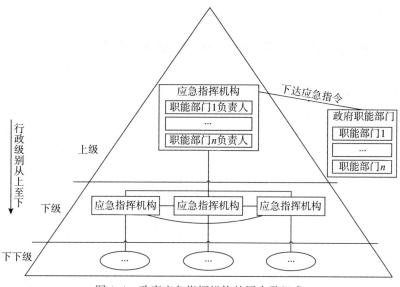

图 4.4 政府应急指挥机构的层次及组成

应急指令,执行现场应急处置任务,紧急状况完全消除后复员回原单位。

3. 会商小组

政府应急指挥机构和现场指挥部均可视情况成立相关的会商小组进行态势分析,具有临时性特点。会商小组由会商组织者、会商权威决策者和会商小组成员组成,采用任务小组结构[17](图 4.3 中的③)。会商组织者提出会商目标,确定权威决策者,选择会商小组成员,控制和管理会商流程。会商权威决策者和会商小组成员来自于相关专业领域的专家,会商小组研判应急态势,提出具体应急处置方案,为政府应急指挥机构和现场指挥部提供参考意见。

下面本书进一步分析应急态势对组织结构的影响。根据 Endsley 提出的态势感知(situation awareness,SA)三层模型[18],应急态势感知主要包括三个层次:感知当前应急态势;理解和分析当前应急态势;预测应急态势发展趋势。通过感知应急态势,可确定突发事件的级别。依据《国家突发公共事件总体预案》,突发事件按照其性质、严重程度、可控性和影响范围等因素不同可分为四级,即Ⅰ级(特别重大)、Ⅱ级(重大)、Ⅲ级(较大)和Ⅳ级(一般)。随着应急态势的变化和突发事件级别的改变,应急决策组织结构需要相应地进行调整或重构,这体现了应急决策组织具有开放性和权变性特点。引发组织结构调整或重构的原因主要是:①突发事件级别提升,需要成立更高级别的应急指挥机构,同时更高级别的职能部门将参与应急响应工作,从而促使组织结构调整或重构以及应急指挥权力重新分配;②应急态势演化或先前制定的应急目标执行失败都将产生新的应急目标,当现有组织无法及时实现新的应急目标时,就需要加入新的组织成员,从而促使组织结构调整或重构。

4.2　基于 MAS 的应急决策组织建模

　　根据 4.1 节设计的应急决策组织结构,可知应急响应决策是一种分布式组织决策[19,20],组织和协调地理上分散的多个部门,使其相互协作应对突发事件。应急组织决策的一个重要任务是应急组织成员根据应急态势识别各自的应急目标,并相互合作实现全局组织目标。在应急响应决策过程中,不同单位在应急组织中扮演特定的角色,受组织规则和组织关系的约束和影响。由于突发事件具有突发性、危害性、紧迫性、不确定性和复杂性等特点,应急组织决策过程难以在现实中真实完整地再现,也往往会给应急决策组织成员造成较大的心理压力,影响应急决策的效果[19]。此外,应急决策组织成员缺乏合作经验、应急态势的演化、应急目标的变化以及组织成员的加入和退出等增加了协调的难度。因此,需要模拟应急组织决策过程,验证应急组织决策中的协调机制和策略,以评价应急决策组织的决策效率,并为以后的突发事件应急决策提供参考和依据。

　　应急组织决策过程模拟的核心是应急决策组织的建模,重点应解决两个问题:①在组织层面,体现组织的分布式和组织性;②在个体层面,体现组织成员实时决策的内部思维状态。

　　近年来,在分布式人工智能领域,面对环境动态演化、分布式以及实时性的情景,基于 MAS 建模复杂系统逐渐成为研究趋势。例如,Gonzalez[21]构建了基于 MAS 的应急响应组织,模拟了应急响应过程,然而其应急响应过程更偏向于应急处置执行,对应急组织决策过程的模拟还需要考虑组织成员决策时的内部思维状态。因此,本节将进一步研究基于 MAS 的应急决策组织建模,在组织层面构建政府应急指挥机构、现场指挥部和会商小组的组织模型,在个体层面构建应急决策组织成员的智能 Agent 模型,采用 JACK 平台桥接组织模型和个体模型,实现基于 MAS 的应急决策组织系统。

4.2.1　Agent 组织建模方法

　　Agent 组织是 MAS 研究的三个关键问题(组织、交互、语言)之一,根据组织的非退化性原则,整体应大于部分之和,有效地组织起来的 Agent 群体应该具有更强的问题求解能力。一个高效运行的 Agent 组织可以减少系统的内部冲突,提高通信效率,协调问题求解,对 Agent 组织的研究已经成为基于 Agent 的计算和 Agent 之间合作求解的关键问题。

　　关于 Agent 组织建模方法,早期的研究主要强调 Agent 个体,在微观层面研究 Agent 的思维状态、思维状态之间的关系及其整体行为,形成了面向 Agent

的方法[22]。然而，使用面向 Agent 的方法构造大型系统时会遇到的一些困难，它主要存在以下三个缺点：①交互结果是不可预测的；②大量涌现行为的存在使得对系统整体行为的预测十分困难；③由于缺少组织规范的约束，面向 Agent 的方法大多只适合于构建封闭的系统。

近年来学者的研究兴趣逐步趋向于在 MAS 构建中引入组织的概念（如角色、小组、任务和交互协议等），形成了面向组织的 MAS 方法。其大致可分为两类：第一类方法侧重于描述系统的角色、小组和它们之间的关系，如 AGR（agent/group/role）[23]、MaSE（multiagent systems engineering）[24]、Tropos[25] 和 IN-GENIAS[26]等方法；第二类方法通过显式定义控制策略来建立和强制执行社会规范，如 SODA（societies in open and distributed agent spaces）[27]、Gaia[28, 29]、Electronic Institutions[30] 和 OMNI（organizational model for normative institu-tions）[31]等方法。使用上述方法构建应急决策组织模型主要存在两个问题：①大多数方法对 Agent 组织的建模仅考虑基于小组（group）的组织，无法描述 4.1 节中的结合了官僚结构、项目结构和任务小组结构的应急决策组织；②除 Tropos 方法外，大多数方法偏重于从整体的角度描述组织关系以定义组织结构，较少考虑到 Agent 个体的内部模型。

由于应急决策组织成员需要具有认知思维状态进行推理决策，所以需要构建 Agent 内部的决策模型。在 Agent 内部模型方面，BDI 模型作为构建智能 Agent 的概念框架备受推崇[32~36]。BDI 模型包含信念（beliefs）、愿望（desires）、意图（intentions）等组件，适合于动态环境、不确定信息和实时性要求的情景，能较好地符合应急响应决策的特点。

Tropos 方法体现了 BDI 模型的相关思维概念，通过分析行为者之间目标、方案和资源间的依赖关系构建 MAS。因此，相比其他方法 Tropos 方法更适合于构建应急决策组织模型。然而，该方法在组织层面存在以下不足：①行为者之间相对独立，没有定义组织结构，不存在组织关系；②没有考虑组织规则对行为者决策及其交互的影响。Argente 等[37]指出，基于人类组织开发 MAS 是一种很好的思路和方法，可以弥补 Tropos 方法在组织层面的不足。因此，在 4.1 节设计的应急决策组织结构的基础上，我们对 Tropos 方法进行扩展，构建应急决策组织模型。

4.2.2　基于 Tropos 方法的应急决策组织建模

基于 Tropos 方法的应急决策组织的建模过程可分为组织层面和个体层面两个阶段，如图 4.5 所示。图 4.5 中，圆角矩形方框表示建模步骤，六边形表示建模步骤使用的中间数据，椭圆表示建模步骤得到的结果，矩形方框表示模型组成部分以及对应的 BDI 组件。

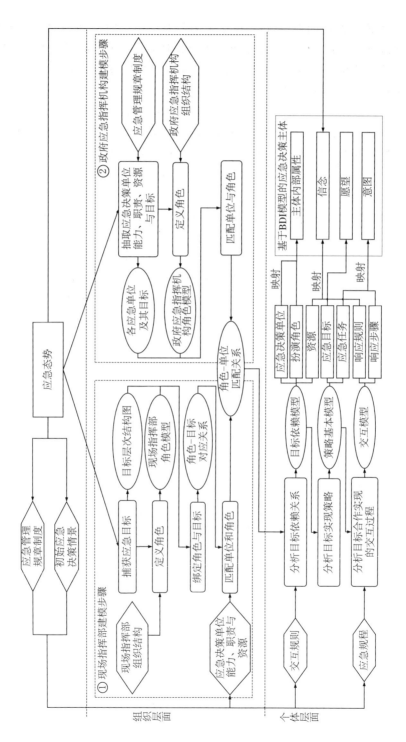

图4.5　基于Tropos方法的应急决策组织建模过程

　　在组织层面，由于刚性的政府应急指挥机构和柔性的现场指挥部的构建方式不同，下面分别阐述它们的组织抽象的建模过程。

　　(1)政府应急指挥机构依据应急管理规章制度构建。应急管理规章制度详细描述了单位的能力、职责、资源和承担的应急目标等内容。其组织层面的建模过程如图 4.5 中②所示，具体包括以下几个步骤。

　　步骤 1　查找当前应急态势对应的应急管理规章制度，直接从应急管理规章制度中抽取单位的能力、职责、资源和承担的应急目标等要素。

　　步骤 2　根据应急决策组织结构中的政府应急指挥机构部分，定义其角色模型。

　　步骤 3　根据单位的职责、能力和目标匹配角色模型中的角色，得到角色-单位匹配关系。

　　(2)现场指挥部的构建不同于政府应急指挥机构的构建，它没有明确的应急管理规章制度规定。现场指挥部是根据应急态势的需要，从政府应急指挥机构中相应的职能部门抽组人员成立的。其组织层面的建模过程如图 4.5 中①所示，具体包括以下几个步骤。

　　步骤 1　根据初始的应急决策情景和应急管理规章制度，抽取应急决策单位的能力、职责及资源等要素。

　　步骤 2　根据应急态势，获得总体应急目标，并对该目标进行递归分解，形成目标层次结构图。

　　步骤 3　根据应急决策组织结构中现场指挥部部分，定义现场指挥部角色模型。

　　步骤 4　将角色与目标进行绑定，确保每个目标都有对应的角色去实现，得到角色-目标对应关系。

　　步骤 5　将应急决策单位的职能和角色-目标匹配关系中的角色进行匹配，确保每个角色都有对应的单位去扮演，得到角色-单位匹配关系，从而将角色承担的目标转化为单位承担的目标。

　　在个体层面，对组织层面得到的组织抽象进行分析，得到目标依赖模型、策略基本模型和交互模型，并进一步将其映射 BDI 模型的组件，从而实现应急决策组织的建模。具体包括以下几个步骤。

　　步骤 1　根据初始的应急决策情景和应急管理规章制度，抽取交互规则和应急规程。

　　步骤 2　根据交互规则和角色-单位匹配关系分析应急决策单位之间的具有直接依赖关系的目标，得到目标依赖模型。

　　步骤 3　根据目标依赖模型，进一步对目标进行"与或"分解，并分析实现目标的任务(即 Tropos 方法中的策略)，得到策略基本模型。

步骤 4　根据应急规程和策略基本模型，采用 Agent 统一建模语言（agent unified modeling language，AUML）[38] 的时序图描述目标实现的交互过程，得到交互模型。

步骤 5　将目标依赖模型、策略基本模型和交互模型映射为 BDI Agent 的组件。具体地，将目标依赖模型中的应急决策单位和单位扮演的角色映射为 Agent 的内部属性，将应急态势信息、目标依赖模型中单位拥有的资源和交互模型中的响应规则映射为信念，将策略基本模型中的应急目标映射为愿望，将策略基本模型中的应急任务和交互模型中的响应步骤映射为意图。

对于上述建立的组织模型采用 JACK[39] 平台实现，JACK 提供了实现基于 BDI 模型的类人决策[40] 以及构建 MAS 的 JACK Team 扩展，可以实现多个应急决策单位主动求解及合作实现应急目标。

4.3　案例分析

我国是受自然灾害影响最严重的国家之一，在各种自然灾害中，洪水灾害突发事件发生频繁、影响范围广、伤亡人口多、经济损失大，如发生在 1931 年、1954 年、1991 年、1998 年的长江流域大型洪灾。三峡工程于 2003 年开始发挥防洪效益，面对洪水灾害突发事件，在三峡水库防洪调度中，洪水调度会商应急决策过程复杂。因此，本节以三峡水库防洪调度中的洪水调度会商为例，使用上述方法来建模和实现洪水调度会商应急决策组织，模拟其决策过程。需要说明的是，本节所阐述的洪水调度会商的组织形式不同于 4.1 节中进行态势研判的会商小组，其会商是应急指挥机构中的一种决策方式。

4.3.1　洪水调度会商应急决策组织的角色及目标

构造三峡水库入库流量大于等于 56 700 立方米/秒的洪水灾害突发事件情景，并建立该案例情景下的洪水调度会商应急决策组织，其具体过程为：首先根据突发事件相关的应急管理规章制度分析涉及的应急决策单位及其职责，通过分析应急态势形成应急目标层次结构图，然后定义实现目标的角色，匹配应急决策单位和角色，得到应急决策单位所应承担的目标。

1. 应急决策单位和职责

根据三峡防洪调度相关的应急管理规章制度，涉及的应急决策单位包括国家防总、长江防汛抗旱总指挥部（以下简称长江防总）、三峡葛洲坝梯级枢纽防汛指挥部（以下简称三峡总公司）以及湖北防总等，其应急决策组织结构和交互如图 4.6 所示，其中各应急决策单位的职责如表 4.1 所示。

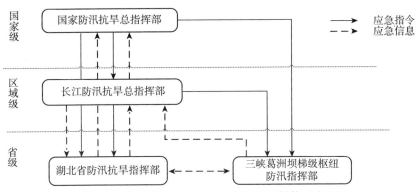

图 4.6　洪水调度会商参与部门的组织结构及交互

表 4.1　应急决策单位的职责

应急决策单位	单位职责
三峡总公司	（1）水情预测与上报 （2）负责与各决策部门和上级部门的沟通与协商 （3）负责水库调度和大坝泄水设施操作
湖北防总	（1）负责江段河段的安全堤防 （2）负责与各决策部门和上级部门的沟通与协商 （3）必要时组织群众的安置转移和负责分蓄洪区的泄洪
长江防总	（1）负责指导、协调和监督流域的防汛调度及抗旱等各项工作 （2）负责协调各部门的工作
国家防总	组织、协调、监督和指挥全国防汛抗旱工作

2. 洪水调度会商的应急目标

对应急防洪调度的总体目标进行递归分解，直至叶子节点目标（可由某个角色独立完成，不需要再分解的目标），形成应急防洪调度目标层次结构图，如图 4.7 所示。

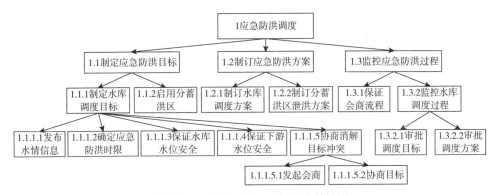

图 4.7　应急防洪调度目标层次结构图

3. 洪水调度会商中的角色及目标

将应急防洪调度目标层次结构图转换成角色和角色应承担的目标，根据表 4.1 中应急决策单位的职责与角色进行匹配，得到单位承担的角色及目标，如表 4.2 所示。

表 4.2　应急决策单位承担的角色和目标

应急决策单位	角色	目标
国家防总	洪水调度决策者	1.3.1，1.3.2.1，1.3.2.2
湖北防总	江段河段安全负责者，会商成员	1.1.1.4，1.2.2，1.1.1.5.2
三峡总公司	水库调度负责者，会商成员	1.1.1.3，1.1.1.1，1.2.1，1.1.1.5.2
长江防总	会商决策者，会商组织者，会商成员	1.1.1.2，1.1.1.5.1，1.1.1.5.2

注：表中各目标的具体内容见图 4.7

4.3.2　基于 Tropos 方法的洪水调度会商应急决策组织建模

下面采用 Tropos 方法对洪水调度会商应急决策组织进行建模：首先，分析应急决策单位之间顶层的目标依赖关系，并建立目标依赖模型；其次，分析实现目标对应的底层任务，并建立策略基本模型；最后，设计交互模型描述应急决策单位合作实现应急目标的交互过程。

1. 建立目标依赖模型

从洪水调度会商目标层次结构图中提取单位之间具有直接依赖关系的目标进行分析，建立目标依赖模型，如图 4.8 所示。图 4.8 中，圆形表示应急决策单位，圆角矩形表示目标，箭头表示依赖关系，箭头指向方向表示被依赖者。

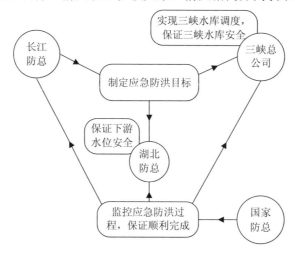

图 4.8　洪水调度会商目标依赖模型

2. 建立策略基本模型

在洪水调度会商目标依赖模型的基础上，对目标进行"与或"分解，然后进行"手段-目的"分析，建立洪水调度会商策略基本模型，如图 4.9 所示。图 4.9 中，六边形表示任务，任务所指向的目标表示该目标通过此任务完成；空心箭头表示目标分解，目标之间有连线表示"与"分解，无连线表示"或"分解；任务分解通过任务与任务之间的带短竖线的连线表示。

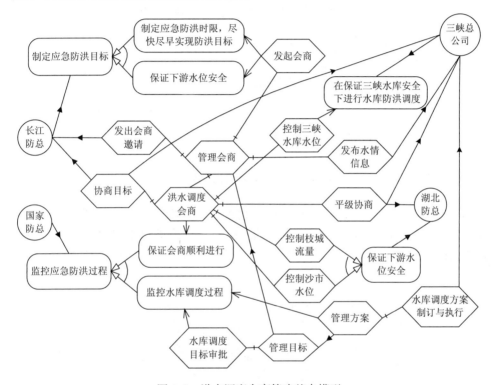

图 4.9　洪水调度会商策略基本模型

3. 建立交互模型

通过绘制 AUML 时序图，可描述会商流程中应急决策单位之间的交互过程，如图 4.10 所示。图 4.10 中，Agent 生命线定义了应急决策单位存在的时间段，用垂直的虚线来表示；细长的矩形表示交互线，即一个行为的持续时间；立方体表示判断条件；菱形为"或"操作符，表示判断后选择执行的动作。

4.3.3　洪水调度会商应急决策组织系统的实现

洪水调度会商应急决策组织系统由三峡总公司 Agent、湖北防总 Agent、长江防总 Agent 和国家防总 Agent 组成，各应急决策 Agent 内部采用 BDI 模型，

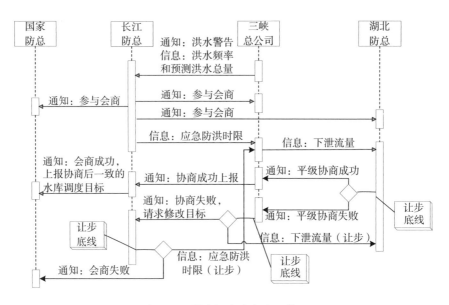

图 4.10　洪水调度会商交互模型

通过 JACK 平台实现。JACK 是 Java 的超集，在 JACK 平台上构建的 Agent 一般用事件（event）、规划（plan）和信念集（beliefset）等类以及角色（role）等属性来描述。在 JACK 平台上实现的各应急决策 Agent 的结构如图 4.11 所示[41]。

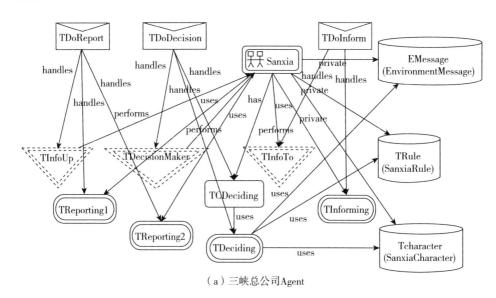

（a）三峡总公司Agent

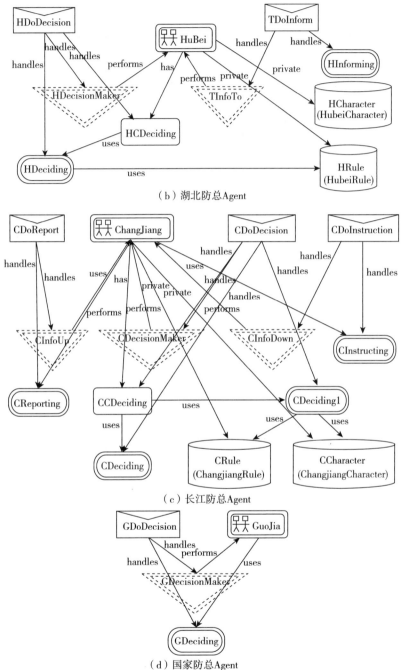

（b）湖北防总Agent

（c）长江防总Agent

（d）国家防总Agent

图 4.11　基于 JACK 平台的洪水调度会商应急决策组织系统

注：图中英文均为 JACK 平台中定义字符，其含义在接下来的
文字和表中均有相应的说明

由于各应急决策 Agent 仅在处理事务上存在差异，在 JACK 平台上实现的方式和过程大致相同，在此以三峡总公司 Agent 的实现为例进行阐述，其他组织成员 Agent 的内部组成如表 4.3 所示。

表 4.3　其他组织成员 Agent 的内部组成

Agent 名称	组成部分	名称	说明
湖北防总	信念集	HRule	记录了湖北防总的约束信息，主要是指枝城流量和沙市水位的约束
		HCharacter	记录了湖北防总的让步底线和让步策略
	角色	HDecisonMaker	事件：HDoDecision，接收到下泄流量和洪水频率信息 规划：HDeciding（处理 HDoDecision），根据 HRule 和 HCharacter 信念集计算枝城流量和沙市水位，并将能否继续进行协商的结果发送给三峡总公司（TDoInform）
		HInfoTo	事件：HDoInform，接收协商结果 规划：HInforming（处理 HDoInform），选择继续协商或上报上级部门（CDoReport）
长江防总	信念集	CRule	记录了长江防总的约束信息，主要是指应急防洪时限
		CCharacter	记录了长江防总的让步底线和让步策略
	角色	CDecisonMaker	事件：CDoDecision，接收环境信息 规划：CDeciding（处理 CDoDecision），根据 CRule 和 CCharacter 信念集制定应急防洪时限，并发送给三峡总公司（TDoDecision）
		CInfoUp	事件：CDoReport，接收协商结果 规划：CReporting（处理 CDoReport），将协商结果上报给国家防总审批（GDoDecision）
		CInfoDown	事件：CDoInstruction，接收审批结果 规划：CInstructing（处理 CDoInstruction），将审批结果发送给湖北防总和三峡总公司（TDoInform）
国家防总	角色	GDecisonMaker	事件：GDoDecision，接收协商结果 规划：GDeciding（处理 GDoDecision），审批协商结果，并将审批结果发送至长江防总（CDoInstruction）

三峡总公司 Agent 由三个信念集和三个角色组成，如图 4.11(a)所示。具体描述如下。

(1)环境信念集(EMessage)：记录了洪水预测信息和当前水库信息，洪水预测信息为不同洪水频率的洪水所对应洪水总量，当前水库信息包括当前水库水位和当前库容。

(2)约束信念集(TRule)：记录了三峡总公司的约束信息，即不同洪水频率的洪水对应的不同规定性指标，如水库的特征库水位约束、泄流能力约束以及水位限制约束等。

（3）让步策略信念集（TCharacter）：记录了三峡总公司的让步底线和让步策略，让步底线由历史数据得到，让步策略跟当前的协商所用时间和当前目标值有关。

（4）信息上报角色（TInfoUp）：负责处理信息并上报上级部门。三峡总公司接收到的应急防洪态势信息（主要是指洪水频率）表示为 TDoReport 事件。根据洪水频率预测洪水总量，结合应急管理规章制度判断是否触发会商。若未触发会商则内部处理，并将处理结果上报至长江防总 Agent，表示为 TReporting1 规划；否则，上报洪水频率和预测的洪水总量信息至长江防总 Agent 进行处理，并建议其发起洪水调度会商，表示为 TReporting2 规划。

（5）水库调度角色（TDecisonMaker）：负责处理接收到的应急目标。三峡总公司接收长江防总 Agent 传递来的应急防洪目标，表示为 TDoDecision 事件。对应急防洪目标结合自身信念集进行内部处理，计算下泄流量并发送给湖北防总 Agent 所承担的决策角色（HDecisonMaker），表示为 TDeciding 规划。

（6）信念沟通角色（TInfoTo）：负责与各决策部门和上级部门沟通与协商。将接收到与各决策部门和上级部门的协商结果表示为 TDoInform 事件，对协商结果的处理表示为 TInforming 规划。

4.3.4　仿真实验及结果分析

本部分进一步通过仿真实验模拟不同情景下的洪水调度会商应急决策过程，并重点关注其中的协商协调过程，分析应急决策单位的不同协商策略对交互过程及结果产生的影响。

1. 实验参数设定

在仿真实验运行之前，三峡总公司 Agent 将三峡水库当前水位作为环境信息写入信念集，通过输入不同的入库流量和预测 30 天的洪水总量表示不同的洪水灾害突发事件情景。考虑应急的时效性特点，洪水调度会商过程中协商协调的本质是一种时间约束下的协商协调，主要采用基于让步的耐心型策略（boulware）、急切型策略（conceder）和冷静型策略（linear）[42]。具体实验参数设定如表 4.4 所示。

表 4.4　实验参数设定

参数	情景 1	情景 2	情景 3	情景 4
入库流量/(立方米/秒)	56 700	56 700	80 000	110 000
洪水总量/亿立方米	1 200	1 360	1 520	1 650

参数	情景 1	情景 2	情景 3	情景 4
三峡水库当前库容/亿立方米	228	228	300	300
三峡水库当前水位/米	155	155	165	165
三峡总公司 Agent 和湖北防总 Agent 协商次数上限/次	3	3	3	3
长江防总 Agent 协调次数上限/次	1	1	1	1

2. 实验结果及分析

输入实验参数后系统将自动运行，实验结果表示成 1 个 7 元组，具体含义为（三峡总公司 Agent 让步次数，湖北防总 Agent 让步次数，三峡总公司 Agent 制定的下泄流量，三峡总公司 Agent 制定的三峡库容，三峡总公司 Agent 制定的三峡水库水位，湖北防总 Agent 制定的沙市水位，湖北防总 Agent 制定的枝城流量）。在不同的协商策略下，洪水灾害突发事件情景 1～情景 3 的实验结果汇总分别如表 4.5～表 4.7 所示。

表 4.5　情景 1 的实验结果汇总

项目		三峡总公司 Agent		
		冷静型策略	耐心型策略	急切型策略
湖北防总 Agent	冷静型策略	(2，1，54 327.4，163.6，163.6，40.7，50 807.4)	(2，1，55 526.9，162.4，162.4，41.2，52 006.9)	(2，1，53 127.9，164.8，164.8，40.2，49 607.9)
	耐心型策略	(2，1，54 327.4，163.6，163.6，40.7，50 807.4)	(2，1，55 526.9，162.4，162.4，41.2，52 006.9)	(2，1，53 127.9，164.8，164.8，40.2，49 607.9)
	急切型策略	(2，1，54 327.4，163.6，163.6，40.7，50 807.4)	(2，1，55 526.9，162.4，162.4，41.2，52 006.9)	(2，1，53 127.9，164.8，164.8，40.2，49 607.9)

表 4.6　情景 2 的实验结果汇总

项目		三峡总公司 Agent		
		冷静型策略	耐心型策略	急切型策略
湖北防总 Agent	冷静型策略	(3，1，55 452.7，167.8，167.8，41.6，52 600.7)	(3，1，55 452.7，167.8，167.8，41.6，52 600.7)	(2，2，57 851.7，165.9，165.5，43.1，54 999.7)
	耐心型策略	(3，1，55 452.7，167.8，167.8，41.6，52 600.7)	(3，1，55 452.7，167.8，167.8，41.6，52 600.7)	(3，1，55 452.7，167.8，167.8，41.6，52 600.7)
	急切型策略	(3，1，55 452.7，167.8，167.8，41.6，52 600.7)	(3，1，55 452.7，167.8，167.8，41.6，52 600.7)	(2，2，57 851.7，165.9，165.5，43.1，54 999.7)

表 4.7　情景 3 的实验结果汇总

项目		三峡总公司 Agent		
		冷静型策略	耐心型策略	急切型策略
湖北防总 Agent	冷静型策略	(3, 3, 80 376.4, 175.6, 175.1, 44.8, 78 128.4)	(3, 3, 80 376.4, 175.6, 175.1, 44.8, 78 128.4)	(3, 3, 80 376.4, 175.6, 175.1, 44.8, 78 128.4)
	耐心型策略	(3, 3, 80 376.4, 175.6, 175.1, 44.8, 78 128.4)	(3, 3, 80 376.4, 175.6, 175.1, 44.8, 78 128.4)	(3, 3, 80 376.4, 175.6, 175.1, 44.8, 78 128.4)
	急切型策略	(3, 2, 80 376.4, 175.6, 175.1, 44.8, 78 128.4)	(3, 2, 80 376.4, 175.6, 175.1, 44.8, 78 128.4)	(3, 2, 80 376.4, 175.6, 175.1, 44.8, 78 128.4)

对比表 4.5、表 4.6 和表 4.7 可知，在交互过程方面，当洪水灾害突发事件不严重时(情景 1)，三峡总公司 Agent 和湖北防总 Agent 内部采用不同的协商策略对交互过程影响不大(表 4.5)。当洪水灾害突发事件比较严重(情景 2)或严重时(情景 3)，采用不同协商策略将会对交互过程产生较大影响。在表 4.6 和表 4.7 中，三峡总公司 Agent 采用急切型策略，当湖北防总 Agent 分别采用冷静型策略和耐心型策略时，它们的交互次数有所不同。

在交互结果方面，当洪水灾害突发事件不严重时(情景 1)，从三峡总公司 Agent 的角度看，采用耐心型策略相对于冷静型策略和急切型策略对其更为有利(表 4.5)。当洪水灾害突发事件比较严重时(情景 2)，三峡总公司 Agent 采用急切型策略时制定的下泄流量较小(表 4.6)。当洪水灾害突发事件严重时(情景 3)，三峡总公司 Agent 采用急切型策略，比较急切地提出接近于自身底线的提议，可能会较快与湖北防总 Agent 达成一致；如果湖北防总 Agent 采用耐心型策略，则结果还是会有利于湖北防总(表 4.7)。

情景 4 表示洪水灾害突发事件十分严重的情况，此时三峡总公司 Agent 和湖北防总 Agent 无法通过协商达成一致，需要长江防总 Agent 依据自身经验判断当前应急态势，设置三峡水库最高水位、三峡水库末期水位、枝城流量和沙市水位等要素的权重值，进行权威决策并协调下级单位。长江防总 Agent 设置的权重向量如果为(0.8，0.7，0.5，0.5)，则仿真实验结果对三峡总公司 Agent 更为有利；如果为(0.6，0.5，0.8，0.8)，则仿真实验结果对湖北防总更为有利；如果为(0.5，0.5，0.5，0.5)，则下级协商依旧无法达成一致，协商失败。

4.4　本章小结

应急响应决策是一种分布式组织决策，为评价应急决策组织的决策效率，比较应急决策中的协商策略和协调机制，需要对应急决策组织进行建模，并模拟应急决策过程。本章的主要工作包括以下两个方面。

　　(1)分析了我国应急决策组织结构所具有的复合性、层次性、权威性、开放性和权变性等特点，提出了符合我国国情的应急决策组织结构。该结构较好地体现了政府的行政级别，并考虑了应急态势演化对组织结构的影响，有利于调动各级别的资源协同应对。

　　(2)提出了基于 Tropos 方法的应急决策组织的建模方法。特别是基于应急决策组织结构引入角色和目标等组织相关概念，弥补了 Tropos 方法在组织层面的不足。同时，在 JACK 平台上模拟了不同情景下的洪水调度会商应急决策过程，分析了不同协商策略对交互过程及结果产生的影响。

　　但是，本章的研究工作还很初步，存在一些待完善之处。在应急决策组织结构设计方面，需要采用定量的方法验证该结构的有效性。此外，应进一步研究组织结构如何进行结构式协调以适应应急态势的演化。

参考文献

[1] Comfort L，Kapucu N. Inter-organizational coordination in extreme events：The World Trade Center Attacks, September 11, 2001. Natural Hazards，2006，39 (2)：309-327.

[2] Harrald J R. Agility and discipline：critical success factors for disaster response. The Annals of the American Academy of Political and Social Science，2006，604 (1)：256-272.

[3] Lutz L D, Lindell M K. Incident command system as a response model within emergency operation centers during hurricane Rita. Journal of Contingencies and Crisis Management，2008，16 (3)：122-134.

[4] Alperen M J. Foundations of Homeland Security：Law and Policy. Hoboken：John Wiley & Sons，2011：279-281.

[5] Wise C R. Organizing for homeland security after Katrina：is adaptive management what's missing? Public Administration Review，2006，66 (3)：302-318.

[6] Deal T, Bettencourt M D, Merrick G, et al. Beyond Initial Response ICS：Using the National Incident Management System Incident Command System(2nd ed.). Bloomington：AuthorHouse，2010.

[7] 宋劲松，邓云峰. 中美德突发事件应急指挥组织结构初探. 中国行政管理，2011，1：74-77.

[8] Kapucu N，van Wart M. The evolving role of the public sector in managing catastrophic disasters：lessons learned. Administration and Society，2006，38 (3)：279-308.

[9] Corbacioglu S，Kapucu N. Organizational learning and selfadaptation in dynamic disaster environments. Disasters，2006，30 (2)：212-233.

[10] 西蒙 H A. 管理行为. 詹正茂译. 北京：机械工业出版社，2007.

[11] 韦伯 M. 经济与社会. 林荣远译. 北京：商务印书馆，2004.

[12] Fremont E K，James E R. Organization and Management：A Systems Approach. New

York：McGraw-Hill，1974.

[13] Lawrence P R，Lorsch J W. Organization and Environment：Managing Differentiation and Integration. Boston：Harvard University Press，1967.

[14] Heath R. Dealing with the complete crisis - the crisis management shell structure. Safety Science，1998，30(1)：139-150.

[15] Liu D，Wang H W，Qi C，et al. ORECOS：an open and rational emergency command organization structure under extreme natural disasters based on China's national condition. Disaster Advances，2012，5(4)：63-73.

[16] 达夫特 R L. 组织理论与设计. 第 10 版. 王凤彬，张秀萍，刘松博，等译. 北京：清华大学出版社，2010.

[17] Drucker P F. Management：Tasks，Responsibilities，Practices. New York：Harper Business，1993.

[18] Endsley M R. Toward a theory of situation awareness in dynamic systems. Human Factors，1995，37 (1)：32-64.

[19] Mendoca D. Decision support for improvisation in response to extreme events：learning from the response to the 2001 World Trade Center Attack. Decision Support System，2007，43(3)：952-967.

[20] 曾伟，周剑岚，王红卫. 应急决策的理论与方法探讨. 中国安全科学学报，2009，19(3)：172-176.

[21] Gonzalez R A. Developing a multi-agent system of a crisis response organization. Business Process Management Journal，2010，16 (5)：847-870.

[22] Jennings N R. On agent-based software engineering. Artificial Intelligence，2000，117(2)：277-296.

[23] Ferber J，Gutkenecht O，Michel F. From agents to organizations：an organizational view of multiagent systems. Proceedings of the AAMAS'03，Melbourne，Australia，2003.

[24] Deloach S A，Wood M F，Sparkman C H. Multiagent systems engineering. International Journal of Software Engineering and Knowledge Engineering，2001，11 (3)：231-258.

[25] Bresciani P，Perini A，Giorgini P，et al. Tropos：an agent-oriented software development methodology. Autonomous Agents and Multi-Agent Systems，2004，8(3)：203-236.

[26] Pavón J，Gómez-Sanz J. Agent oriented software engineering with INGENIAS. Multi-Agent Systems and Applications Ⅲ，2003，2691(2003)：394-403.

[27] Omicini A. SODA：societies and infrastructures in the analysis and design of agent-based systems. Agent-Oriented Software Engineering，2001，(1957)：185-193.

[28] Wooldridge M，Jennings N R，Kinny D. The Gaia methodology for agent-oriented analysis and design. Autonomous Agents and Multi-Agent Systems，2000，3(3)：285-312.

[29] Zambonelli F，Jennings N R，Wooldridge M. Developing multiagent systems：the Gaia methodology. ACM Transactions on Software Engineering and Methodology（TOSEM），2003，12(3)：317-370.

[30] d'Inverno M, Luck M, Noriega P, et al. Communicating open systems. Artificial Intelligence, 2012, 186: 38-94.

[31] Hübner J, Sichman J, Boissier O. A model for the structural, functional, and deontic specification of organizations in multiagent systems. *In*: Bittencourt G, Ramalho G L. Advances in Artificial Intelligence. Berlin: Springer Berlin Heidelberg, 2002: 118-128.

[32] Cohen P R, Levesque H J. Intention is the choice with commitment. Artificial Intelligence, 1990, 42(2): 213-261.

[33] Rao A S, Georgeff M P. Modeling rational agents within a BDI-architecture. Proceedings of International Conference on Principles of Knowledge Representation and Reasoning, San Mateo, USA, 1991.

[34] Rao A S, Georgeff M P. BDI agents from theory to practice. Proceedings of the 1st International Conference on Multi-Agent Systems, San Francisco, USA, 1995.

[35] Muller J P. The Design of Intelligent Agents: A Layered Approach. New York: Springer, 1996.

[36] Wooldridge M. Reasoning about Rational Agents. Cambridge: The MIT Press, 2000.

[37] Argente E, Julian V, Botti V. Multi-agent system development based on organizations. Electronic Notes in Theoretical Computer Science, 2006, 150(3): 55-71.

[38] Bauer B, Muller J P, Odell J. Agent UML: a formalism for specifying multiagent software systems. International Journal of Software Engineering and Knowledge Engineering, 2001, 11(3): 207-230.

[39] Howden N, Rönnquist R, Hodgson A, et al. JACK intelligent agents-summary of an agent infrastructure. Proceedings of the 5th International Conference on Autonomous Agents, Montreal, Canada, 2001.

[40] Zhao X, Son Y J. BDI-based human decision-making model in automated manufacturing systems. International Journal of Modeling and Simulation, 2008, 28(3): 347-356.

[41] 刘丹, 王红卫, 祁超, 等. 基于多主体的应急决策组织建模. 公共管理学报, 2013, 10(4): 78-87.

[42] Faratin P, Sierra C, Jennings N R. Negotiation decision functions for autonomous agents. Robotics and Autonomous Systems, 1998, 24(3): 159-182.

第 *5* 章

应急组织目标制定

应急响应决策是典型的组织决策，每个应急决策组织成员都在组织中扮演着特定角色，会不断接收到其他组织成员委派的应急目标。由于应急组织成员拥有的资源有限，当组织成员接收到多个具有时间约束的应急目标时，如果对其缺乏合理安排，可能会影响其他应急组织成员的目标实现。本章主要研究应急决策组织成员制定应急组织目标的过程和方法，具体来说，本章提出了基于 BDI 模型的应急组织目标制定过程，并研究了基于约束满足问题（constraint satisfaction problem，CSP）的应急组织目标采纳方法及冲突消解方法。

5.1 基于 BDI 模型的应急组织目标制定

5.1.1 应急组织目标制定的关键因素

在应急响应决策过程中，制订行动方案前的一个重要环节是识别任务目标，即应急组织目标制定。分布在不同地理位置的多个应急组织成员根据局部应急态势和应急领域知识确定各自的应急组织目标，并最终形成全局的应急组织目标。在决策过程中，组织成员扮演特定的角色，受组织关系的影响其本质是一种组织决策。应急组织目标制定过程中需要考虑的三个关键因素包括如下。

（1）应急目标。应急目标具有时间约束条件，要求在给定的时间窗内完成，并需要消耗一定数量的资源。它不仅包括组织成员内部产生的目标，而且包括其他成员委派的目标。由于组织成员在组织中扮演特定的角色，目标通常是根据角色的职责进行委派，对其不能随意拒绝或放弃。

（2）应急管理规章制度。应急管理规章制度是应急响应决策的重要依据。根据应急管理规章制度，可抽取组织成员的应急目标，并通过分析响应规则和响应步骤确定应急目标之间的时间约束关系。

（3）应急决策组织结构。在应急决策组织结构中，其组织成员之间主要存在着上级、下级和平级三种组织关系，组织关系会影响目标制定的先后顺序。在不违反应急管理规章制度的前提下，组织成员通常会优先考虑上级下达的应急目标，其次是平级委派的应急目标，最后是下级请求的应急目标。

总而言之，应急组织目标制定过程是，应急组织成员根据应急管理规章制度和应急组织结构，考虑应急目标的时间约束关系和资源受限情况，对接收到的多个应急目标进行合理安排，得到组织成员的应急组织目标，成员的应急组织目标集合构成组织的应急组织目标。

5.1.2　基于 BDI 模型的应急组织目标制定问题

BDI 模型由信念、愿望、意图三个核心组件构成。其中，信念表示 Agent 关于外部世界和当前内部状态的知识，愿望表示 Agent 可能实现的目标集合，意图表示 Agent 承诺实现的愿望[1]。通用的 BDI 决策过程包括观察（感知）、决策（慎思）和行动三个步骤，其决策行为主要体现在目标慎思上，主要包括两个基本的决策：①目标采纳，即什么时候采纳新的目标；②意图重新考虑，即什么时候终止已经存在的意图[2,3]。

在应急组织决策中，组织成员需要具有认知思维进行推理决策，而 BDI 模型能够较好地满足这一需求，可采用 BDI 模型来研究应急组织目标制定问题。

在实际应用方面，现有的 Agent 系统和平台，如 PRS(procedural reasoning system)[4]、JAM[5]、dMARS(distributed multi-agent reasoning system)[6] 和 JACK[7] 等，大多回避了目标采纳的问题，简单假设愿望和目标等同，即每个生成的目标都被采纳，忽视了目标之间的潜在冲突，导致冲突在执行过程中才暴露，而此时的冲突消解将更为困难。Myers 和 Yorke-Smith[8] 提出了信念-愿望-目标-意图(belief-desire-goal-intention，BDGI) 框架，严格区分了候选目标和采纳目标。其中，候选目标刻画为 Agent 想要完成但不是必须完成的任务；采纳目标来源于候选目标，是一致的、可行的目标集合，满足自一致性(self-consistency)、一致性(coherence) 和可行性(feasibility)。

在理论研究方面，关于目标慎思的现有研究大多是领域无关的，通常采用定性逻辑的方法（通过定义偏好、规范、义务等）[9~13] 或决策理论的方法（通过建立目标的期望效用和成本）[14~18]，研究如何从愿望集合中选择目标形成意图。

对于应急组织目标制定，目标慎思方法仍存在以下不足：①由于目标描述简单，选择的目标仍有可能与之前采纳的目标或意图存在潜在冲突；②当选择的目标与其他目标冲突时，通过拒绝采纳或放弃目标进行简单处理，不利于突发事件的及时应对。Thangarajah 等[19] 指出，目标间的资源冲突可以通过重新调度目标进行消解，而不是在目标间进行直接选择。应急目标在时间和资源上均可能存在潜在冲突。因此，基于 BDI 模型的应急组织目标制定，其核心问题是在目标慎思的过程中考虑组织因素的影响，合理选择目标的执行方案，并消解目标间潜在时间和资源冲突。具体来说，需要进一步从以下两个方面研究目标慎思的方法。

(1)考虑时间和资源约束的目标采纳。有关目标慎思方法的研究一般仅考虑了资源约束关系[20~24]，而没有同时考虑目标具有时间和资源约束。例如，Shaw 和 Bordini[24] 将 Agent 的目标慎思转化为 CSP，但只考虑了资源约束关系。本书借鉴这一思路，将目标采纳问题转化为 CSP，使其约束集合中同时包含时间和资源约束，并着重研究时间和资源的冲突检测和消解方法。

(2)考虑紧急程度的应急候选目标形成。有关目标形成的研究主要分为两个方面：一是根据目标选择规则，从目标集合中选择目标[25]；二是根据用户偏好对目标进行主观赋值选择目标[26]，具有一定的主观性。但在实际的应急响应决策中，往往根据应急目标的紧急程度对应急目标进行排序并形成应急候选目标序列。

5.1.3　基于 BDI 模型的应急组织目标制定过程

基于 BDI 模型的应急组织目标制定，是在一般的 BDI 决策过程基础上考虑应急管理规章制度、应急决策组织结构和应急目标的时间和资源约束关系，在意图不可变动的前提下通过选择应急目标的执行方案对其进行合理调度，并消解其潜在冲突。其制定过程如图 5.1 所示，具体步骤[27] 如下。

(1)抽取应急目标。应急决策 Agent 接收到多个外部事件，将其自动推送至事件队列，并从中抽取应急目标和目标间的约束关系，形成应急目标集合 G 和约束关系集合 C。

(2)生成候选应急目标序列 G^C。由于应急目标具有不同的紧急程度，根据紧急程度对应急目标集合 G 进行排序，确保紧急程度高的目标优先考虑。

(3)形成采纳应急目标序列 G^A。对于候选应急目标序列 G^C，从 BDI 组件的方案库中获取目标的初始方案集合。按照 G^C 中目标的先后顺序依次对每个目标在其初始方案集合中选择方案，采用 CSP 方法实现应急目标采纳，将候选应急目标依次转化为采纳应急目标。由于应急目标具有时间约束和资源约束，需要检测当前候选目标与已形成的采纳目标序列 G^A 和意图目标集合 I 是否存在冲突。若存在冲突，则进行冲突消解；若冲突不可消解，则需要协商协调；若不存在冲突，则将当前候选目标添加到采纳目标序列 G^A 的尾部，并从候选目标序列 G^C 中删除该目标。当候选应急目标序列 G^C 为空时，说明所有候选目标都已转化为采纳目标，形成采纳应急目标序列 G^A，从而得到应急组织目标。

(4)更新意图目标集合 I。将 G^A 中的目标添加到意图目标集合 I 中，同时清

空 G^A 并更新 Agent 的信念。最后，向委派应急目标的各个 Agent 回复承诺。由于意图目标表示已经承诺实现的目标，对其变动将需要和其他 Agent 进行协商协调，在此假设意图不可变动。

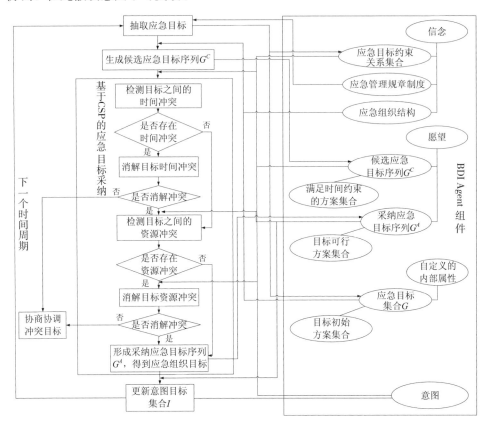

图 5.1　基于 BDI 模型的应急组织目标制定过程

5.1.4　概念的形式化描述

为了便于阐述后续的目标采纳和冲突消解方法，本部分对应急组织目标制定过程所涉及的相关概念进行形式化描述。

定义 5.1(应急目标)　应急目标来自于自身或其他组织成员需要完成的任务，可表示为 $G = \{g_1, g_2, \cdots, g_n\}$，$g_i = (source, content, type, minstart, maxend)$。其中，$source$ 表示应急目标的来源；$content$ 表示目标的内容；$type$ 表示目标的类型，如抢险、运输等；$minstart$ 表示目标的最早开始时刻；$maxend$ 表示目标的最晚完成时刻。

定义 5.2(应急决策组织成员)　应急决策组织成员在应急决策组织中扮演着

特定层级的角色。基于 BDI 模型的组织成员可定义为 $Ag = (name，l，Rol，B，D，I，P)$。其中，$name$ 表示应急决策组织成员的名称，唯一标识应急决策组织成员；l 表示应急决策组织成员的层级；Rol 表示应急决策组织成员扮演的角色集合，$Rol = \{rol_1，rol_2，\cdots，rol_n\}$，可能包含抢险、运输、物资发放、交通警戒等角色，为了阐述方便，本章假设同一层级中的不同组织成员所扮演的角色不重叠；B 表示应急决策组织成员的信念，包括固有的应急组织结构、应急管理规章制度、资源类型及数量，以及制定过程中动态生成的目标的可行方案集合和约束集合等；D 表示应急决策组织成员的愿望集合，$D = \{G^C，G^A\}$，包括候选目标序列 G^C 和采纳目标序列 G^A，G^C 是根据紧急程度对应急目标集合 G 进行排序形成的，对 G^C 中的目标依次进行目标采纳得到 G^A；I 表示意图集合，对 G^A 中的目标附加承诺形成意图集合 I；P 表示实现应急目标的方案集合，$P = \{p_1，p_2，\cdots，p_n\}$，方案可表示为 $p_i = (type，dur，res)$，主要考虑了方案的执行时间和资源消耗，其中 $type$ 表示目标类型，dur 表示方案的执行时间，res 表示方案的资源消耗。

定义 5.3(初始方案集合) 应急目标 g_i 的初始方案集合 $IP^{g_i} = \{ip_1^{g_i}，ip_2^{g_i}，\cdots，ip_n^{g_i}\}$，同时满足下列两个条件。

(1)方案的执行时间小于等于实现目标 g_i 的最大执行时间；

(2)方案的资源消耗小于等于应急决策组织成员拥有的资源量。$ip_j^{g_i} = (p_j，r，d)$，其中，$p_j \in P$；r 表示初始方案的开始时刻；d 表示初始方案的完成时刻。

定义 5.4(采纳应急目标序列) 采纳应急目标序列 G^A 是从候选应急目标序列 G^C 转化而来的，每个采纳目标 g_i^A 具有明确的开始时刻、完成时刻和资源消耗，并且它的可行方案不存在时间和资源冲突，表示为 $G^A = \{g_1^A，g_2^A，\cdots，g_n^A\}$，$g_i^A = (g_j^C，r^*，d^*，fp_j)$，$g_j^C \in G^C$。其中，$r^*$ 表示 g_i^A 的开始时刻；d^* 表示 g_i^A 的完成时刻；r^*、d^* 由目标的可行方案 fp_j 确定。

5.2 候选应急目标序列生成

在基于 BDI 模型的应急组织目标制定过程中，需要根据应急目标的紧急程度对应急目标集合 G 进行排序，生成候选应急目标序列 G^C。应急目标的紧急程度主要与目标时间区间的相互关系和组织关系等有关。

目标时间区间的相互关系，主要来源于应急目标的时间窗以及应急管理规章制度中可能规定的目标之间起止时刻的关系。目标时间区间的相互关系可以使用 Allen 的区间代数[28]来刻画，具体是指时间区间的时间约束与时刻之间的时间约束的转换关系，如表 5.1 所示。

表 5.1　时间区间的时间约束与时刻之间的时间约束的转换关系

Allen 区间代数关系	时间区间关系	时刻之间的时间约束	逆关系
	A before B	$A\_end < B\_start$	B after A
	A meets B	$A\_end = B\_start$	B met-by A
	A overlaps B	$A\_start < B\_start$, $A\_end > B\_start$, $A\_end < B\_end$	B overlapped-by A
	A during B	$A\_start > B\_start$, $A\_end < B\_end$	B contains A
	A starts B	$A\_start = B\_start$	B started-by A
	A finishes B	$A\_end = B\_end$	B finished-by A
	A equals B	$A\_start = B\_start$, $A\_end = B\_end$	

依据上述时间区间的 13 种所有可能关系，在考虑应急的时效性及组织关系的前提下，本章按以下规则对应急目标进行排序[27]。

（1）对于 before 和 meets 关系及其逆关系，按照时间窗的先后关系对目标进行排序。对于 starts 和 finishes 关系及其逆关系，时间窗长度较短的目标优先级更高。对于 overlaps 关系及其逆关系，如果时间窗长度相同，则最晚完成时刻在前的目标具有更高的优先级；否则，时间窗长度较短的目标优先级更高。

（2）对于 equals 关系，依据信念中的组织关系对目标进行排序，上级下达的目标优先级高于平级委派的目标，平级委派的目标优先级高于下级请求的目标。

（3）对于 during 关系及其逆关系，最晚完成时刻在前的目标优先级更高。

需要说明的是，形成的候选应急目标序列 G^c 仅决定了目标采纳的先后顺序，并不决定目标实现的先后顺序。

5.3　基于 CSP 的应急目标采纳

在形成候选应急目标序列 G^c 后，需要将其转化为采纳应急目标序列 G^A。应急目标采纳是在给定的时间和资源约束下，根据 G^c 中目标的优先级，依次对每个候选应急目标选取满足约束的初始方案。因此，可将该问题转化为 CSP，以便于处理时间和资源约束，从而快速得到可行方案。基于 CSP 的应急目标采纳问题使用 3 元组 (X, D, C) 描述，其中 X 表示 G^C 中的所有候选应急目标；D 表示每个候选目标的初始方案集合；C 表示约束集合，包含目标之间的时间和资源约束。

基于 CSP 的应急目标采纳过程可分为五个阶段。

(1)根据 G^C 中目标的优先级，依次检测是否存在时间冲突。

(2)如果目标之间存在时间冲突，则采用回溯法消解冲突。

(3)进一步考虑资源约束，检测是否存在目标资源冲突。

(4)如果目标之间存在资源冲突，则采用时间区间微调方法或回溯法消解冲突。

(5)采用最佳切分区域方法选取方案，最终实现目标采纳。

5.3.1　目标之间的时间冲突检测

目标之间的时间冲突检测主要是根据 G^C 中目标的优先级，依次对每个目标选取初始方案并计算其开始时刻和完成时刻的时间区间，构建方案的简单时态网络(simple temporal network，STN)(方案包括已采纳目标和意图目标选取的方案和当前初始方案)，检验该网络的一致性，生成满足时间约束的方案集合，并判断是否存在目标时间冲突。具体步骤[27]如下。

步骤 1　计算初始方案开始时刻和完成时刻的时间区间。根据候选应急目标 g_i^C 的时间窗 $[minstart, maxend]$ 和选取的初始方案 $ip_j^{g_i^C}$ 的执行时间 dur，可得到方案开始时刻 $ip_j^{g_i^C}.r$ 的时间区间为 $[g_i^C.minstart, g_i^C.maxend - ip_j^{g_i^C}.dur]$，方案完成时刻 $ip_j^{g_i^C}.d$ 的时间区间为 $[g_i^C.minstart + ip_j^{g_i^C}.dur, g_i^C.maxend]$。

步骤 2　检验方案的简单时态网络的一致性。在得到方案开始时刻和完成时刻的时间区间后，构建带时间区间约束的简单时态网络，其中节点表示时刻变量，有向弧表示时间区间约束。由于应急目标采纳是依次从候选应急目标序列中选取，每次只考虑一个候选目标的一个初始方案，即每次在方案的简单时态网络中增加两个节点(一个为方案开始时刻，另一个为方案完成时刻)和两个节点之间的弧(来源于方案的执行时间)。同时，根据应急管理规章制度的相关规定，添加这两个节点与网络中其他节点的弧。最后，可使用路径一致性算法检验包含新增节点的路径是否一致。

例如，以当前时间 t_0 为基准，设当前考虑的候选目标为 g_1^C，之前已安排的一个采纳目标为 g_2^A。设 g_2^A 选取的可行方案 $fp^{g_2^A}$ 的开始时刻的时间区间为 $[3, 6]$，完成时刻的时间区间为 $[6, 9]$。g_1^C 的时间窗为 $[3, 7]$，设 g_1^C 当前选取的初始方案为 $ip_1^{g_1^C}$ 的执行时间为 2，添加的弧 $ip_1^{g_1^C}.r \rightarrow ip_1^{g_1^C}.d$ 所对应的时间区间为 $[2, 2]$。根据步骤 1，可得到 $ip_1^{g_1^C}$ 的开始时刻时间区间为 $[3, 5]$，完成时刻的时

间区间为 $[5, 7]$。根据应急管理规章制度规定，g_1^C 必须在 g_2^A 开始之前 2 个时间单位完成，表示为 $fp^{g_2^A}.r - ip_1^C.d \geqslant 2$，映射为 $fp^{g_2^A}.r$ 和 $ip_1^C.d$ 之间的弧。构建的方案的简单时态网络如图 5.2 所示，其中灰色节点表示之前采纳目标和意图选择的可行方案的开始时刻和完成时刻变量（t_0 为基准节点），白色节点表示当前初始方案的开始时刻和完成时刻变量。

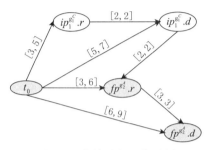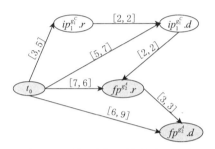

图 5.2　简单时态网络示例　　　　图 5.3　时间冲突的简单时态网络

根据路径一致性算法对原有简单时态网络进行约简，得到时间冲突的简单时态网络如图 5.3 所示。图 5.3 中，$t_0 \rightarrow fp^{g_2^A}.r$ 弧对应的时间区间为 $[7, 6]$，显然没有可行的取值，为空集。产生不一致的路径为 $t_0 \rightarrow ip_1^C.d \rightarrow fp^{g_2^A}.r$，说明选择当前初始方案会与之前采纳的目标选择的可行方案产生时间冲突。

由于产生时间冲突，需要重新选取初始方案，构建新的方案的简单时态网络，进行时间冲突检测。对于上述例子，g_1^C 重新选取初始方案 ip_2^C，其执行时间为 1，添加的弧 $ip_2^{g_1^C}.r \rightarrow ip_2^{g_1^C}.d$ 所对应的时间区间为 $[1, 1]$。与图 5.2 相比，新增 2 个节点 $ip_2^{g_1^C}.r$ 和 $ip_2^{g_1^C}.d$，它们的时间区间分别为 $[3, 6]$ 和 $[4, 7]$。通过路径一致性算法检测后，得到 $t_0 \rightarrow fp^{g_2^A}.r$ 弧对应的时间区间为 $[6, 6]$，显然不存在时间冲突。进一步约简可得到 $ip_2^{g_1^C}.r$ 的时间区间为 $[3, 3]$，$ip_2^{g_1^C}.d$ 的时间区间为 $[4, 4]$。

步骤 3　生成满足时间约束的方案集合，并判断是否存在目标时间冲突。将时间不冲突的初始方案（记为 tp_i）添加到满足时间约束的方案集合中。遍历完候选目标的所有初始方案后，若满足时间约束的方案集合为空，则说明当前候选目标的所有初始方案均会与之前的采纳目标或意图目标产生时间冲突，需要进行目标时间冲突消解。

5.3.2　目标时间冲突消解

导致目标时间冲突的主要因素包括方案的执行时间和目标的时间窗。对于由目标的时间窗引起的冲突，需要通过与目标来源 Agent 协商协调来消解，在此暂不考虑。方案执行时间引起的冲突，其产生原因是与当前候选目标 g_i^C 存在时间约束关系的采纳目标或意图目标的方案执行时间较长。在意图目标不可更改的情况下，如果与候选目标冲突的目标为意图目标，则需要通过协商协调来消解；如果与候选目标冲突的目标为采纳目标，则回溯至该采纳目标，重新选择执行时间相对较小的可行方案。下面主要考虑候选目标与采纳目标存在时间冲突的情况，采用回溯法来消解时间冲突的基本步骤如下。

步骤 1　根据信念中的应急目标约束集合和原有的采纳顺序，找出与当前候选目标具有时间约束关系的采纳目标序列 $TimeConflictSeqG^A$。

步骤 2　若 $TimeConflictSeqG^A$ 不为空，选取 $TimeConflictSeqG^A$ 的最后一个目标(即最晚采纳的目标 $Latest\_g^A$)，并在采纳应急目标序列 G^A 中撤销在该目标后采纳的所有目标，将其依次添加到候选应急目标序列 G^C 的前端；根据 $Latest\_g^A$ 选择的可行方案的执行时间 $fp_i.dur$，更新 $Latest\_g^A$ 的可行方案集合，只包含执行时间小于 $fp_i.dur$ 的可行方案。若 $TimeConflictSeqG^A$ 为空，则时间冲突消解失败。

步骤 3　若 $Latest\_g^A$ 的可行方案集合为空，在 $TimeConflictSeqG^A$ 中删除当前的 $Latest\_g^A$，转入步骤 2。

步骤 4　若 $Latest\_g^A$ 的可行方案集合不为空，则遍历可行方案集合。遍历 g_i^C 的初始方案集合，根据已采纳目标和意图目标的可行方案和当前选择的初始方案重新构建方案的简单时态网络，检测是否存在时间冲突。如果找到使得时间不冲突的可行方案，则转入步骤 5；否则，在 $TimeConflictSeqG^A$ 中删除当前的 $Latest\_g^A$，转入步骤 2。

步骤 5　时间冲突消解成功。

5.3.3　目标之间的资源冲突检测

目标之间的资源冲突检测是检测候选目标选取的满足时间约束的方案，以及采纳目标和意图目标在候选目标时间窗内是否满足资源约束条件。资源约束是指任意时刻上所有目标资源占用的总和应不大于资源上限。应急处置中涉及大量的离散资源，即资源在目标执行开始时占用，在目标执行结束时释放，在执行过程中资源占用量保持不变[29]，其是本章主要考虑的资源类型。针对具有离散资源约束的调度或规划问题，能量推理的约束传播方法[30,31]是一种广泛应用的方法，它根据某个时间区间内活动的能量需求(资源消耗与资源占用时间的乘积)，修剪活动的时间窗，缩小了问题的搜索空间。在此基础上，Laborie[29]着重利用了活动之间的先序关系，提高了约束传播的效率。

然而，能量推理方法难以直接应用于解决应急目标采纳中的目标之间的资源冲突检测问题，主要存在两方面原因：其一，对于应急目标，除了需要考虑目标的时间窗和目标之间的时间约束关系之外，还需要考虑不可变动的意图目标，这将导致目标不能在其时间窗内自由安排；其二，目标之间的资源冲突检测需要以当前候选目标的时间窗为基准，而能量推理方法以活动形成的时间区间为基准。因此，本部分提出了基于切分区域的目标资源冲突检测方法。

1. 矩形切分空白能量区域

目标的时间区间和资源消耗在资源配置图中将形成一个矩形区域，需要分析在采纳目标和意图目标占用资源的情况下剩余资源区域（即空白能量区域）的矩形分布情况。具体来说，空白能量区域的矩形切分步骤[27]如下。

步骤 1　根据 $G^A \bigcup I$ 中的目标开始时刻和完成时刻，获取落在候选目标时间窗的时间点集合，即包括候选目标时间窗的最早开始时刻和最晚完成时刻，以及落在候选目标时间窗中的采纳目标和意图目标的开始时刻或完成时刻。

步骤 2　任意组合两个不同的时间点，形成以较小的时间点为开始时刻、较大时间点为完成时刻的时间区间。

步骤 3　对于每个时间区间，根据资源数量上限减去时间区间内所有采纳目标和意图目标占用的资源，计算各时间区间内的剩余资源。

步骤 4　得到时间区间和剩余资源形成矩形的空白能量区域（简称切分区域）。

切分区域可描述为 $S_i = (tlowbound, tupbound, available\_res)$，其中，$tlowbound$ 和 $tupbound$ 分别表示切分区域的时间区间的下界和上界；$available\_res$ 表示切分区域的可用资源量。

候选目标的时间窗与采纳目标或意图目标的时间区间可能存在重叠现象，可分为部分重叠和不重叠的两类情况进行讨论。为了阐述方便，下面仅考虑一个采纳目标和一个意图目标的情况，对于多个采纳目标和意图目标的情况，可采用同样的方式处理。设应急决策组织成员拥有的某类离散型资源的数量上限为 R，当前候选目标 g_i^C 的时间窗为 $[r_i, d_i]$；采纳目标序列 $G^A = \{g^A\}$，g^A 的开始时刻为 $g^A.r^* = t_1$，g^A 的完成时刻为 $g^A.d^* = t_3$，资源消耗为 $g^A.res = R_1$；意图目标集合 $I = \{g^I\}$，g^I 的开始时刻为 $g^I.r^* = t_2$，g^I 的完成时刻为 $g^I.d^* = t_4$，资源消耗为 $g^I.res = R_2$。

(1)候选目标的时间窗与采纳目标和意图目标的时间区间部分重叠。候选目标的时间窗与采纳目标和意图目标的时间区间部分重叠，是指满足条件 $r_i \leqslant \min(t_1, t_2) \leqslant d_i$ 或 $r_i \leqslant \max(t_3, t_4) \leqslant d_i$。图 5.4 给出了 $r_i \leqslant \min(t_1, t_2) \leqslant d_i$ 的一个示例，其中格子填充区域为时间窗 $[r_i, d_i]$ 内的空白能量区域。

对图 5.4 中的空白能量区域进行矩形切分，可得到 6 个矩形区域，即图 5.5 所示的 $S_1 \sim S_6$。

(2)候选目标的时间窗与采纳目标和意图目标的时间区间不重叠。候选目标

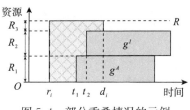

图 5.4　部分重叠情况的示例

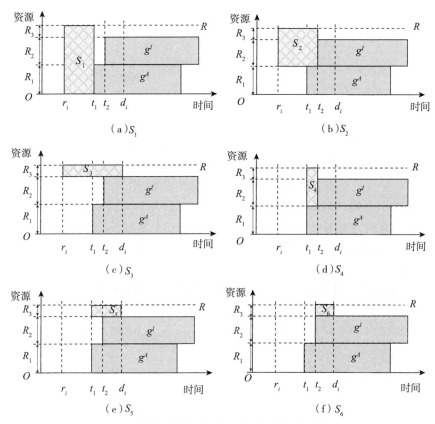

（a）S_1　　　　　　　　　　　　　　　（b）S_2

（c）S_3　　　　　　　　　　　　　　　（d）S_4

（e）S_5　　　　　　　　　　　　　　　（f）S_6

图 5.5　部分重叠情况下空白能量区域的矩形切分

的时间窗与采纳目标和意图目标的时间区间不重叠，可进一步分为三种情况：
①候选目标的时间窗在 g^A 和 g^I 的开始时刻之前，如图 5.6（a）所示；②候选目标的时间窗在 g^A 和 g^I 中间，如图 5.6（b）所示；③候选目标的时间窗在 g^A 和 g^I 的完成时刻之后，如图 5.6（c）所示。这三种情况均得到由候选目标时间窗 $[r_i, d_i]$ 和资源数量上限 R 形成的矩形区域。

2. 判断方案区域与切分区域的包含关系

传统的能量推理方法是通过比较空白能量和当前活动的能量进行冲突检测，

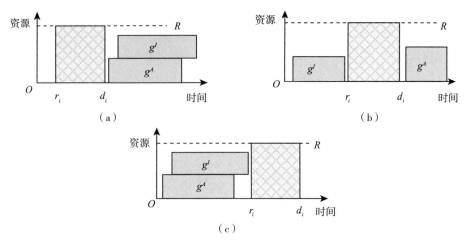

图 5.6　不重叠情况下空白能量区域的矩形切分

然而它不适用于本章所考虑的意图目标不可变动的情况。在目标资源冲突检测中，候选目标选取方案的执行时间和资源消耗形成方案的矩形区域，需要判断方案区域与切分区域是否存在包含关系。其具体定义如下[27]。

定义 5.5（方案区域与切分区域的包含关系）　若下列四个条件同时成立，则满足时间约束的方案形成的方案区域 S_{tp_j} 包含于切分区域 S_i，记为 $S_{tp_j} \subseteq S_i$。

（1）S_i 时间区间下界不大于 tp_j 开始时刻的时间区间上界，即 $S_i.tlowbound \leqslant tp_j.r.upbound$；

（2）S_i 时间区间上界不小于 tp_j 完成时刻的时间区间下界，即 $S_i.tupbound \geqslant tp_j.d.lowbound$；

（3）S_i 时间区间的长度不小于 tp_j 的执行时间，即 $S_i.tupbound - S_i.tlowbound \geqslant tp_j.dur$；

（4）tp_j 的资源消耗量不大于 S_i 的资源可用量，即 $tp_j.res_j \leqslant S_i.available\_res$。

对于切分区域集合中某一个切分区域 S_i，如果存在一个方案区域 S_{tp_j}，满足条件 $S_{tp_j} \subseteq S_i$，则当前候选目标与 $G^A \bigcup I$ 中的目标不存在目标资源冲突，将满足时间约束的方案添加到可行方案集合中；否则，当前候选目标与 $G^A \bigcup I$ 中的目标存在目标资源冲突。

5.3.4　目标资源冲突消解

1. 目标资源冲突原因分析

根据方案区域与切分区域的关系，目标资源冲突可分为 17 种情况，如图 5.7 所示[27]。图 5.7 中，浅色格子填充部分表示切分区域，灰色部分表示方案区域，黑色格子填充部分表示切分区域和方案区域重叠的部分。

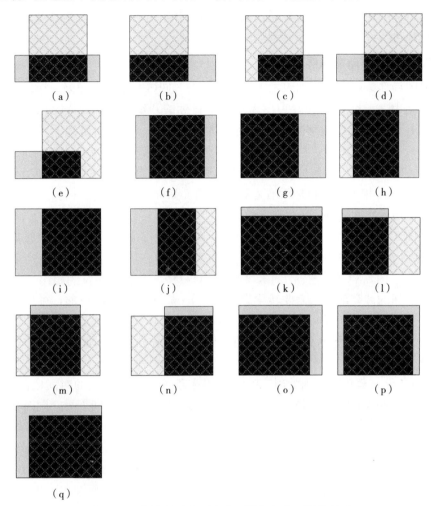

图 5.7　目标资源冲突下方案区域与切分区域的关系

　　根据图 5.7 可知目标资源冲突产生的原因可分为时间不满足、资源不满足以及时间资源都不满足三类。

　　(1)时间不满足，对应图 5.7(a)～图 5.7(j)，方案的资源消耗不大于切分区域的可用资源量，然而方案的执行时间区间不包含于切分区域的时间区间。

　　(2)资源不满足，对应图 5.7(k)～图 5.7(n)，方案的执行时间区间包含于切分区域的时间区间，然而方案的资源消耗大于切分区域的可用资源量。

　　(3)时间资源都不满足，对应图 5.7(o)～图 5.7(q)，方案的执行时间区间不包含于切分区域的时间区间，且方案的资源消耗大于切分区域的可用资源量。

　　对于上述三种情况，均可采用回溯法进行冲突消解。然而，采用回溯法需要重新进行目标采纳过程，其代价较大。对于时间不满足的情况，可以首先尝试保持采纳目标的切分区域不变，通过移动方案的开始时刻和完成时刻或对采纳目标重新选择可行方案进行局部微调消解冲突。

2. 时间局部微调消解方法

时间局部微调主要是通过增大切分区域的时间区间来消解冲突。切分区域的时间区间为$[t_1, t_2]$，t_1 和 t_2 是一个或多个目标的开始时刻或完成时刻，可以通过左移 t_1 相关目标或右移 t_2 相关目标增大时间区间。在意图目标不可变动的情况下，只有通过在采纳目标选择方案的时间区间内移动其开始时刻或完成时刻，才能增大时间区间。考虑应急的时效性原则，可行方案将尽量靠左安排于切分区域中，对于 t_1 相关采纳目标没有左移的空间，只能通过右移 t_2 相关采纳目标增大切分区域的时间区间。

在图 5.7 中，图 5.7(b)、图 5.7(c)、图 5.7(g)、图 5.7(h)可以直接通过右移采纳目标进行冲突消解，而对于图 5.7(a)、图 5.7(d)、图 5.7(e)、图 5.7(f)、图 5.7(i)和图 5.7(j)，由于不能左移，无法消除左侧超出切分区域的时间区间的冲突部分，需要转化为图 5.7(b)和图 5.7(g)的情形，可以使右侧超出切分区域的时间区间的冲突部分尽可能小。具体转化方法如下。

(1)如果方案开始时刻的时间区间上界小于切分区域的时间区间下界，则不能转化。

(2)如果方案开始时刻的时间区间上界大于等于切分区域的时间区间下界，则设置方案的开始时刻时间区间的下界为切分区域的时间区间下界，同时得到方案的完成时刻的时间区间。

时间局部微调消解方法的基本思想是尝试保持采纳目标的切分区域不变，通过局部右移可行方案的开始时刻和完成时刻以增大当前候选目标的切分区域时间区间的上界，或在采纳目标的切分区域内重新选择可行方案，从而增大切分区域的时间区间以消解冲突[27]。图 5.8 为时间不满足的一种情形[对应于图 5.7(b)]，并考虑了相关的采纳目标。下面以此为例，阐述时间局部微调消解方法的具体步骤。

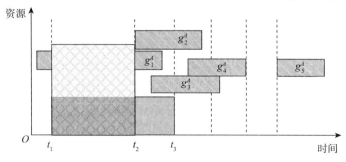

图 5.8　时间局部微调消解方法的示例

步骤 1　初始化。右移量的初始值为候选目标选取的满足时间约束的方案完成时刻的下界减去切分区域时间区间的上界，初始的右移采纳目标集合为空集。对于图 5.8，右移量的初始值为 $t_3 - t_2$。

步骤 2　更新右移采纳目标集合。以切分区域的时间区间上界为起点，以右移量为步长，进行搜索。如果每个步长内有采纳目标，则将该采纳目标不重复地添加到右移采纳目标集合中，直到出现第一个没有采纳目标的步长为止。这时，所有相关采纳目标在右移量的范围内向右移动，都不会影响到后续目标。对于图 5.8，在第 1 个步长中搜索到的采纳目标为 g_1^A、g_2^A 和 g_3^A，在第 2 个步长中搜索到的采纳目标为 g_3^A 和 g_4^A，在第 3 个步长中搜索到的采纳目标为 g_4^A，在第 4 个步长中没有搜索到采纳目标，形成右移采纳目标集合 $\{g_1^A, g_2^A, g_3^A, g_4^A\}$。

步骤 3　更新右移量。如果存在时间约束，则根据时间约束更新右移量。更新的右移量的求解方法为，将时间约束中 g_j^A 的时刻用更新的右移量表示，g_i^C 的时刻用之前右移量表示，可得到更新的右移量与之前右移量的关系。例如，时间约束为 $g_j^A . r^* - g_i^C . d^* \geqslant v (v \geqslant 0)$，使用更新的右移量和之前右移量表示为 $(g_j^A . r^* + 更新的右移量) - (S_i . tupbound + 之前右移量) \geqslant v$，求解得到更新的右移量 $\geqslant S_i . tupbound + 之前右移量 + v - g_j^A . r^*$，对于其他类型的时间约束可同理求解。如果更新的右移量与之前保持不变，则进入步骤 4；如果更新的右移量小于之前的右移量，则时间局部微调失败；否则，更新的右移量取大于等于类型的关系不等式中的最小值，转入步骤 2。对于图 5.8，假设 g_3^A 与 g_i^C 存在时间约束 $g_3^A . r^* - g_i^C . d^* \geqslant 1$，并且 $g_3^A . r^* - t_2 = 0.2$，求解可得更新的右移量 $\geqslant t_3 - t_2 + 0.8$，可知更新的右移量大于之前右移量，因此取更新右移量为 $t_3 - t_2 + 0.8$，转入步骤 2 后，g_5^A 将被添加到右移采纳目标集合中。

步骤 4　消解冲突。遍历右移采纳目标集合，检测可行方案能否按右移量进行右移，如果所有采纳目标的可行方案均能右移，则通过右移可消解冲突；否则，对于不能右移的采纳目标，在其切分区域中选择其他可行方案，重新进行检测。对于某个采纳目标，遍历完其切分区域下的可行方案集合，如果不存在能够右移的可行方案，则时间局部微调失败。

3. 回溯消解方法

当无法采用时间局部微调消解方法时，可回溯到与当前候选目标产生冲突的采纳目标，撤销后续采纳目标，重新进行目标采纳，即回溯法消解冲突。回溯消解方法的关键在于确定冲突的采纳目标，而与当前候选目标 g_i^C 最有可能发生冲突的采纳目标为时间区间存在部分重叠的目标。回溯消解方法的基本步骤如下。

步骤 1　找出与当前候选目标时间区间部分重叠的采纳目标，根据采纳顺序对其进行排序，得到目标资源冲突的采纳目标序列 $ResConflictSeqG^A$。

步骤 2　若 $ResConflictSeqG^A$ 不为空，选取 $ResConflictSeqG^A$ 的最后一个目标(即最晚采纳的目标 $Latest\_g^A$)，并在采纳应急目标序列 G^A 中撤销在该目标后采纳的所有目标，将其依次添加到候选应急目标序列 G^C 的前端，转入步骤 3；否则，则资源冲突消解失败。

步骤 3　如果遍历完 $Latest\_g^A$ 的切分区域集合，冲突仍不可消解，则在 $ResConflictSeqG^A$ 中移除 $Latest\_g^A$，转入步骤 2；否则，在 $Latest\_g^A$ 的切分区域集合中选择下一个切分区域，转入步骤 4。

步骤 4　遍历切分区域的可行方案集合，如果找到使得 G^C 中包括 g_i^C 及其之前的候选目标与已采纳目标和意图目标不存在冲突的可行方案，则转入步骤 5；否则，转入步骤 3。

步骤 5　资源冲突消解成功。

5.3.5　基于最佳切分区域的可行方案选择

在目标冲突消解后，需要将候选目标转化为采纳目标，由于候选目标可能存在一个或多个可行方案及对应的切分区域，此时需要确定转化后的采纳目标的可行方案。可行方案选取的基本思想是尽可能为后续目标采纳留下更多的空白能量区域。具体规则是，首先选取切分区域面积尽量小的切分区域，然后在该区域内选择能量需求最小的可行方案，即切分区域与可行方案区域的面积之差最大的可行方案，对于面积之差相同的情况，优先选择执行时间较小的方案，尽快实现应急目标。

在确定当前候选应急目标 g_i^C 的可行方案后，为了使可行方案的方案区域包含于选定的切分区域中，需要进一步确定该方案开始时刻和完成时刻的时间区间。具体如下[27]。

(1)可行方案开始时刻的时间区间下界 $fp_j.r.lowbound = \max(S_i.tlowbound, fp_j.r.lowbound)$，其中 $S_i.tlowbound$ 为切分区域 S_i 的时间区间下界。

(2)可行方案完成时刻的时间区间上界 $fp_j.d.upbound = \min(S_i.tupbound, fp_j.r.upbound)$，其中 $S_i.tupbound$ 为切分区域 S_i 的时间区间上界。

(3)可行方案开始时刻的时间区间上界 $fp_j.r.upbound = fp_j.d.upbound - fp_j.dur$，其中 $fp_j.dur$ 为可行方案的执行时间。

(4)可行方案完成时刻的时间区间下界 $fp_j.d.lowbound = fp_j.r.lowbound + fp_j.dur$。

考虑应急的时效性原则，即期望目标尽早实现，因此采纳目标的开始时刻为可行方案开始时刻的时间区间下界。

5.4　案例分析

5.4.1　案例描述

考虑某河流出现堤坝险情的应急情景,成立现场指挥部,其组织结构如图 5.9 所示[27],包含三个层级,其中现场指挥中心(AC)位于最高层级 l_1,执行部门(OD)、交通运输部门(TD)和物资储备部门(MRD)位于 l_2,执行部门的各个组[如抢险组(ERLT)、搜救组(SRT)等]位于最下层级 l_3。

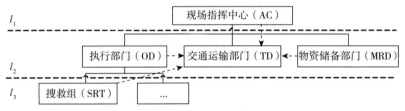

图 5.9　某河流出现堤坝险情的现场指挥部组织结构

应急响应主要包括堤坝抢险、转移灾民、运输生活物资以及搜救受困群众等。具体来说,现场指挥中心将向交通运输部门下达灾民转移的目标;执行部门核实人员情况,制订抢险方案,组建抢险组和搜救组,向交通运输部门委派运输搜救组和抢险设备目标;物资储备部门核实物资情况,制订物资出库方案,向交通运输部门委派运输物资的目标;搜救组在搜救到受困群众后,向交通运输部门请求转移受困群众到安全地点的目标。在此案例中,交通运输部门承担运输角色,接收到其他应急组织成员委派的应急目标后需要对这些目标进行合理安排,制定应急组织目标。

5.4.2　案例实现

采用 JACK 平台实现上述案例中的应急组织决策,构建现场指挥中心 Agent、执行部门 Agent、物资储备部门 Agent、搜救组 Agent 和交通运输部门 Agent。交通运输部门 Agent 接收到应急目标进行应急组织目标制定,其内部实现相对复杂,如图 5.10 所示。其他 Agent 主要考虑向交通运输部门 Agent 委派应急目标,功能相对简单,在此不再赘述。

基于 BDI 模型的交通运输部门 Agent,实现了包括候选应急目标生成、目标冲突检测与消解、目标采纳等的应急组织目标制定过程。从 JACK 实现角度来看,交通运输部门 Agent 内部组成如表 5.2 所示。

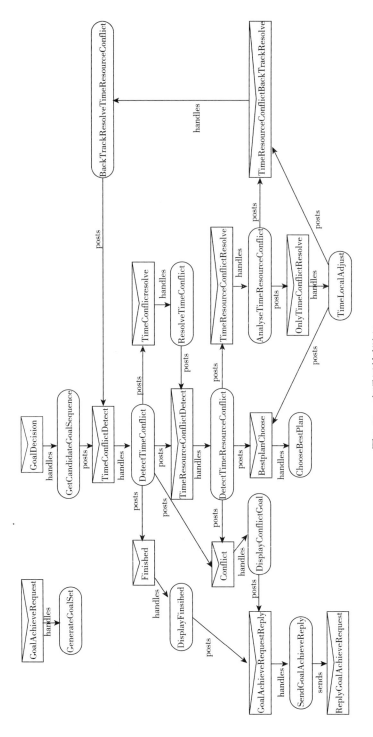

图5.10 交通运输部门Agent

注：各符号含义见表5.2

表 5.2　交通运输部门 Agent 内部组成

步骤	组成	名称	说明
获取公共部分	事件	Conflict	发送冲突不能消解时的冲突目标
		GoalAchieveRequestReply	回复目标实现请求
		ReplyGoalAchieveRequest	发送目标实现的具体内容，包括目标实现的开始和完成时间以及消耗的资源等
	规划	DisplayConflictGoal	处理 Conflict，显示冲突的目标，并触发 GoalAchieveRequestReply
		SendGoalAchieveReply	处理 GoalAchieveRequestReply，若不存在冲突，则回复目标实现承诺；否则，回复冲突目标来源 Agent 目标冲突
抽取应急目标	事件	GoalAchieveRequest	接收到委派的应急目标
	规划	GenerateGoalSet	处理 GoalDelegate，根据 RBeliefset，生成应急目标集合和约束关系集合
生成候选应急目标序列	事件	GoalDecision	开始制定应急组织目标
	规划	GetCandidateGoalSequence	处理 GoalDecision，根据 OSBeliefset，形成候选应急目标序列
形成采纳应急目标序列	事件	TimeConflictDetect	检测目标之间的时间冲突
		TimeConflictResolve	消解目标时间冲突
		TimeResourceConflictDetect	检测目标之间的资源冲突
		TimeResourceConflictResolve	消解目标资源冲突
		OnlyTimeConflictResolve	时间局部微调消解目标资源冲突
		TimeResourceConflictBackTrackResolve	回溯消解目标资源冲突
		BestPlanChoose	选取可行方案
	规划	DetectTimeConflict	处理 TimeConflictDetect，检测目标之间的时间冲突。若存在冲突，则触发 TimeConflictResolve；否则，触发 TimeResourceConflictDetect
		ResolveTimeConflict	处理 TimeConflictResolve，基于回溯法消解目标时间冲突。若冲突无法消解，则触发 Conflict
		DetectTimeResourceConflict	处理 TimeResourceConflictDetect，检测目标之间的资源冲突。若存在冲突，则触发 TimeResourceConflictResolve；否则，触发 TimeResourceConflictDetect

步骤	组成	名称	说明
形成采纳应急目标序列	规划	AnalyseTimeResourceConflict	处理 TimeResourceConflictResolve，分析能否进行时间局部微调。如果可以进行时间局部微调，则触发 OnlyTimeConflictResolve；否则触发 Time-ResourceConflictBackTrackResdolve
		TimeLocalAdjust	处理 OnlyTimeConflictResolve，基于时间局部微调方法消解冲突。若冲突消解失败，则触发 TimeResourceConflictBackTrackResolve，否则，继续采纳下一个目标
		BackTrackResolveTimeResource-Conflict	处理 TimeResourceConflictBackTrackResolve，基于回溯法消解目标资源冲突。若冲突消解失败，则触发 Conflict；否则，触发 BestPlanChoose
		ChooseBestPlan	处理 BestPlanChoose，基于最佳切分区域选取可行方案
更新意图目标集合	事件	Finished	目标制定过程完成
	规划	DisplayFinished	处理 Finished，更新意图目标集合，并触发 GoalAchieveRequestReply

5.4.3　实验过程及结果分析

实验运行环境为 Windows XP 操作系统，并配置 Intel Core 2 Duo T5750 中央处理器(CPU)和 2 吉字节内存。交通运输部门拥有的运力资源数量上限为 12，方案集合 $P=\{p_1, p_2, p_3\}$，其中 $p_1=("transfer", 2, 11)$，$p_2=("transfer", 4, 5)$，$p_3=("transfer", 6, 3)$，当前的采纳目标序列 $G^A=\varnothing$，意图目标集合 $I=\{g_1^I\}$，其中，$g_1^I=(OD,"运输搜救组","transfer", 1, 5)$，即在上一个时间周期循环中接收到执行部门委派的运输搜救组的运输目标，确定在时间区间 $[1,5]$ 上选择方案 p_2 执行。当前时间周期循环中接收到的应急目标如表 5.3 所示。

表 5.3　应急目标

应急目标	来源 Agent	目的 Agent
$g_1=(AC,"转移灾民","transfer", 7, 13)$	现场指挥部(AC)	交通运输部门(TD)
$g_2=(OD,"运输抢险组","transfer", 6, 12)$	执行部门(OD)	交通运输部门(TD)
$g_3=(OD,"运输抢险设备","transfer", 5, 12)$	执行部门(OD)	交通运输部门(TD)
$g_4=(MRD,"运输物资","transfer", 1, 6)$	物资储备部门(MRD)	交通运输部门(TD)
$g_5=(SRT,"运输受困群众","transfer", 9, 17)$	搜救组(SRT)	交通运输部门(TD)

1. 实验 1：基于最佳切分区域的可行方案选择

本实验考虑目标时间区间的相互关系和组织关系对目标制定的影响，在不产生目标冲突的情况下验证基于最佳切分区域的可行方案选择方法，并考察时间约束对实验结果的影响。具体如下。

根据 5.2 节的方法，可得到目标采纳顺序为 $g_4 > g_2 > g_1 > g_3 > g_5$。实验过程中没有产生目标时间冲突和资源冲突，采用基于最佳切分区域的可行方案选择方法进行目标采纳，得到目标开始执行的顺序为 $g_4 > g_3 > g_2 > g_1 > g_5$。图 5.11(a)表示了应急目标采纳后选择的可行方案的执行时间和资源消耗情况。

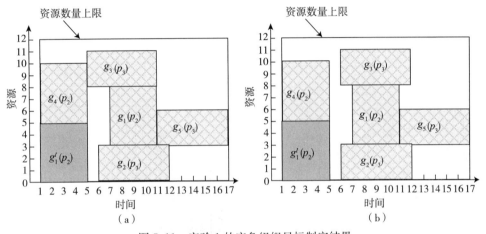

图 5.11　实验 1 的应急组织目标制定结果

在此基础上，增加一条应急规则"抢险设备物资必须在转移灾民前 1 个时间单位执行"，转化为时间约束 $g_3.r^* - g_4.d^* \geqslant 1$，导致 g_3 的切分区域从原来的 $([5, 11], 4)$ 变为 $([6, 12], 4)$。在实验过程中，同样没有产生目标时间冲突和资源冲突，由于切分区域的变化，g_3 的开始时刻和完成时刻改变，实验结果如图 5.11(b)所示。

2. 实验 2：基于回溯法的时间冲突消解和基于时间局部微调方法的资源冲突消解

在实验 1 的基础上增加另一条应急规则"运输抢险设备必须在运输抢险组完成后执行"，转化为时间约束 $g_2.r^* - g_3.d^* \geqslant 0$，导致目标采纳过程中产生目标时间冲突和资源冲突。在实验过程中，采用回溯法消解目标时间冲突，采用时间局部微调方法消解目标资源冲突。具体如下。

(1)目标采纳顺序仍为 $g_4 > g_2 > g_1 > g_3 > g_5$，根据该顺序首先采纳 g_4，采纳结果为($g_4^A.r^* = 1$, $g_4^A.d^* = 5$, $g_4^A.fp = p_2$)；其次采纳 g_2($g_2^A.r^* = 6$, $g_2^A.d^* =$

12, $g_2^A.fp=p_3$）；再次采纳 g_1（$g_1^A.r^*=7$，$g_1^A.d^*=11$，$g_1^A.fp=p_2$）；下一个候选目标为 g_3，时间约束导致 g_3 与 g_2 存在目标时间冲突，如图 5.12(a)所示。

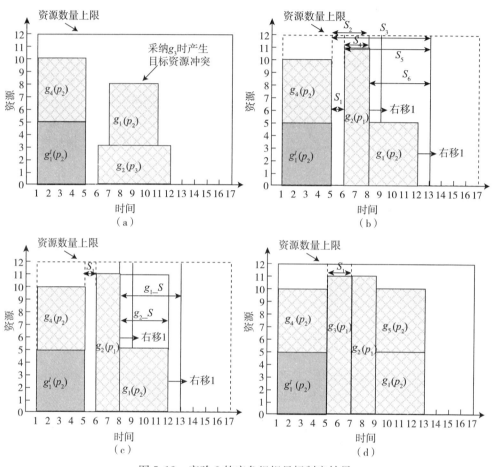

图 5.12　实验 2 的应急组织目标制定结果

（2）采用回溯法消解 g_3 与 g_2 之间的时间冲突。回溯到 g_2，在 g_2 的切分区域 $g_2\_S=([6,12],12)$ 中重新选择另一可行方案 p_1，此时 g_2 为（$g_2^A.r^*=6$，$g_2^A.d^*=8$，$g_2^A.fp=p_1$），并撤销已采纳的目标 g_1，重新进行目标采纳。

（3）此时下一个候选目标为 g_1，采纳 g_1（$g_1^A.r^*=8$，$g_1^A.d^*=12$，$g_1^A.fp=p_2$）对应的切分区域为 $g_1\_S=([6,13],12)$。继续采纳 g_3，g_3 的时间区间内包含 g_2 和 g_1 两个采纳目标，根据 g_2 和 g_1 的开始时间和完成时间以及资源消耗，产生 g_3 的切分区域为 $S_1=([5,6],12)$，$S_2=([5,8],1)$，$S_3=([5,12],1)$，$S_4=([6,8],1)$，$S_5=([6,12],1)$，$S_6=([8,12],7)$，如图 5.12(b)所示。由于存在时间约束 $g_2.r^*-g_3.d^*\geqslant0$，$g_3$ 的合理切分区域只有 S_1，可知 p_1、p_2 或 p_3 的方案区

域都不能包含于 S_1 中，此时 g_3 与采纳目标 g_2 和 g_1 产生资源冲突。

（4）采用时间局部微调方法消解 g_3 与 g_2、g_1 之间的资源冲突。保持 g_2 和 g_1 的切分区域不变，对 g_2 和 g_1 进行时间局部微调，微调后的结果为 $g_2(g_2^A.r^*=7,$ $g_2^A.d^*=9,$ $g_2^A.fp=p_1)$ 和 $g_1(g_1^A.r^*=9,$ $g_1^A.d^*=13,$ $g_1^A.fp=p_2)$，S_1 的时间区间增大为 $[5,7]$，此时方案 p_1 可包含于 S_1，如图 5.12(c) 所示。

（5）冲突消解后，采纳 $g_3(g_3^A.r^*=5,$ $g_3^A.d^*=7,$ $g_3^A.fp=p_1)$，继续采纳 $g_5(g_5^A.r^*=9,$ $g_5^A.d^*=13,$ $g_5^A.fp=p_2)$，实验结果如图 5.12(d) 所示。

3. 实验 3：基于回溯法的资源冲突消解

同时考虑两个时间约束 $g_3.r^*-g_4.d^*\geqslant1$ 和 $g_2.r^*-g_3.d^*\geqslant0$，导致目标采纳过程中产生目标资源冲突。本实验主要说明在时间局部微调方法无法消解资源冲突的情况下，如何采用回溯法实现资源冲突消解。具体如下。

（1）目标采纳顺序仍为 $g_4\succ g_2\succ g_1\succ g_3\succ g_5$，根据该顺序依次采纳 $g_4(g_4^A.r^*=1,$ $g_4^A.d^*=5,$ $g_4^A.fp=p_2)$、$g_2(g_2^A.r^*=6,$ $g_2^A.d^*=12,$ $g_2^A.fp=p_2)$、$g_1(g_1^A.r^*=7,$ $g_1^A.d^*=11,$ $g_1^A.fp=p_2)$；下一个候选目标为 g_3，时间约束导致 g_3 产生目标资源冲突，引起冲突的采纳目标为 g_4、g_2 和 g_1，根据 5.3.4 小节的时间局部微调方法，在保持 g_4、g_2 和 g_1 切分区域不变的情况下无法通过右移其可行方案来实现资源冲突消解。

（2）采用回溯法消解 g_3 与 g_4、g_2、g_1 之间的资源冲突。根据目标采纳顺序，g_1 为最晚采纳目标，因此首先回溯至 g_1。遍历并选择 g_1 的切分区域和可行方案，发现无法消解 g_3 产生的资源冲突。

（3）进一步回溯至 g_2，撤销 g_1，遍历并选择 g_2 的切分区域和可行方案，当切分区域为 $g_2\_S([6,12],12)$、可行方案为 p_1 时，g_2 调整为 $(g_2^A.r^*=7,$ $g_2^A.d^*=9,$ $g_2^A.fp=p_1)$。此时采纳 $g_1(g_1^A.r^*=9,$ $g_1^A.d^*=13,$ $g_1^A.fp=p_1)$，与 g_2 产生目标资源冲突，对切分区域 $g_1\_S([8,13],12)$ 可通过时间局部微调消解 g_1 和 g_2 的资源冲突，g_2 进一步调整的结果为 $(g_2^A.r^*=8,$ $g_2^A.d^*=10,$ $g_2^A.fp=p_1)$，采纳 $g_1(g_1^A.r^*=10,$ $g_1^A.d^*=12,$ $g_1^A.fp=p_2)$，如图 5.13(a) 所示。

（3）冲突消解后，采纳 $g_3(g_3^A.r^*=5,$ $g_3^A.d^*=7,$ $g_3^A.fp=p_1)$，继续采纳 $g_5(g_5^A.r^*=12,$ $g_5^A.d^*=16,$ $g_5^A.fp=p_2)$，实验结果如图 5.13(b) 所示。

上述三个实验分别讨论了不存在目标时间冲突和资源冲突、存在目标时间冲突和资源冲突、存在时间局部微调无法消解的资源冲突的目标制定过程，验证了本章提出的消解目标时间冲突的回溯法及消解目标资源冲突的时间局部微调方法和回溯法的有效性。对于时间局部微调方法无法消解冲突的情况，通过进一步采用回溯法，保证了算法的完备性。

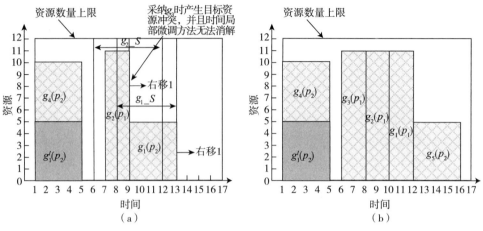

图 5.13　实验 3 的应急组织目标制定结果

5.5　本章小结

本章针对具有时间约束关系和离散资源需求的应急目标，考虑应急组织成员资源有限的情况，提出了基于 BDI 模型的应急组织目标制定过程，并研究了基于 CSP 的目标采纳方法及冲突消解方法。具体包括以下三个方面。

（1）在一般的 BDI 决策过程基础上，考虑应急管理规章制度、应急决策组织结构和应急目标的时间和资源约束关系，提出了基于 BDI 模型的应急组织目标制定过程。

（2）不同于 BDI 模型中普遍采用定性方法研究目标采纳问题，本章提出了基于 CSP 的应急目标采纳方法，以便于处理时间和资源约束关系。

（3）在目标采纳过程中，提出了基于切分区域的目标资源冲突检测方法、基于最佳切分区域的可行方案选择方法、基于回溯的目标时间冲突消解方法以及基于时间局部微调和回溯的目标资源冲突消解方法。提出的基于切分区域的资源冲突检测方法扩展了能量推理方法，使之能够处理意图目标不可变动以及目标的执行时间和资源消耗事先不确定的情况。提出的时间局部微调方法，避免了目标资源冲突消解时的直接回溯，提高了效率。

本章的研究工作仍然是初步的，存在一些待完善之处。采用回溯法消解目标冲突时，尽管使用了一些启发式规则，但当目标数量规模较大时其时间效率仍有待改进。此外，本章主要考虑了具有离散资源需求的应急目标，针对其他资源类型的应急目标其制定方法还有待进一步研究。

参考文献

［1］Rao A S, Georgeff M P. Modeling rational agents within a BDI-architecture. Proceedings of International Conference on Principles of Knowledge Representation and Reasoning Conference, San Mateo, USA, 1991.

［2］Wooldridge M. Reasoning about Rational Agents. Cambridge: The MIT Press, 2000.

［3］Wooldridge M. An Introduction to Multi-agent System. New York: John Wiley & Sons, 2002.

［4］Ingrand F F, Georgeff M P, Rao A S. An architecture for real-time reasoning and system control. IEEE Expert, 1992, 7(6): 34-44.

［5］Huber M J. JAM: a BDI-theoretic mobile agent architecture. Proceedings of the 3rd Annual Conference on Autonomous Agents(Agents'99), Seattle, USA, 1999.

［6］d'Inverno M, Luck M, Georgeff M P, et al. The dMARS architecture: a specification of the distributed multi-agent reasoning system. Autonomous Agents and Multi-Agent Systems, 2004, 9(1-2): 5-53.

［7］Busetta P, Ronnquist R, Hodgson A, et al. JACK-summary of an agent infrastructure. Proceedings of the 5th International Conference on Autonomous Agents, Montreal, Canada, 2001.

［8］Myers K L, Yorke-Smith N. A cognitive framework for delegation to an assistive user agent. Proceedings of AAAI 2005 Fall Symposium on Mixed-Initiative Problem-Solving Assistants, Arlington, VA, 2005.

［9］Dignum F P M, Kinny D, Sonenberg L. From desires, obligations and norms to goals. Cognitive Science Quarterly, 2002, 2(3-4): 407-430.

［10］Broersen J, Dastani M, Hulstijn J, et al. Goal generation in the BOID architecture. Cognitive Science Quarterly, 2002, 2(3-4): 428-447.

［11］Dastani M, van der Torre L. Programming BOID-plan agents: deliberating about conflicts among defeasible mental attitudes and plans. Proceedings of AAMAS'04, Washington, USA, 2004.

［12］Dastani M, Governatori G, Rotolo A, et al. Programming cognitive agents in defeasible logic. Lecture Notes in Computer Science, 2005, 3835: 621-636.

［13］Dastani M, Governatori G, Rotolo A, et al. Preferences of agents in defeasible logic. Lecture Notes in Computer Science, 2005, 3809: 695-704.

［14］Webber B, Carberry S, Clarke J R, et al. Exploiting multiple goals and intentions in decision support for the management of multiple trauma: a review of the TraumAID project. Artificial Intelligence, 1998, 105(1): 263-293.

［15］Schut M, Wooldridge M, Parsons S. The theory and practice of intention reconsideration. Journal of Experimental & Theoretical Artificial Intelligence, 2004, 16(4): 261-293.

[16] Raja A, Lesser V. A framework for meta-level control in multi-agent systems. Autonomous Agents and Multi-Agent Systems, 2007, 15(2): 147-196.

[17] Stroe B, Subrahmanian V S, Dasgupta S. Optimal status sets of heterogeneous agent programs. Proceedings of AAMAS'05, Utrecht, Netherlands, 2005.

[18] Natarajan S, Tadepalli P, Fern A. A relational hierarchical model for decision-theoretic assistance. Proceedings of ILP'07, Corvallis, OR, 2007.

[19] Thangarajah J, Harland J, Yorke-Smith N. A soft COP model for goal deliberation in a BDI agent. Proceedings of 6th International Workshop on Constraint Modeling and Reformulation, Providence, USA, 2007.

[20] Thangarajah J, Padgham L. Computationally effective reasoning about goal interactions. Journal of Automated Reasoning, 2011, 47(1): 17-56.

[21] Thangarajah J, Padgham L, Winikoff M. Detecting and avoiding interference between goals in intelligent agents. International Joint Conference on Artificial Intelligence, Acapulco, Mexico, 2003.

[22] Thangarajah J, Padgham L, Winikoff M. Detecting & exploiting positive goal interaction in intelligent agents. Proceedings of the 2nd International Joint Conference on Autonomous Agents and Multiagent Systems, New York, USA, 2003.

[23] Thangarajah J, Winikoff M, Padgham L, et al. Avoiding resource conflicts in intelligent agents. Proceeding of ECAI-02, Lyon, France, 2002.

[24] Shaw P H, Bordini R H. Towards alternative approaches to reasoning about goals. Proceedings of AAMAS'07 Workshop on Declarative Agent Languages and Technologies, Honolulu, HI, 2007.

[25] Panzarasa P, Jennings N R. Social mental shaping: modeling the impact of sociality on the mental states of autonomous agents. Computer Intelligence, 2001, 17 (4): 738-782.

[26] Casali A, Godo L, Sierra C. A graded BDI agent model to represent and reason about preferences. Artificial Intelligence, 2011, 175 (7): 1468-1478.

[27] Liu D, Wang H W, Qi C, et al. Extending BDI agent to incorporate CSP for emergency goal adoption. IEEE Intelligent Systems, 2014, Under Review.

[28] Allen J F. Maintaining knowledge about temporal intervals. Communications of the ACM, 1983, 26(11): 832-843.

[29] Laborie P. Algorithms for propagating resource constraints in AI planning and scheduling: existing approaches and new results. Artificial Intelligence, 2003, 143 (2): 151-188.

[30] Baptiste P, Le Pape C, Nuijten W. Satisfiability tests and time-bound adjustments for cumulative scheduling problems. Annals of Operations Research, 1999, 92: 305-333.

[31] Clautiaux F, Jouglet A, Carlier J, et al. A new constraint programming approach for the orthogonal packing problem. Computers and Operations Research, 2008, 35 (3): 944-959.

第 6 章

HTN 规划中的时间管理

在应急响应过程中，不同的应急响应实体往往需要协同完成应急任务，这些应急任务之间存在定性和定量时间依赖关系。同时，应急管理人员也需要在突发事件造成灾难性后果之前快速制订和执行应急行动方案。因此，复杂时态特征和时限条件对如何运用现有 HTN 规划方法解决应急响应决策问题提出了挑战。本章分析了应急响应过程的复杂时态特征，提出了考虑应急领域时态特征的 HTN 规划领域知识模型。在此基础上，针对应急行动方案制订时限条件，设计了一种 Anytime 启发式时态 HTN 规划算法，并以洪灾转移为例评价了规划模型的有效性。

6.1 应急领域复杂时态特征

科学制订应急行动方案是应急管理工作中的关键环节。应急行动方案由多个应急响应实体共同协作执行的应急任务组成，且应急任务之间具有复杂时态约束关系，这使得应急行动方案制订和执行变得更为困难。通过分析应急响应过程的特征，应急领域的时态特征可归纳为以下几个方面。

(1)应急任务之间存在复杂的定量时间约束条件。应急组织应在突发事件造成灾难性后果前对事件进行干预和抑制，因此，应急组织目标往往具有时限条件，即描述应急组织目标的应急任务的开始时间或结束时间与应急响应过程绝对时间参考点之间具有时间约束条件。同时，应急响应过程涉及多个应急响应实体执行的相互依赖的应急任务，导致应急任务之间存在复杂的同步关系[1]。

(2)应急任务之间存在定性时间约束条件。当应急管理人员无法描述应急任务之间具体的定量时间约束关系时，应急任务之间的时间依赖关系可用偏序关系来表示[2]，即定性时间约束条件。定性时间约束条件为表达执行时间区间未知的应急任务之间的时间依赖关系提供了一种有效途径。

（3）应急行动具有时间持续性特征。应急行动需由应急响应实体在时间区间内通过执行多个步骤完成，具有时间持续性特征。例如，防汛应急响应中，运输队伍执行的驾驶行动是由组成成员在该行动执行时间区间内执行多个步骤完成的。因此，为描述应急行动的时间持续性特征，应刻画其过程属性，包括可变的执行时间区间、执行成本、任意时刻应急态势应满足的条件、任意时间段应急态势应满足的条件以及任意时刻产生的执行效果等。

（4）应急行动之间存在并发关系。应急响应工作由应急组织指挥多个在不同位置的应急响应实体执行不同类型和相互关联的应急行动共同完成。各实体的应急行动之间存在复杂时间依赖关系和并发执行关系。因此，建立应急行动之间的并发控制机制是保证参与应急响应的多个实体实现应急行动协调开展的基本手段。

（5）应急响应过程中应急组织目标具有时限条件。应急行动方案制订过程时间过长，将导致该方案执行时间减少，甚至造成方案不可行。因此，应急行动方案制订过程具有响应性特征，要求应急响应组织快速制订应急行动方案并组织实施。然而，应急行动方案制订过程涉及大量的应急任务和行动，搜索空间大，计算时间长。为适应实时、动态和复杂的决策环境，应急组织需要根据动态变化的应急态势快速得到可行的应急行动方案，并不追求最优方案。

现有 HTN 规划器没有针对应急行动方案制订决策问题中复杂的时态特征进行研究，存在一定的局限性。下面本书分别对现有主流 HTN 规划器处理时态特征的能力进行具体分析，包括 SHOP2、SIADEX、O-Plan2 和 SIPE2。

（1）SHOP2。SHOP2[3]不能显式处理持续性操作符，但能够通过多时间线预处理（multi-timeline preprocessing，MTP）技术，将持续性操作符转换为 SHOP2 操作符，并实现行动并发控制。SHOP2 只能表达任务之间的偏序关系，无法处理定量时间约束条件。另外，SHOP2 将给定的规划时间作为规划算法的输入参数，采用深度优先策略搜索完成初始任务网络的可行行动方案，无法在应急行动方案制订过程中随时中断。

（2）SIADEX。SIADEX[4,5]利用数值函数表示应用领域的数值特征和持续性操作符，实现行动的并发控制，但不能表达和处理带时间标记的前提条件。同时，SIADEX 能够表达和处理任务之间复杂时间约束条件。然而，其时态推理框架只能处理原子任务执行过程中产生的时间约束条件，不能处理复合任务分解产生的时间约束条件。另外，该规划器采用深度优先策略搜索并输出可行方案，不能随时做出响应。

（3）O-Plan2。O-Plan2[6]利用数值函数表达应用领域数值信息，能够有效表示和处理任务之间的各种类型时间约束条件。然而，其操作符模型不能表示带时间标记的前提条件和延迟执行效果。O-Plan2 采用深度优先策略搜索满足给定条件的第一个可行行动方案,不能随时做出响应。

(4)SIPE2。SIPE2[7]能够表示任务之间的定性时态关系和定量时间约束关系[8],并在规划过程中调用独立的时态推理机进行处理。然而,其操作符模型不能表达和处理带时间标记的前提条件和执行效果。SIPE2 采用深度优先策略搜索行动方案,不能随时做出响应。

综上所述,现有 HTN 规划器不能适应应急领域的时态特征,我们需要研究 HTN 规划模型中的时间管理问题,以支持应急行动方案制订过程。本章后续内容提出了考虑应急领域时态特征的 HTN 规划领域知识模型,并设计了一种 Anytime启发式时态 HTN 规划算法。

6.2　时态规划问题描述

在应急任务规划中,应急任务之间存在复杂时间约束关系,应急行动具有时间持续性且相互之间存在并发关系,应急组织目标具有时限性。具有时态特征的应急任务规划问题,对 HTN 规划问题的知识模型、规划状态模型和任务网络的描述方法提出了新的要求。为此,本节在 SHOP2[3] 和 PDDL2.1[9]规划问题的基础上提出了时态领域知识模型、时态扩展规划状态和时态扩展任务网络的描述方法。

6.2.1　时态领域知识模型

本部分提出了应急领域时态 HTN 规划中的领域知识模型,包括时态扩展操作符模型、方法模型和公理模型。

1. 时态扩展操作符模型

操作符是原子任务的抽象,描述了应急行动的特征信息。为适应应急领域复杂时态特征,在 SHOP2 操作符模型的基础上,时态扩展操作符模型将前提条件扩展为瞬时前提条件和持续前提条件;将执行效果扩展为瞬时执行效果和延迟执行效果;增加了表示执行时间区间的描述项,从而描述应急行动的时间持续性特征。瞬时前提条件是任意给定时刻应急态势应满足的复杂逻辑表达式,持续前提条件是带时间窗的逻辑原子,分别用以描述给定时刻和给定时间区间内持续不变的状态条件。瞬时执行效果是通过逻辑原子集合描述行动执行开始时刻对规划状态的改变,延迟执行效果是通过事件队列描述行动执行过程中对规划状态的改变。事件即带时间标记的逻辑原子,表示在某给定时刻添加或删除逻辑原子。同时,事件触发机制也为实现操作符的并发控制提供了基础。

时态扩展操作符模型描述如下。

定义 6.1　时态扩展操作符模型(:operator head(o)，instantPres(o)，invari-entCons(o)，$\mathrm{Del_i}(o)$，$\mathrm{Add_i}(o)$，$\mathrm{Del_d}(o)$，$\mathrm{Add_d}(o)$，dur(o)，cost(o))：

(1)head(o)=(*name*，x_1，$\cdots$，x_n)表示操作符名称及其描述参数，对应一个原子任务。

(2)instantPres(o)={$instantPre_i=(logicalExp_i@t_i)$}表示瞬时前提条件。瞬时前提条件 $instantPre_i$ 表示在时刻 $startTime+t_i$ 规划状态应满足逻辑表达式 $logicalExp_i$。其中，$startTime$ 表示该应急行动执行的开始时间。

(3)invarientCons(o)={$invariantCon_i=(p_i-(st，et))$}表示持续前提条件。持续前提条件 $invariantCon_i$ 表示逻辑原子 p_i 不能在时间区间($startTime+st$，$startTime+et$)内从规划状态中被删除。

(4)$\mathrm{Del_i}(o)=\{p_i\}$和$\mathrm{Add_i}(o)=\{p_i\}$表示瞬时执行效果。$\mathrm{Del_i}(o)$和$\mathrm{Add_i}(o)$分别表示删除的逻辑原子集合和添加的逻辑原子集合，描述了应急行动执行的开始时刻负执行效果和正执行效果。

(5)$\mathrm{Del_d}(o)=\{e_i=(p_i-t_i)\}$和$\mathrm{Add_d}(o)=\{e_i=(p_i+t_i)\}(t_i<dur)$表示延迟执行效果，$\mathrm{Del_d}(o)$和$\mathrm{Add_d}(o)$分别表示更新规划状态的事件队列。其中，$e_i=(p_i-t_i)$表示在应急行动执行开始时刻 t_i 个时间单位后触发该事件，并利用逻辑原子 p_i 更新规划状态。'－'表示触发该事件时从规划状态中删除逻辑原子 p_i，表示应急行动负的延迟执行效果；反之，'＋'表示向规划状态添加逻辑原子 p_i，表示应急行动正的延迟执行效果。

(6)dur(o)和cost(o)分别表示应急行动的执行时间区间和执行成本。

图 6.1 描述了防汛应急响应过程中驾驶汽车?t 从地点?$loc\text{-}from$ 到地点?$loc\text{-}to$ 的操作符实例。瞬时前提条件描述了在行动执行的开始时刻车辆的起始位置、出发地点与目的地的距离、车辆的速度和估计的行车时间等应在行动执行的开始时刻满足；持续前提条件表示在整个时间区间内车辆总是保持忙碌状态。当该应急行动开始执行后，从规划状态删除逻辑原子(at ?t ?$loc\text{-}from$)。同时，当应急行动执行结束时，向规划状态添加逻辑原子(at ?t ?$loc\text{-}to$)。

2. 时态扩展方法模型

方法模型定义了如何将复合任务分解为子任务集合，为表示完成特定目标任务的团队战略或战术方案提供了一种层次化建模机制[10]。为适应应急领域复杂时态特征，在 SHOP2 方法模型的基础上，时态扩展方法模型将前提条件扩展为带时间标记的逻辑表达式，并增加了表达子任务之间定量时间约束条件的时间约束条件集合。

时态扩展方法模型描述如下。

定义 6.2　时态扩展方法模型(:method head(m) (instantPres(m)，taskList(m)，timeContraints(m)))：

```
 1:  (:operator
 2:     ;;head
 3:     (!drive ?t ?loc-from ?loc-to)
 4:     ;;instantaneous precondition
 5:     ((((at ?t ?loc-from)
 6:        (distance ?loc-from ?loc-to ?d)
 7:        (velocity ?t ?v)
 8:        (assign ?duration (call / ?d ?v)))
 9:        @ 0)
10:     )
11:     ;;invariant conditions
12:     (
13:        ((busy ?t) –(0 ?duration))
14:     )
15:     ;;delete list for instantaneous effects
16:     ((at ?t ?loc-from))
17:     ;;add list for instantaneous effects
18:     ()
19:     ;;delete list for the delayed effects
20:     ()
21:     ;;add list for the delayed effects
22:     (((at ?t ?loc-to) + ?duration))
23:     ;;duration
24:     ?duration
25:     ;;cost
26:     50
27:  )
```

图 6.1　时态扩展操作符模型实例

（1）head(m)表示方法名称及其描述参数，对应于一个复合任务。

（2）(instantPres(m)，taskList(m)，timeContraints(m))表示该复合任务的一种完成途径。instantPres(m)与操作符的瞬时前提条件相同，表示方法执行的前提条件；taskList(m)是具有偏序关系的子任务集合，表示完成该复合任务的子任务及其定性时间约束关系；timeContraints(m)＝$\{tc_k\}$表示子任务之间的定量时间约束条件。

任务间的定量时间约束条件具有四种标准形式，包括：$tp_i-tp_j\leqslant value$；$tp_i-tp_j\geqslant value$；$tp_i-tp_j<value$；$tp_i-tp_j>value$。其中，$tp_i＝(startOrEnd@index_i)$表示子任务 t_i 的开始时间或结束时间；$index_i$ 表示任务 t_i 在 $taskList$ 中的序号；$startOrEnd\in\{start，end\}$；$value$ 为实数。将初始规划过程起始时间视为规划过程参考时间，记为 TR。

基于以上时间约束条件，时态扩展方法模型能够表示区间内执行的任务之间任意定量时间约束条件。另外，任务的时限条件可用任务的开始时间点或结束时间点与 TR 之间的定量时间约束条件来表示。

图 6.2 所示的方法实例描述了防汛应急响应过程中一个疏散转移任务的分解方法。该实例中的瞬时前提条件表示，规划状态在当前时刻应满足第 4～9 行所

示的逻辑表达式，在 20 个时间单位后应满足第 10、11 行所示的逻辑表达式。该
实例中的子任务之间存在定性和定量时间约束关系。在定性时间约束方面，需要
首先执行任务（issue-evacuate-command ?tc ?r ?area），接着以任意次序或者同时
执行任务（!prepare-evacuate ?r ?area）和（organize-transport ?r ?area ?num）。在
定量时间约束方面，明确规定任务（issue-evacuate-command ?tc ?r ?area）应在规
划过程开始后 10 个单位时间内完成。

```
1：(:method (flood-evacuate ?area)
2：  ;;instantaneous preconditions
3：  (
4：    (((flood-level loc1-1 ?h)
5：      (call > ?h 42)
6：      (capability ?tc Command)
7：      (inhabitate-at ?r ?area)
8：      (population-num ?r ?area ?num))
9：     @ 0)
10：    (((flood-level loc1-1 ?h)(call >= ?h 45))
11：     @ 20)
12：  )
13：  ;;subtasks
14：  (:ordered
15：    (issue-evacuate-command ?tc ?r ?area)
16：    (:unordered
17：      (!prepare-evacuate ?r ?area)
18：      (organize-transport ?r ?area ?num))
19：  )
20：  ;;time constraint list1
21：  (((end@1-TR<10)))
22：  )
```

图 6.2　时态扩展方法模型实例

3. 时态扩展公理模型

操作符模型和方法模型前提条件中的某些谓词未在当前规划状态中明确声
明，称为导出谓词。已在当前规划状态中声明的谓词称为基本谓词。根据 PD-
DL2.2[11]，导出谓词能够通过定义相关的公理模型进行描述，出现在公理模型
的头部。公理模型定义了从基本谓词集合到导出谓词的映射函数。可利用 Horn
子句表示应急行动方案制订过程涉及的领域公理，对现有公理模型的前提条件进
行时态扩展，能够在规划过程中考虑应急态势未来预测信息。

时态扩展公理模型描述如下。

定义 6.3　时态扩展公理模型 $axiom=(\text{head}(a), \text{tail}(a))$，$\text{head}(a)$ 表示导
出谓词，$\text{tail}(a)$ 表示带时间标记的逻辑表达式，与方法模型前提条件相同。时态
扩展公理模型的含义为：如果当前规划状态满足 $\text{tail}(a)$ 中的逻辑表达式，则
$\text{head}(a)$ 表示的导出谓词为真命题。

图 6.3 描述了防汛应急响应领域中的一个公理模型实例。该公理模型的含义是：如果水位站 loc1-1 当前洪水水位大于 45 米，且未来 20 个时间单位内水位将上涨到 50 米及以上，则当前洪灾警报级别为一级。

```
1:    (:- (flood-warning-level First-Rank)
2:      (
3:    (((flood-level loc1-1 ?h) (call > ?h 45)) @ 0)
4:       (((flood-level loc1-1 ?h) (call >= ?h 50)) @ 20)
5:      ))
```

图 6.3　时态扩展公理模型实例

6.2.2　时态扩展规划状态

SHOP2 中的规划状态是用逻辑原子集合描述的。在应急响应过程中，规划状态需要描述动态变化的应急态势及其预测信息，涵盖了应急行动方案制订决策过程的事实要素，决定了应急响应过程中如何选择战略和战术行动。为了描述应急态势的时态特征和预测信息，需要对 SHOP2 规划状态的描述方式进行扩展。具体来说，利用逻辑原子描述应急系统实体当前状态及其相互关系，并通过对规划状态添加时间标记来描述应急态势动态变化过程。时态扩展规划状态定义如下。

定义 6.4　时态扩展规划状态 $s = (A, \Psi, Eq, t)$，具体含义如下。

(1) $A = \{a_i\}$ ($1 \leqslant i \leqslant n$) 是描述当前应急系统状态的逻辑原子集合，$a_i = (p\, l_1\, l_2 \cdots l_n)$ 表示逻辑原子，p 表示谓词名称，$l_1 \cdots l_n$ 表示谓词的输入项。

(2) $\Psi = \{invariantCon_i = (p_i - (st, et))\}$ 表示规划过程满足的持续条件集合，与操作符的区间条件相同，当前应急系统状态在时间区间 (st, et) 内满足该区间条件。

(3) $Eq = \{e_k = (a_k, flag_k, t_k)\}$ 表示事件队列，由在未来给定时刻发生的一系列更新当前应急系统状态的事件组成。其中，a_k 表示事件触发时对当前应急系统状态造成影响的逻辑原子；t_k 为正实数，表示相对于当前规划状态时间标记的事件触发时刻；$flag_k$ 为 Boolean 值，当 $flag_k$ 为真时，事件触发时向 A 添加逻辑原子 a_k，否则，从 A 中删除逻辑原子 a_k；事件 e_k 按照时间标记 t_k 进行升序排列。

(4) t 表示规划状态的时间标记，表达了规划状态的时态属性。初始规划状态的时间标记能够表示为规划过程的参考时间，记为 TR，取值为 0 或某一绝对时间点，如 2010 年 8 月 1 日 8：30。

与经典规划不同，时态扩展规划状态不仅描述了应急系统的当前状态，且利用事件队列描述未来给定时刻的状态更新，刻画了应急系统当前状态的未来变化过程。与 PDDL2.1 中时态初始文字[9]相似，事件队列为表达应急系统当前状态的未来变化过程提供了一种有效途径，能够描述应急态势的预期变化。

6.2.3　时态扩展任务网络

任务是应急响应的基本工作单元，表示应急响应实体应执行的活动。经典 HTN 规划模型中，任务网络仅仅表示任务之间的偏序关系[12]。为处理应急响应过程中的复杂时间约束条件，时态扩展任务网络为任务模型添加了两个时间点，分别表示任务开始时刻和结束时刻，并利用简单时态网络[1]表示组成任务网络的应急任务之间的复杂时间约束关系，与当前任务网络进行关联。

简单时态网络 $STN=(X, D, C)$ 中，$X=\{TR, tp_1, tp_2, \cdots, tp_{2n-1}, tp_{2n}\}$ 表示规划过程中的时间变量集合，包括组成任务网络的各任务开始时间、结束时间和规划过程的参考时间点；D 表示时间变量的取值范围，其值域为 $[0, +\infty)$；$C=\{c_{ij}\}$ 表示 X 中任意时间变量之间的时态约束条件集合。同时，根据简单时态网络的定义，描述时间变量 tp_i 和 tp_j 之间的时间约束条件的标准形式为 $a_{ij} \leqslant tp_j - tp_i \leqslant b_{ij}$（$a_{ij}$ 和 b_{ij} 为正实数）。根据以上分析，时态扩展任务网络模型定义如下。

定义 6.5　时态扩展任务网络 $taskNet=(taskSet, STN)$，$taskSet=(t_1 \cdots t_n)$ 表示组成任务网络的子任务集合，STN 为表达任务之间复杂时间约束条件的简单时态网络。

时态扩展任务网络能够表示时态扩展方法模型中定义的定量时间约束条件和定性时态约束条件。定性时间约束条件（:ordered t_1 t_2）能够表示为 $0 \leqslant (start@t_2) - (end@t_1) < +\infty$。应急任务之间的四类定量时间约束条件能够用简单时态网络标准时间约束条件来表示，其转换关系如表 6.1 所示，表中 ε 表示给定的一个任意小的正实数。

表 6.1　定量时间约束条件与简单时态网络标准时间约束条件的转换关系

定量时间约束条件	简单时态网络标准时间约束条件
$tp_i - tp_j \leqslant value$	$-\infty < tp_i - tp_j \leqslant value$
$tp_i - tp_j \geqslant value$	$value \leqslant tp_i - tp_j < +\infty$
$tp_i - tp_j < value$	$-\infty < tp_i - tp_j \leqslant value - \varepsilon$
$tp_i - tp_j > value$	$value + \varepsilon \leqslant tp_i - tp_j < +\infty$

6.3　Anytime 启发式时态 HTN 规划算法

现有 HTN 规划器不能适应应急领域的时态特征，如任务之间复杂时间约束关系、行动之间的并发关系和应急决策的时限性。为此，需要为应急时态规划问题设计相应的规划算法。本节在时态 HTN 规划领域知识模型的基础上提出了一种基于状态的前序 HTN 规划算法，能够很好地模拟应急管理人员制订应急行动方案的推理过程，并能够适应应急领域的时态特征。

由于应急决策时间受限，应急任务规划通常只寻求一个可行的行动方案，但如果决策时间充裕，还是期望获得更优的行动方案。这就要求在规划算法中加入一种特殊的控制机制来控制对搜索空间的搜索过程。Anytime 搜索机制可在任意时刻输出一个可行解，并且可行解的质量可以随着搜索时间的增加而提高[13]。为此，针对应急时态任务规划问题，本书设计了一种基于 Anytime 搜索框架的规划算法。

6.3.1　Anytime 启发式搜索框架

针对应急行动方案制订过程具有时限特征，根据 6.2 节时态规划问题的描述，本书提出了以下应急规划问题。

定义 6.6　应急规划问题 $Pro=(s_0,\ w,\ \text{metric},\ D)$ 是由初始状态 s_0、初始任务网络 w、方案评价函数 metric 和领域知识 D 组成的 4 元组，其含义如下。

（1）初始状态 $s_0=(A_0,\ \varPsi_0,\ Eq_0,\ t_0)$ 表示应急组织在初始时刻所识别的应急态势。初始状态包括当前应急系统状态 A_0、事件队列 Eq_0、初始时刻时间标记 t_0 以及空集 $\varPsi_0$。

（2）初始任务网络 $w=(taskList,\ timeContraints)$ 表示初始时刻识别的目标集合及其时限条件。

（3）方案评价函数 metric 为采用 PDDL2.1 方案评价准则描述的应急组织决策偏好信息的数值表达式。

（4）领域知识 D 包括时态扩展操作符、时态扩展方法和时态扩展公理。

规划算法是一种 Anytime 启发式搜索算法，如图 6.4 所示。规划算法在任务分解空间中进行搜索，其搜索过程由启发式搜索策略决定，本书在第 6.3.2 节将作具体介绍。另外，规划算法能够在规划过程任意时刻中断，并返回按照启发式函数值排列的搜索节点集合。

在规划算法中，变量 $planList$ 存储完全行动方案，$bestMetric$ 存储当前找到的最好完全行动方案的评价值，其初始值为最坏情况的上界，从而保证规划过程中后加入的完全行动方案的评价值优于先加入的完全行动方案的评价值。

搜索节点定义为 $searchNode=(s,\ w,\ P,\ T_0)$，其中，$s$ 表示规划状态；w 表示规划过程中的当前任务网络；P 表示规划过程中生成的部分行动方案；T_0 表示当前任务网络 w 中没有前序任务的任务集合。变量 $openList$ 是规划过程中等待处理的搜索节点集合，表示当前搜索空间。同时，变量 $openList$ 中的搜索节点按照启发式值进行排列，启发式值较优的搜索节点置于变量 $openList$ 的前

```
1: AnytimeHTNPlanning( Pro , D )
2:      P ← null ;
3:      T_0 ← {t ∈ T | no other task in  Pro.w_0  precedes  t };
4:      openList ← {(Pro.s_0, Pro.w_0, P, T_0)} ;
5:      planList ← null ;
6:      bestMetric ← worst case upper bound;
7:      while  openList  is not null and not  interrupted   do
8:         curNode ← extract the best node in  openList ;
9:         if metricFn(curNode) is better than  bestMetric then
10:            if curNode.w  are null then
11:               planList.addPlan(curNode.P) ;
12:               bestMetric ← metricFn(curNode) ;
13:            else
14:               childNodeList ← get all child nodes of  curNode ;
15:               for each  childNode ∈ childNodeList
16:                  merge  childNode  to  openList ;
17:               end for each
18:            end if
19:         end if
20:      end while
21:      if  planList ≠ null
22:         return  planList ;
23:      else
24:         return  openList ;
25:      end if
26: end function
```

图 6.4　Anytime HTN 规划算法框架

端，依次类推。规划算法步骤如下。

步骤 1　初始化（图 6.4 中第 2～6 行）：P 初始化为空集，$openList$ 初始化为搜索节点（$Pro.s_0$，$Pro.w_0$，$null$，T_0）。

步骤 2　主循环搜索框架（图 6.4 中第 7～20 行）：搜索策略由启发式函数决定，当 $openList$ 为空或规划过程被中断时（图 6.4 中第 7 行），搜索过程停止。

在规划算法一次迭代过程中，根据设计的启发式搜索策略从 $openList$ 中选择最优搜索节点作为当前搜索节点 $curNode$（图 6.4 中第 8 行），执行规划求精步骤，包括分解复合任务和执行原子任务。如果当前搜索节点 $curNode$ 的效用比 $bestMetric$ 差，规划算法将该搜索节点从 $openList$ 中删除（图 6.4 中第 9 行）；否则，检测 $curNode$ 是否包含完全行动方案，即 $curNode.w$ 中是否存在任务（图 6.4 中第 10 行）。如果 $curNode$ 满足该条件，则将生成的完全行动方案 $curNode.P$ 添加到 $planList$，并利用 $curNode$ 的评价值更新 $bestMetric$（图 6.4 中第 12 行）；否则，当 $curNode$ 不满足该条件时，规划算法生成 $curNode$ 的所有子搜索节点，并存储在变量 $childNodeList$ 中。给定搜索节点的子搜索节点产生过程将在第 6.3.3 小节介绍。同时，将 *childNodeList* 中的搜索节点添加到变量 *openList*，并根据启发式函数值进行排列(图 6.4 中第 15～17 行)。

最后，当规划过程主循环结束时，如果存在完全行动方案，则规划算法返回变量 *planList* 存储的所有完全行动方案(图 6.4 中第 22 行)；否则，规划算法返回 *openList* 存储的搜索节点集合(图 6.4 中第 24 行)。

该规划算法具有两个特征：第一，搜索过程能够在任意时刻停止，并输出规划结果；第二，搜索过程随着规划时间的增加可逐步改进方案质量。下面介绍这两个特征的具体实现方法。

(1)柔性中断机制。在应急行动方案制订过程中，不存在预先给定的规划时间，并且输出的行动方案的效用与规划时间关系未知。本规划算法采用 Anytime 算法的思想，能够在规划过程中的任意时刻中断，并动态输出应急规划问题的解。应急管理人员可以通过监控规划算法的搜索过程和规划状态，在规划过程中动态决定是否中断搜索过程。

当规划过程中断时，规划算法输出完全行动方案或搜索节点。搜索节点(s, w, P, T_0)包含了行动方案的相关信息。部分行动方案 P 在初始规划状态下可以执行。当规划算法中断时，如果不存在完全行动方案，则可根据生成的搜索节点输出部分行动方案。在中断规划后，重新启动规划算法，则可产生基于原有搜索节点的完全行动方案。

(2)修剪搜索空间。一般来说，HTN 规划算法只能给出一个可行的行动方案，无法利用已知信息对搜索空间进行修剪。在应急行动方案制订决策过程中，主要是要求尽快得到一个可行的行动方案。如果时间允许，还是期望得到尽可能更优的行动方案。由于应急规划问题解空间大，在允许时间内无法遍历搜索空间，这样，在规划过程中需要设计一种有效的机制修剪搜索空间，以得到更优的行动方案。

在提出的规划算法中，采用分支定界方法修剪搜索空间。它是利用产生的最好完全行动方案评价值对搜索空间中的搜索节点进行评价，将评价为不能产生更优完全行动方案的搜索节点删除，以减少搜索空间中存储的搜索节点数量。

在每次迭代过程中，修剪搜索空间的主要步骤是：计算当前搜索节点的评价值 metricFn (*curNode*)，如果该评价值劣于当前最好完全行动方案评价值 *best-Metric*(图 6.4 中第 9 行)，则从搜索节点集合 *openList* 中删除该搜索节点；否则，对当前搜索节点 *curNode* 执行规划求精操作(图 6.4 中第 10～18 行)。当搜索过程输出新的完全行动方案时，以此更新当前最好完全行动方案评价值 *best-Metric*(图 6.4 中第 12 行)，从而使得修剪约束条件更加严格。

规划算法计算时间越长，生成的完全行动方案或搜索节点包括的信息就越具体，且方案评价值越优。

6.3.2 启发式搜索策略设计

为了快速和有效地输出可行行动方案，规划算法应按照合理的方式在搜索空间中进行搜索，即对搜索节点进行评价，选择"最有希望"搜索节点，执行规划求精步骤。搜索节点包含启发式函数的信息，其启发式函数值能够评价搜索节点的优劣程度。因此，设计能体现应急组织决策偏好和具有较小计算复杂度的启发式搜索策略是提高规划算法效率的重要手段。目前，规划算法支持以下三种启发式搜索策略。

1. 放松任务网络启发式搜索策略

搜索节点中的部分行动方案易于评价，但搜索节点任务网络中的任务存在多个规划求精方式，在对所有任务进行规划求精前，无法获知其评价值，通过放松任务网络的定量时间约束条件可以在较短时间内计算搜索节点任务网络的评价值。为此，本节提出了放松任务网络启发式搜索策略(relaxed task net heuristic，RTNH)。

RTNH 的启发式函数的表达式为 $\mathrm{f}(curNode) = \mathrm{metricFn}(curNode) + weight \times \mathrm{h}(curNode)$，其中，$\mathrm{metricFn}(curNode)$ 表示当前搜索节点部分行动方案 $curNode.\ partialPlan$ 的评价值；$\mathrm{h}(curNode)$ 为搜索节点在规划状态 $curNode.\ s$ 下完成放松了的任务网络 $curNode.\ w$ 的行动方案的效用评估值；$weight$ 为权重信息，能够影响规划过程的搜索效率。

为快速计算 $\mathrm{h}(curNode)$，放松定量时间约束条件和时态前提条件，具体如下。

(1)用 SHOP2 中的 unordered 任务序列替代当前搜索节点的任务网络 $curNode.\ w$；

(2)忽略时态扩展方法模型的定量时态约束条件，建立放松条件下的方法模型；

(3)忽略时态扩展操作符模型的持续前提条件，建立放松条件下的操作符模型。

放松条件后，采用基于深度优先和回溯算法计算 $\mathrm{h}(curNode)$ 评价值。具体步骤如下。

(1)如果当前任务网络中的没有前序任务的任务集合 $curNode.\ T_0$ 中存在复合任务，选择与该复合任务对应的第一个放松的方法模型，执行复合任务分解程序，从而对任务网络进行更新。

(2)如果 $curNode.\ T_0$ 中存在原子任务，选择与该原子任务对应的放松的操作符模型，对规划状态进行更新。

(3)如果当前规划状态下不存在能够执行规划求精步骤的任务，且规划状态事件队列不为空，触发事件队列中具有最小时间标记的所有事件。

(4)如果当前规划状态下不存在能够执行规划求精步骤的任务，且规划状态事件队列为空，则得到放松时态约束条件下的完全行动方案 rp 和放松条件下的终点状态 $rEndState$，并计算 h($curNode$)。

当 $openList$ 中所有搜索节点均按照 RTNH 计算了其相应的评价值 f($curNode$)后，从 $openList$ 中选择 f($curNode$)值为最优的搜索节点，执行规划求精步骤。

2. 规划深度优先启发式搜索策略

深度优先是一种基本的搜索策略，具有搜索时间短的优点。针对放松任务网络启发式搜索策略计算时间长、计算复杂度高的问题，本节设计了规划深度优先启发式搜索策略，实现搜索节点的快速选择。

搜索节点的规划深度为从初始搜索节点($Pro.s_0$，$Pro.w_0$，$null$，T_0)到该搜索节点时已经执行的规划求精步骤的数量，包括分解复合任务、执行原子任务和触发事件。当采用深度优先启发式搜索策略时，从 $openList$ 中选择具有最大规划深度的搜索节点执行规划求精程序。

深度优先启发式搜索策略没有考虑应急组织的决策偏好，但是具有较高的计算效率，能够指导搜索过程高效进行，并快速生成行动方案。

3. 优先级启发式搜索策略

放松任务网络启发式搜索策略考虑了应急组织的决策偏好，较为准确和有效地指导搜索过程展开，但是具有较大的计算复杂度。深度优先启发式搜索策略能够指导规划算法快速展开搜索过程，但是未考虑应急组织的决策偏好。

在规划过程中，当 $openList$ 存在多个具有相同规划深度的搜索节点时，深度优先启发式搜索策略无法确定和选择执行规划求精步骤的当前搜索节点。而对于放松任务网络启发式搜索策略，可利用其对搜索节点的评价值来确定当前的搜索节点。因此，可结合两种启发式搜索策略提出优先级启发式搜索策略，其具体步骤如下。

(1)根据规划深度搜索策略，计算搜索节点的规划深度，选择具有较大规划深度的搜索节点作为当前搜索节点，执行规划求精步骤。

(2)当两个及以上搜索节点具有相同的规划深度时，计算搜索节点的放松任务网络启发式函数值，选择函数值较优的搜索节点作为当前搜索节点，执行规划求精步骤。

6.3.3　子搜索节点产生过程

子搜索节点产生过程在本质上是 HTN 规划过程中分解复合任务、执行原子任务的过程。

子搜索节点集合是对搜索节点 $curNode=(s, w, P, T_0)$ 执行规划求精步骤后得到的搜索节点。规划求精步骤包括分解 $curNode.T_0$ 中的复合任务、执行 $curNode.T_0$ 的原子任务和触发事件队列 $curNode.s.Eq$ 中具有最小时间标记的所有事件。子搜索节点需要继承父搜索节点的时间约束条件，且与规划求精过程中产生的时间约束条件保持一致。

子搜索节点的产生过程包括求精任务选择和规划求精。

1. 求精任务选择

对当前搜索节点 $curNode$，从其没有先序任务的任务集合 $curNode.T_0$ 中选择一个任务 t。当 $curNode.T_0$ 中存在两个及以上没有先序任务的任务时需要设定任务选择规则。复合任务优先执行规划求精的原则具体规则如下。

规则 1：在当前规划状态下，优先选择 $curNode.T_0$ 中能够分解的复合任务。

规则 2：若不存在能够分解的复合任务，选择能够执行的原子任务。

2. 规划求精

当任务 t 选定后，执行规划求精程序，产生该搜索节点的子搜索节点集合。具体步骤包括：

（1）当任务 t 为复合任务时，对任务 t 执行任务分解程序。针对每个与任务 t 对应的方法模型及其变量绑定，从任务网络 $curNode.w$ 中删除复合任务 t，并利用方法和变量绑定分解复合任务 t，从而更新 $curNode.w$，并得到子搜索节点集合。

（2）当任务 t 为原子任务时，执行该原子任务。针对每个与任务 t 对应的操作符及其变量绑定，将任务 t 从 $curNode.w$ 中删除，并应用操作符更新 $curNode.s$，从而得到子搜索节点集合。

（3）当 $curNode.T_0$ 不存在状态 $curNode.s$ 下能够执行规划求精步骤的任务，且事件队列 $curNode.s.Eq$ 不为空时，依次触发 $curNode.s.Eq$ 中时间标记最小的事件，从而得到子搜索节点集合。

当分解复合任务和执行原子任务时，子搜索节点需要继承父搜索节点的简单时态网络，并将产生新的时间约束条件，加入继承的简单时态网络，且需要与其保持一致。当前规划状态下可能存在多个原子任务并发执行的情况，利用事件触发机制、原子操作符的瞬时前提条件和瞬时执行效果实现行动的并行控制。

6.3.4　时态处理技术

时态规划问题存在应急行动的同步关系和应急任务的复杂时间约束条件，因此，在规划求精过程中，需要控制并发行动，管理复杂时态约束网络。根据上述时态领域知识模型、时态扩展规划状态与时态扩展任务网络的描述方法，本节提出了时态行动的并发控制方法和复杂时间约束条件管理方法。

1. 时态行动的并发控制

应急响应工作由应急组织指挥多个在不同位置的应急响应实体执行不同类型和相互关联的应急行动共同完成，因此，需要并发控制机制管理各实体的应急行动的执行。为处理应急行动之间的并发关系，本部分在时态操作符和时态扩展规划状态的基础上提出了时态行动的并发控制方法。并发控制机制的实质是使具有相同时间标记或执行时间区间重叠的行动之间保持互斥性，能够以任何次序执行或同时执行。

Bacchus 和 Ady[14] 提出了一种利用线性行动序列表示行动方案的方法，与基于状态的前序规划模型有效结合，能够实现行动的并发控制。本部分采用该方法的事件触发机制，提出了时态行动的并发控制方法，利用操作符瞬时前提条件和瞬时执行效果共同实现行动并发控制，能够保证任意数量的应急行动的并发执行。

在并发控制机制中存在一种特定的行动，用以推进规划状态的时间标记，称为时间推进行动（advance-time action）[15]。与原子任务对应的操作符的执行过程不同，原子任务的执行条件为时态规划状态满足操作符的前提条件，而时间推进行动执行的条件则是事件队列非空。时间推进行动的具体执行过程是：将规划状态的时间标记推进到事件队列的最小时间标记，根据该时间标记相应的所有事件更新规划状态。经典的规划过程操作符为瞬时执行，规划状态不存在时间标记。在时态规划问题中，规划状态存在时间标记。通过执行时间推进行动能够解决实现持续型操作符并发控制的过程中推进规划状态的时间标记。

2. 复杂时间约束条件管理

复杂时间约束条件管理是为了有效地表达和处理规划过程中产生的时间约束条件。由于时态领域知识中考虑了定性和定量的时间约束条件，在规划求精过程中，分解复合任务和执行原子任务时均会产生新的时间约束条件，需要将新的时间约束条件添加到当前任务网络相关的简单时态网络，且必须考虑子搜索节点的简单时态网络的一致性。复杂时间约束条件管理包括以下几种。

（1）当执行与原子任务对应的操作符时，将表示操作符开始时间和结束时间的时间约束条件添加到与当前任务网络相关的简单时态网络。

（2）当分解复合任务时，通过 6.2.3 小节所述方法将方法模型中子任务之间的定性和定量时间约束条件转换为简单时态网络时间约束条件的标准形式，并添加到与当前任务网络相关的简单时态网络。

规划求精过程会产生新的时间约束条件,当把时间约束条件添加到与当前任务网络相关的简单时态网络时,规划程序触发 PC-2 算法[1]检测该简单时态网络的一致性。如果存在时间冲突,则该规划求精步骤无法执行,将当前搜索分支删除,从而修剪搜索空间,控制搜索过程,提高规划效率。

6.4　实验评价

本节以三峡区域洪灾转移为例设计了一个具体的应急规划问题,它具有应急响应过程的时态特征,以此对本章所提出的规划模型进行实验评价。

6.4.1　洪灾转移规划问题描述

洪灾具有影响范围广、受灾严重等特征,应急响应工作涉及洪灾影响区域内的多个单位和部门,具有复杂的时态特征。在洪灾转移规划问题中,假设某河流上的受灾区域由主坝、副坝、船闸、桥梁和防护区域及其相关实体组成,该洪灾影响区域示意图如图 6.5 所示。其中,防护区域内包括 Area1、Area2、Area3、Area4 和 Area5 五个居民点,各居民点相关描述信息如表 6.2 所示。另外,为有效应对洪水灾害,区域防汛应急管理部门建立了防汛指挥中心、水位站以及Shelter1、Shelter2 和 Shelter3 三个安置点。

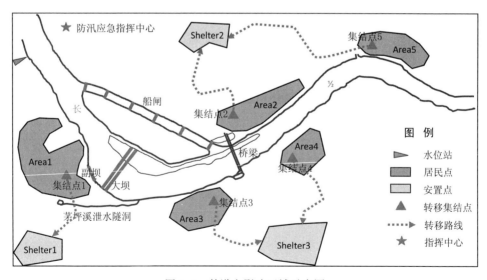

图 6.5　某洪灾影响区域示意图

表 6.2　洪灾影响区域居民点信息

编号	区域	居民	人口数量/人	转移集结点	预备疏散时间/小时	指定安置点
1	Area1	Resident1	100	Loc2-1	3	Shelter1
2	Area2	Resident2	120	Loc2-2	1	Shelter2
3	Area3	Resident3	160	Loc2-3	2	Shelter3
4	Area4	Resident4	100	Loc2-4	5	Shelter3
5	Area5	Resident5	150	Loc2-5	6	Shelter2

同时，为有效开展防汛应急响应工作，该区域组建了 Team1～Team7 七支应急队伍。其中，Team1 为防汛应急指挥团队；其他应急队伍位于该区域内的不同地理位置，接收应急指挥团队的指令，执行给定的应急任务，应急队伍信息如表 6.3 所示。另外，各集结点与安置点之间的道路给定。

表 6.3　应急队伍信息

编号	名称	能力描述	初始位置	运输容量/人	运输速度/(千米/小时)
1	Team1	Command	Loc4-1	—	—
2	Team2	Transport	Loc4-2	250	40
3	Team3	Transport	Loc4-3	200	20
4	Team4	Transport	Loc4-4	150	50
5	Team5	Transport	Loc4-5	250	20
6	Team6	Transport	Loc4-6	100	40
7	Team7	Transport	Loc4-7	200	20

当发生洪水灾害时，防汛应急指挥团队应及时组织洪水淹没区域内的居民转移至指定安置点，从而减少洪水灾害造成的损失，保护区域内群众的生命财产安全。为实现该应急目标，防汛应急指挥团队收集水雨情信息、大坝和堤防等信息、区域内居民点和安置点信息以及应急队伍状态信息。按照防汛应急预案所描述的应急指挥程序，根据防汛应急管理领域知识，制订防汛应急行动方案并下达给相关应急队伍执行。

在防汛应急响应过程中，防汛应急指挥团队（Team1）承担洪水调度、洪灾转移、管理安置设施和工程抢险等应急任务，需要在洪水突发事件造成灾难性后果前完成相关应急任务。洪灾转移任务需要防汛应急指挥团队、洪水淹没范围内的居民和执行运输任务的应急队伍等多个应急响应实体共同完成。

6.4.2　算例分析

本部分设计了三个实验用以评价本章提出的规划算法，通过分析生成的应急行动方案，验证了该规划算法的有效性，并且进行了该规划算法的启发式搜索策略评价和单调性评价。

1. 应急行动方案生成

假设在应急指挥周期开始时刻，根据给定的应急态势，防汛应急指挥团队识别了两个应急目标。目标 1 为在 24 小时内将区域 Area1 内的居民疏散到安置点 Shelter1；目标 2 为在 24 小时内将区域 Area2 内的居民疏散到安置点 Shelter2。

假设规划时间限制为 2 分钟。在该时限内，采用规划深度优先的启发式搜索策略所生成的完全应急行动方案甘特图，如图 6.6 所示。在该方案中，Team2 和 Team3 被调派执行将区域 Area1 内的群众运送至安置点 Shelter1 的应急任务；Team4 被调派执行将区域 Area2 内的群众运送至安置点 Shelter2 的应急任务。

编号	任务名称	持续时间/小时	2010/08/01
1	(!command-by-alert team1 resident1 area1)	1	
2	(!prepare-evacuate resident1 area1)	3	
3	(!command-by-alert team1 resident2 area2)	1	
4	(!drive tema2 loc4-2 loc2-1)	2	
5	(!drive team3 loc4-3 loc2-1)	4	
6	(!prepare-evacuate resident2 area2)	1	
7	(!drive team4 loc4-4 loc2-2)	5	
8	(!board team2 resident1 250 loc2-1)	0.5	
9	(!drive team2 loc2-1 loc3-1)	1.5	
10	(!board team3 resident1 50 loc2-1)	0.5	
11	(!debark team2 resident1 250 shelter1 loc3-1)	0.5	
12	(!drive team3 loc2-1 loc3-1)	3	
13	(!drive team2 loc3-1 loc4-2)	2	
14	(!board team4 resident2 150 loc2-2)	0.5	
15	(!drive team4 loc2-2 loc3-2)	2	
16	(!debark team3 resident1 50 shelter1 loc3-1)	0.5	
17	(!debark team4 resident2 150 shelter2 loc3-2)	0.5	
18	(!drive team3 loc3-1 loc4-3)	6	
19	(!drive team4 loc3-2 loc4-4)	2.5	

图 6.6 一个应急行动方案的甘特图

如图 6.6 所示，所生成的应急行动方案能够完成以上应急目标，并满足给定的规划时限条件以及应急响应过程中定义的其他复杂时间约束条件。同时，生成的防汛应急行动方案包含了行动并发执行关系。

2. 启发式搜索策略评价

为评价各种启发式搜索策略，随机生成 10 组带有时限条件的应急目标，随之形成了 10 组疏散转移规划问题。在实验中，我们分别采用规划深度优先启发式搜索策略和优先级启发式搜索策略。设权值 $weight$ 为 1，当产生第 1 个完全行动方案后，规划过程即被中断。

采用两种启发式搜索策略，产生的第一个完全行动方案的评价值比较结果如图 6.7 所示。需要说明的是，图 6.7 中评价值越低表明方案性能越优，由图 6.7 可知，采用优先级启发式搜索策略所获得的评价值整体低于深度优先启发式搜索策略，只在求解应急规划问题 3 时，这两种启发式搜索策略所得到的行动方案才具有相同的评价值。可知，优先级启发式搜索策略较好地考虑了决策偏好信息，以指导规划过程搜索较优方案。

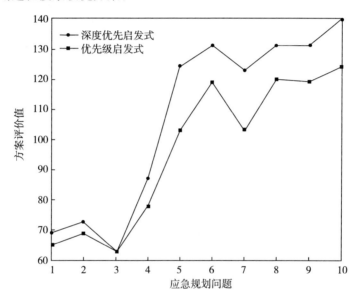

图 6.7　两种启发式搜索策略产生的行动方案评价值比较

3. 单调性评价

本实验采用的洪灾转移规划问题的初始状态与 6.4.1 小节介绍的相同，应急目标为在 24 小时内将居民点 Area3 和居民点 Area5 的居民疏散到指定的安置点，用来测试规划算法所生成应急行动方案评价值的单调性。规划过程中分别采用规划深度优先启发式搜索策略和优先级启发式搜索策略。

实验结果如图 6.8 所示，结果表明：随着规划时间的延长，分别采用这两种启发式搜索策略生成的行动方案评价值逐步改进。

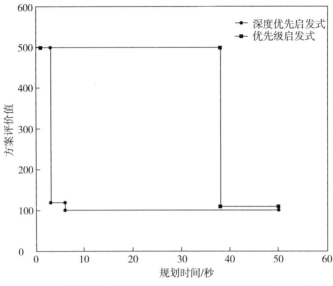

图 6.8 给定规划时间方案效用的变化

6.5 本章小结

由于应急任务之间存在复杂时间约束关系，应急行动具有时间持续性且相互之间存在并发关系，应急组织目标具有时限性，本章提出了考虑复杂时态特征的应急任务规划模型，具体包括以下两个方面。

（1）提出了时态领域知识模型、时态扩展规划状态与时态扩展任务网络的描述方法，能够描述带时间标记的前提条件和应急任务之间复杂时间约束关系。

（2）设计了一种基于 Anytime 搜索框架的规划算法，能够实现启发式搜索、任务分解、时间约束条件管理和行动并发控制等功能，能够在任意给定的规划时间内产生多个按评价值排序的可行行动方案。

该规划模型为处理带复杂时间约束条件的应急响应决策问题提供了基础，可进一步研究基于时态 HTN 规划的启发式优化算法，以及应急态势动态变化和应急行动执行效果不确定情况下的 HTN 规划模型。

参考文献

［1］Dechter R，Meiri I，Pearl J. Temporal constraint networks. Artificial Intelligence，1991，49 (1-3)：61-95.

［2］Siebra C. Planning requirement for hierarchical coalitions in disaster relief domains. Expert

Update，2005，8(1)：20-24.

[3] Nau D，Au C，Ilghami O，et al. SHOP2：an HTN planning system. Journal of Artificial Intelligence Research，2003，20：379-404.

[4] Castillo L，Fdez-Olivares J，García-Pérez O，et al. Temporal enhancements of an HTN planner. In：Marín R，Onaindía A，Bugarín A，et al. Current Topics in Artificial Intelligence. Berlin：Springer Berlin Heidelberg，2006：429-438.

[5] Castillo L，Fdez-Olivares J，García-Pérez O，et al. Efficiently handling temporal knowledge in an HTN planner. Proceedings of the 16th International Conference on Automated Planning and Scheduling，English Lake District，U. K. ，2006：63-72.

[6] Tate A，Drabble B，Kirby R. O-Plan2：an open architecture for command，planning and control. In：Zweben M，Fox M S. Intelligent Scheduling. San Francisco：Morgan Kaufmann Publishers Inc. ，1994：213-239.

[7] Wilkins E，Myers L，Lowrance D，et al. Planning and reacting in uncertain and dynamic environments. Journal of Experimental and Theoretical Artificial Intelligence，1995，7(1)：197-227.

[8] Wilkins E，Myers L. A common knowledge representation for plan generation and reactive execution. Journal of Logic and Computation，1994，5(6)：731-761.

[9] Fox M，Long D. PDDL 2. 1：an extension to PDDL for expressing temporal planning domains. Journal of Artificial Intelligence Research，2003，20：60-124.

[10] Nareyek A，Freuder C，Fourer R，et al. Constraints and AI planning. IEEE Intelligent Systems，2005，20(2)：62-72.

[11] Edelkamp S，Hoffmann J. PDDL2. 2：the language for the classical part of the 4th international planning competition. Proceedings of 2004 International Conference on Automated Planning and Scheduling，Whistler，Canada，2004.

[12] Erol K，Hendler J，Nau D. HTN planning：complexity and expressivity. Proceedings of the National Conference on Artificial Intelligence，Washington，1994.

[13] Hansen A，Zhou R. Anytime heuristic search. Journal of Artificial Intelligence Research，2007，28：267-297.

[14] Bacchus F，Ady M. Planning with resources and concurrency：a forward chaining approach. Proceeding of the 17th International Joint Conference on Artificial Intelligence，Koller，Milch，2001：417-424.

[15] Do B，Kambhampati S. Sapa：a multi-objective metric temporal planner. Journal of Artificial Intelligence Research，2003，20：155-194.

第 *7* 章

HTN 规划中的资源管理

　　HTN 规划的资源管理能力在很大程度上决定了其应用于应急响应决策的实用性。在应急响应决策中，应急行动方案制订过程和应急资源调度过程是高度耦合的，不能将其视为两个独立的过程。HTN 规划采用了任务网络来描述动作推理过程，难以直接控制资源状态的变化，无法有效处理应急任务规划中的资源调度问题。为了使 HTN 规划能够直接进行资源管理，本章设计了资源增强型 HTN 规划方法。具体来说就是，依据 HTN 规划中任务分解和前序搜索的特点设计了管理各类资源约束的层次资源推理机制，并提出了资源约束传播加速算法对层次资源推理进行加速处理。

■ 7.1　引言

　　在应急方案制订过程中，应急决策者选择不同的任务执行方式会产生不同的资源需求，资源因素又反过来影响任务执行方式选择等决策行为[1]。因此，应急行动方案制订和应急资源调度是相互交织在一起的。传统的智能规划主要关注如何推理和分析出可执行的任务序列以达到规划目标，对于涉及资源调度的规划问题，其解决过程大多分为任务规划和资源调度两个阶段[2~4]，在任务规划过程中没有明确的资源推理机制[5]。在应急资源受限的情况下，往往需要根据资源调度的反馈结果反复调用任务规划过程，其效率相对较低。

　　资源推理是在任务规划过程中计算资源在时态上的分配情况，辅助任务规划生成带资源配置信息的行动方案，从而确保行动方案的具体行动在执行时不存在资源冲突[6]。现有 HTN 规划只提供了混合数值/符号计算功能[7~9]，在任务分解过程中无法直接检验任务网络不同分支之间潜在的资源冲突，难以进行层次资源推理[10]。因此，需要在 HTN 规划方法中设计合理的层次资源推理机制，研究各种资源约束的表达方式,进而检验潜在的资源冲突。由于规划问题中考虑了资源约束,会增加规划搜索空间、延长规划求解的时间,需要考虑如何提高处理速度。

目前,智能规划中的资源处理技术可以分为面向状态和面向时间的资源处理技术两类[5, 11]。面向状态的资源处理技术在规划推理的过程中通过全局资源状态来验证规划方案的可行性。O-Plan2[6]是 HTN 规划模型中采用这一方法的代表,其采用了 RUM(resource utilization manager)方法,在规划过程中通过设置乐观和悲观资源使用水平剖面(resource utilization profile)以检验资源冲突。然而,这种方法无法处理层次任务中的资源约束。面向时间的资源处理技术采用一组时间变量的函数来描述资源状态的局部演化,这种技术结合了时间轴(time-line)、时态断言(temporal assertion)和年代记(chronicle)等时态描述方法,能够描述更复杂的本地资源需求[12, 13]。但是,由于没有当前全局资源状态,不能直接验证规划方案的可行性。采用面向时间的资源处理技术可以有效提高规划模型的资源表达能力,但需要设计支持时态推理的机制来保证规划方案的可行性。SIADEX设计了时态增强 HTN 规划方法,可用来处理 HTN 规划中的资源问题[14],但是该方法依然无法处理 HTN 规划层次任务网络中的资源推理问题。

HTN 规划采用自上而下的任务分解机制,如果考虑任务网络中任务间的资源约束,上层任务的资源约束将传播至下层任务,形成了层次资源约束,会导致规划问题的搜索空间增大。因此,需要在 HTN 规划模型中引入约束满足技术(constraint satisfaction techniques)[4, 15],通过修剪 HTN 规划中资源变量的值域以加快层次资源推理的处理速度。智能规划和约束满足技术相结合的难点在于智能规划过程中方案长度是不确定的,而约束满足技术需要确定变量的数目[16]。时态规划模型 IxTeT[17]设计了最小冲突集(minimal critical set)来处理规划中的资源冲突,但是这种基于目标导向的规划结构使其对领域知识的表达能力弱于目前的主流 HTN 规划模型。SIADEX[14]通过设计基于 PC2 的约束传播机制(constraint propagation engine-PC2)来修剪时间变量的值域,以加快 HTN 规划的处理速度。但是,该技术只能适用于原子任务层时态推理的加速,不能处理层次资源推理的加速问题。

实现 HTN 规划中资源管理的关键是,解决 HTN 中的资源推理问题和层次资源推理的加速问题。为此,本章提出了一种资源增强型 HTN 规划方法(resource enhanced HTN,REHTN),具体包括基于资源时间轴的资源描述方法、自上而下和不同分支任务之间的资源推理方法以及基于 PC2 的资源约束传播加速算法。

7.2　资源增强型 HTN 规划方法

HTN 规划采用任务递归分解的推理方法,将规划方案中的复合任务分解为原子任务，形成一组完全由原子任务组成的行动序列。为了在 HTN 规划中处理资源约束问题，需要在任务网络的层次分解过程中考虑资源约束的层级传播，将资源变量和约束添加到任务网络中的资源时间轴，以实现层次资源推理。与非 HTN 规划中的资源推理不同，HTN 规划需要考虑层次资源推理过程，根据资源约束层次传播规则和基于资源时间轴的因果链，通过对分解后任务的资源状态进行条件检验，获取任务网络中的自上而下和不同分支之间的层次资源信息，若不满足当前状态，则说明资源冲突，修剪冲突的搜索分支。

　　资源时间轴是层次资源推理的基础，把资源变量、资源变量的值域和与其他资源变量之间的约束关系通过时间变量与简单时态网络绑定，用于描述各类资源约束和时间约束。由于存在资源时间轴，需要考虑更多的资源变量和时间变量，资源状态检验空间增大。为此，需要通过资源约束传播加速算法来提高层次资源推理速度，即通过一致性检验算法修剪资源变量的值域。

　　基于上述考虑，本章提出了资源增强型 HTN 规划方法，其基本结构如图 7.1 所示。该规划方法在 HTN 规划方法的基础上扩展了资源状况管理器和资源约束传播加速器，能够处理具有标准化的数量的容量型资源（capacity resources）。资源状况管理器用于对规划过程中的层次资源推理进行管理，资源约束传播加速器负责对层次资源推理进行加速处理。该规划方法实现了层次资源推理，在求解资源约束的应急任务规划问题时，可以得到带层次资源配置信息的应急任务执行序列。

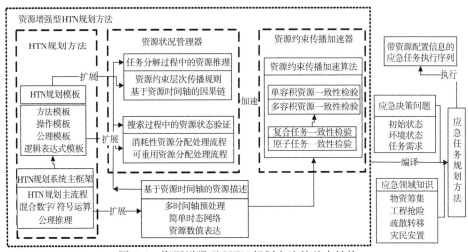

图 7.1　资源增强型 HTN 规划方法的基本结构

　　资源状况管理器识别任务网络中的各类层次资源约束，并统一验证这些资源约束的一致性。该规划方法设计了资源时间轴来表示各类层次资源约束，资源时间轴[18,19]是时态规划中的时间轴技术在资源管理方面的扩展，通过结合多时间轴预处理可以记录 HTN 规划动作推理过程中每种资源在时间轴上状态的变化过程。

资源增强型 HTN 规划方法的主流程如图 7.2 所示。

1:　**Procedure REHTN** (sr, T, P, RT)

2:　　set $P = null$, initial plan;

3:　　set RT , initial resource timelines;

4:　　set sr , initial current global resources states;

5:　　set $T_0 \leftarrow \{ t \in T \mid$ no other tasks in T precede $t \}$;

6:　　loop

7:　　if $T = \varnothing$

8:　　　return (P, RT) ;

9:　　else

10:　　　nondeterministically choose a $t \in T_0$;

11:　　　generate the control variables of t on resource timelines;

12:　　　if t is a primitive task

13:　　　　choose one ground instance of t ;

14:　　　　execute the resource allocation process of t ;

15:　　　　if sr satisfies the preconditions of t

16:　　　　　insert the control variables of t to RT

17:　　　　　execute the constraint propagation accelerator on resource timelines(RT);

18:　　　　　if all variables' domain in RT is not null

19:　　　　　　$sr \leftarrow sr + add(t) - delete(t)$;

20:　　　　　　insert t to P ;

21:　　　　　　delete t from T ;

22:　　　　　　identify the causal links on resource timelines of t ;

23:　　　　　else

24:　　　　　　delete the control variables of t from RT ;

25:　　　　else

26:　　　　　return FAIL;

27:　　else if t is a compound task

28:　　　active $\leftarrow \{m \in M \mid m$ is applicable to $t\}$

29:　　　if active $\neq \varnothing$

30:　　　　choose a method m for t whose preconditions are fit for sr ;

31:　　　　add resource constraints to t following hierarchical resource constraint propagation rules;

32:　　　　set RT' , the resource timelines including the control variables of t and its subtasks $\{t_1, t_2, \ldots\ldots, t_n\}$;

33:　　　　execute the constraint propagation accelerator on resource timelines(RT');

34:　　　　if all variables' domain in RT is not null

35:　　　　　insert $\{t_1, t_2, \ldots\ldots, t_n\}$ to P ;

36:　　　　　delete t from T ;

37:　　　　　identify the causal links on resource timelines of t ;

38:　　　else

39:　　　　return FAIL;

40:　　repeat;

41:　**end REHTN.**

图 7.2　资源增强型 HTN 规划方法的主流程

　　在自上而下的任务分解过程中，任务网络中的资源约束和时间约束统一描述为资源时间轴上的函数，然后传播给原子任务。对于同一个复合任务分支内的资源约束，本书设计了资源约束层次传播规则，将上层任务的资源约束和时间约束传播至下层任务(对应图 7.2 中的第 31 行，详见 7.4.1 节)；对于不同分支任务之间的资源约束，设计了基于资源时间轴的因果链，通过不同分支之间任务的因果关系推理资源约束(对应图 7.2 中的第 22、37 行，详见 7.4.2 节)。在前序搜索过程中，本书设计了资源分配基本处理流程，将容量型资源分为消耗性资源和可重用资源，针对它们的特点，将资源时间轴上的资源函数统一地转化为 HTN规划中的全局资源状态，以验证资源约束的一致性(对应图 7.2 中的第 14 行，详见 7.4.3 节)。

资源约束传播加速器将容量型资源分为单容量资源(single-capacity resources，资源可用量及任务的资源需求仅为 1)和多容量资源(multiple-capacity resources，资源可用量及任务的资源需求不仅为 1)[20]，设计了增量式一致性检验方法。在任务分解阶段，检验各个复合任务及其子任务之间资源约束的一致性(对应图 7.2 中的第 26、27 行，详见 7.5 节)；在前序搜索阶段，检验所有原子任务之间资源约束的一致性(对应图 7.2 中的第 14、15 行，详见 7.5 节)。考虑到 HTN 规划中资源约束一致性检验过程是增量式的，在约束传播算法 PC2 的基础上，本章设计了资源约束传播加速算法[21]。

7.3 资源时间轴

本章提出的规划方法采用资源时间轴来表示各类层次资源约束。资源时间轴通过结合简单时态网络[22]和多时间轴预处理[7]来记录 HTN 规划动作推理过程中每种资源在时间轴上状态的变化过程。对于消耗性资源，主要描述资源消耗量的动态变化；对于可重用资源，主要描述资源占用量和释放量的动态变化。下面主要介绍资源时间轴的定义以及这两类资源的资源时间轴的具体描述。

定义 7.1(资源时间轴) 资源时间轴的基本结构可以表示为一个 8 元组 $RT=$ ($ResourceID$，$ResourceTYPE$，X，D，C，Q，M，N)。其中，$ResourceID$ 为领域知识中所有资源的编码；$ResourceTYPE$ 表示资源类型；(X，D，C)为简单时态网络描述模型；X 为一组离散的时间变量集，即时间点集合；D 为所有时间变量的值域；C 为时间约束集合；(Q，M，N)为扩展的资源状态描述模型；Q 为资源状态集合，即集合 X 中的每一个时间点对应资源状态的变化量；M 为 Q 中所有变量的值域；N 为资源约束集合。

资源时间轴的时间点集合 X 就是规划过程中的时间点，主要包括全局当前时间、所有任务的开始时间和结束时间。设全局当前时间为 GCT，资源当前时间为 CT(分为消耗性资源当前时间 CT_{re} 和可重用资源当前时间 CT_{rr})，任务 t 的开始时间为 t_start，结束时间为 t_end。任务的两个时间点存在时间约束

$t\_duration=t\_end-t\_start$，其中 $t\_duration$ 即任务 t 的执行时间。为了便于层次资源推理，所有时间点的值域 D 设为 $[Dmin，Dmax]$，它在规划过程中可根据时间约束动态修剪。对于各时刻之间的时间约束，可通过由基本运算符和各时间变量组合的时间函数表达；对于各时段之间的时间约束，可以通过 Allen 区间代数将其转换为各时刻之间的相互关系进行表达[23]（具体转换关系见本书第 5 章的表 5.1），最终形成时间约束集合 C。

下面针对消耗性资源和可重用资源两种资源类型分别描述资源时间轴的资源状态。

(1)消耗性资源。消耗性资源是指在任务的执行过程中被消耗而不能再使用的资源。在消耗性资源 re 的资源时间轴 RT_{re} 中，资源状态集合 Q 包括当前资源数量和所有任务的资源消耗量。设当前时刻的资源数量为 CO_{re}，任务 t 的资源消耗量 t_cost 产生于任务的开始时间 t_start。所有资源状态中当前资源数量的值域 M 设为 $[Qmin_{re}，Qmax_{re}]$，$Qmin_{re}$ 和 $Qmax_{re}$ 的初始值分别为规定的资源最小限量和最大限量，在规划过程中可根据资源约束动态修剪。资源约束集合 N 由基本运算符和各资源状态组合的函数组成。

(2)可重用资源。可重用资源是指在任务开始时占用且在任务完成后被释放可再使用的资源。在可重用资源 rr 的资源时间轴 RT_{rr} 中，资源状态集合 Q 包括当前资源数量、所有任务的资源占用量和释放量。设任务 t 的资源占用量 $t\_allocation$ 占用于任务的开始时间 t_start，任务 t 的资源释放量 $t\_deallocation$ 释放于任务的结束时间 t_end。当前资源数量为初始时刻的资源量减去当前时刻的资源占用量再加上当前时刻的资源释放量。当前资源数量的值域 M 设为 $[Qmin_{rr}，Qmax_{rr}]$，$Qmin_{rr}$ 和 $Qmax_{rr}$ 的初始值分别为规定的资源最小限量和最大限量，在规划过程中可根据资源约束动态修剪。资源约束集合 N 由基本运算符和各资源状态组合的函数组成。

7.4　层次资源推理

资源状况管理器根据任务网络中资源的种类、位置及需求数量等信息，在 HTN 规划的任务分解过程中进行层次资源推理，实现资源时间和数量的分配。传统的资源推理只能针对原子任务[6,14]，无法处理 HTN 中复杂的资源约束关系。层次资源推理是在任务网络的层次分解过程中考虑资源约束的层级传播，将资源变量和约束添加到任务网络中的资源时间轴，从而实现在 HTN 规划中处理资源约束问题。

层次资源推理包括资源约束传播和资源状态验证两个主要阶段。资源约束传播主要可分为自上而下的资源约束传播和不同分支任务之间的资源约束传播。在自上而下的资源约束传播中，依据资源约束层次传播规则，在任务分解过程中将各复合任务的资源约束传递给下层任务，直至最终传递给原子任务。在不同分支任务之间的资源约束传播中，我们通过不同分支之间任务的因果关系推理资源约束。资源状态验证是指在原子任务层通过资源分配方法将资源时间轴上的函数转化为全局资源状态，验证带层次资源配置信息的规划方案的可行性。

7.4.1　自上而下的资源约束传播

自上而下的资源约束传播需要在任务分解过程中依据资源约束层次传播规则，将资源约束表达式添加至各任务的前提条件。HTN 规划中存在着顺序、无序和选择三种基本任务分解结构[10,24]，图 7.3 是一个同时出现了这三种基本结构的 HTN 规划任务分解树[25]，图 7.4 是其相应的资源约束层次传播规则示意图。下面分别介绍这三种结构对应的资源约束层次传播规则。

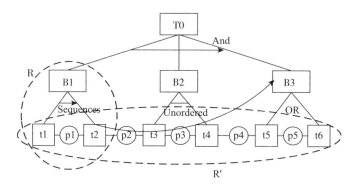

图 7.3　HTN 规划基本任务分解结构示例

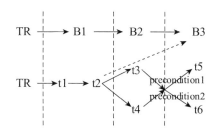

图 7.4　资源约束层次传播规则示例

1) 顺序结构的资源约束层次传播规则

顺序结构的任务分解要求下层任务执行顺序和上层任务分解顺序保持一致。按顺序结构将上层任务 B1 分解成下层任务 t1 和 t2 的示意代码如下：(task B1 Parameters:(⋯) ResourceVariables:(⋯) Preconditions:(⋯) Sub-tasks:(t1 t2))。

对于顺序结构，t1 和 t2 在全部继承 B1 的资源约束和时间约束的基础上，还需要增加额外的时间约束和资源约束。增加的时间约束为 $0 \leqslant t2\_start - t1\_end \leqslant +\infty$。资源约束的增加需视资源类型而定，对于消耗性资源 re，如果 B1 的资源约束为 $Q1 \leqslant B1\_cost \leqslant Q2$（$Q1, Q2 \in [Qmin_{re}, Qmax_{re}]$，且 $Q1 \leqslant Q2$），则 t1 的资源消耗需要满足 $Q1 \leqslant t1\_cost \leqslant Q2$，并为 t2 增加资源约束 $Q1 - t1\_cost \leqslant t2\_cost \leqslant Q2 - t1\_cost$。对于可重用资源，由于 t2 执行已经确认在 t1 之后，即被 t1 占用的可重用资源在 t2 开始执行前已经被释放，t1 和 t2 只需全部继承 B1 的资源约束即可。

2）无序结构的资源约束层次传播规则

无序结构的任务分解对下层任务执行顺序没有特定的要求。按无序结构将上层任务 B2 分解成下层任务 t3 和 t4 的示意代码如下：（task B2 Parameters:(…) ResourceVariables:(…) Preconditions:(…) Sub-tasks:(:unordered t3 t4)）。

对于无序结构，t3 和 t4 在全部继承 B2 的资源约束和时间约束的基础上，还需要增加额外的资源约束。对于消耗性资源 re，如果 B2 的资源约束为 $Q1 \leqslant B2\_cost \leqslant Q2$（$Q1, Q2 \in [Qmin_{re}, Qmax_{re}]$，且 $Q1 \leqslant Q2$），则需要对 t3 和 t4 增加资源约束 $Q1 \leqslant t3\_cost + t4\_cost \leqslant Q2$。对于可重用资源 rr，如果 B2 的资源占用量为 $Q1 \leqslant B2\_allocation \leqslant Q2$（$Q1, Q2 \in [Qmin_{re}, Qmax_{re}]$，且 $Q1 \leqslant Q2$），计算 $t3\_start$ 时刻前 B2 的无序结构中其他子任务的占用量和释放量 $t3\_this\_allocation$ 和 $t3\_this\_deallocation$，并为 t3 增加资源约束 $Q1 \leqslant t3\_allocation + t3\_this\_allocation - t3\_this\_deallocation \leqslant Q2$；同时，计算 $t4\_start$ 时刻前 B2 的无序结构中其他子任务的占用量和释放量 $t4\_this\_allocation$ 和 $t4\_this\_deallocation$，并为 t4 增加资源约束 $Q1 \leqslant t4\_allocation + t4\_this\_allocation - t4\_this\_deallocation \leqslant Q2$。

3）选择结构的资源约束层次传播规则

选择结构的任务分解是根据上层任务的前提条件选择相应的下层任务。按选择约束将上层任务 B3 分解成下层任务 t5 和 t6 的示意代码如下：（task B3 Parameters:(…) ResourceVariables:(…) Case1 Preconditions1:(…) Sub-tasks:(t5) Case2 Precondition2:(…) Sub-tasks:(t6)）。

对于选择结构，t5 和 t6 只需要全部继承 B3 的资源约束和时间约束即可。

7.4.2　不同分支任务之间的资源约束传播

任务网络中存在着不同分支任务之间的资源约束和时间约束，如图 7.3 中的 t2 和 B3 之间的资源约束和时间约束。为了处理这类约束，本书引入了基于资源时间轴的因果链来进行资源约束传播。因果链是一种最初为偏序规划而设计的因果推理技术[12]，它包括一个因任务、一个果任务和一组前提条件，因任务为果任务保留前提条件。因果推理技术的优势在于，既能保持推理的完备性，又可以有效地避免冗余任务。

定义 7.2（基于资源时间轴的因果链）　基于资源时间轴的因果链表示为一个 6 元组 $CL=(A_i, A_j, RT, P(RT), C(X_{a_i}, X_{a_j}), N(Q_{a_i}, Q_{a_j}))$。其中，$A_i$ 为因任务；A_j 为果任务；RT 为资源时间轴；$P(RT)$ 为 A_i 为 A_j 产生的前提条件集合；$C(X_{a_i}, X_{a_j})$ 为 A_i 和 A_j 之间的时间约束集合，X_{a_i}、X_{a_j} 分别为 A_i、A_j 中与 RT 相关的所有时间变量；$N(Q_{a_i}, Q_{a_j})$ 为 A_i 和 A_j 之间的资源约束集合，Q_{a_i}、Q_{a_j} 分别为 A_i、A_j 中与 RT 相关的所有资源变量。

当不同分支任务中包含复合任务时，需要在复合任务的描述中添加用命题集合表示的高层效果（high-level effects）[7, 8, 26]，以便采用基于资源时间轴的因果链进行资源约束传播。为此，本书专门为复合任务设计了一种使用保护条件的高层效果[5]。这种高层效果不更新全局状态，以保证规划推理的有效性，同时对某些当前状态进行保护，能描述不同分支任务之间的资源约束。

以图 7.3 和图 7.4 中的 t2 和 B3 为例来说明利用保护条件来建立基于资源时间轴的因果链的方法，具体如图 7.5 所示。保护条件的正文字表示对某些状态进行保护，任何试图改变这些保护状态的任务都不能被执行。保护条件的负文字表明取消对这些状态的保护。因任务 t2 通过添加保护条件的正文字 $+protection(P(RT:?RT))$，对 $P(RT:?RT)$ 进行了保护，果任务 B3 通过添加保护条件的负文字 $-protection(P(RT:?RT))$，解除了对 $P(RT:?RT)$ 的保护。当任务 C 修改正处于被保护的 $P(RT:?RT)$ 时，任务 C 不能被执行。

在不同分支任务之间的资源约束传播中，对于每个复合任务，保护条件中的正文字在执行其子任务之前执行，而保护条件中的负文字在执行其子任务之后执行。对于图 7.5 中的任务，如果任务所需的资源为消耗性资源 re，则在 $C(X_{t2}, X_{B3})$ 中添加时间约束 $0 \leqslant B3\_start - t2\_end \leqslant +\infty$，并为 $N(Q_{t2}, Q_{B3})$ 添加资源约束 $Q1 \leqslant B3\_cost + t2\_cost \leqslant Q2(Q1, Q2 \in [Qmin_{re}, Qmax_{re}]$，且 $Q1 \leqslant Q2)$；如果任务所需的资源为可重用资源 rr，由于 t2 的执行在 B3 之前，只需要添加时间约束 $0 \leqslant B3\_start - t2\_end \leqslant +\infty$。复合任务在任务分解过程中还需进行自上而下的资源约束传播。

7.4.3　资源状态验证

资源状态验证是将资源时间轴上的变量分配给各原子任务，确定各原子任务资源的种类、位置及需求数量等资源信息，并生成通用的资源总量约束条件和时间序列约束条件，最后通过更新全局资源状态来验证规划方案的可行性。对于不同类型的资源，其状态验证方法会有所不同。下面分别介绍消耗性资源和可重用

```
(task t2
    Parameters: (…)
    ResourceVariables: (re@[t2_start,t2_end]:t2_cost)
    Preconditions: (…)
    Effects: (+P(RT:?RT),+protection(P(RT:?RT)),…)
)

(task B3
    Parameters: (…)
    ResourceVariables: (re@[B2_start,B2_end]:B2_cost)
    Preconditions: (P(RT:?RT),C(X_t2,X_B3),N(Q_t2,Q_B3),…)
    Effects: (-protection(P(RT:?RT)),…)
    Sub-tasks: ((t5),(t6))
)

(task C
    Parameters: (…)
    ResourceVariables: (re@[C_start,C_end]:C_cost)
    Preconditions: (P(RT:?RT),…)
    Effects: (-(P(RT:?RT)),…)
)
```

图 7.5　基于资源时间轴的因果链示例

资源的资源状态验证过程。

1. 消耗性资源状态验证

消耗性资源状态验证主要是更新和验证每个原子任务开始时刻的全局资源状态。对于原子任务 A1，其消耗性资源状态验证过程如下。

步骤 1　在任务 A1 的参数列表中添加消耗性资源 re、资源使用量 $A1\_cost$、开始时间 $A1\_start$ 和结束时间 $A1\_end$。

步骤 2　从资源时间轴 RT_{re} 上获取该资源的资源变量值域 $[Qmin_{re}, Qmax_{re}]$ 的初始值、时间变量值域 $[Dmin_{re}, Dmax_{re}]$ 的初始值、资源当前时间 CT_{re}、当前资源数量 CQ_{re} 和全局当前时间 GCT，添加到任务 A1 的前提条件。

步骤 3　将执行时间 $A1\_duration$ 和所需该资源的消耗量 $A1\_cost$ 分配给任务 A1。

步骤 4　验证 $A1\_duration$ 和 $A1\_cost$ 是否满足资源约束条件。需要验证的资源约束主要是自动生成的资源总量约束和时间序列约束。其中，资源总量约束条件为 $Qmax_{re} \geqslant CQ_{re} - A1\_cost \geqslant Qmin_{re}$；时间序列约束条件为 $Dmax_{re} \geqslant A1\_end \geqslant A1\_start \geqslant Dmin_{re}$，$A1\_start \geqslant CT_{re}$ 和 $A1\_end - A1\_start =$

$A1\_duration$。此外，还包括本地资源约束和继承自其上层任务的资源约束。如果满足，则将如上资源约束添加到任务 $A1$ 的前提条件中，转入步骤 5。如果不满足，则验证失败，选择其他的原子任务。

步骤 5　根据任务 $A1$ 的效果更新该资源的全局资源状态。分别将全局当前时间 GCT 更新为 $\max(GCT，A1\_end)$，资源当前时间 CT_{rr} 更新为 $A1\_end$，当前资源数量 CQ_{rr} 更新为 $CQ_{rr}-A1\_cost$。

2. 可重用资源状态验证

可重用资源状态验证主要是计算每个原子任务开始时刻和结束时刻的当前资源数量，并更新和验证各时刻的全局资源状态。对于原子任务 $A2$，其可重用资源状态验证过程如下。

步骤 1　在任务 $A2$ 的参数列表中，添加可重用资源 rr、资源占用量 $A2\_allocation$、资源释放量 $A2\_deallocation$、开始时间 $A2\_start$ 和结束时间 $A2\_end$。

步骤 2　从资源时间轴 RT_{rr} 上获取该资源的资源变量值域 $[Q\min_{rr}，Q\max_{rr}]$ 的初始值、时间变量值域 $[D\min_{rr}，D\max_{rr}]$ 的初始值、资源当前时间 CT_{rr}、初始资源数量 INI_{rr}、全局当前时间 GCT、资源占用集合 $allocation$ 和资源释放集合 $deallocation$，添加到任务 $A2$ 的前提条件。

步骤 3　将执行时间 $A2\_duration$、所需该资源的占用量 $A2\_allocation$ 和释放量 $A2\_deallocation$ 分配给任务 $A2$。

步骤 4　验证 $A2\_duration$、$A2\_allocation$ 和 $A2\_deallocation$ 是否满足资源约束条件。需要验证的资源约束主要是自动生成的资源总量约束和时间序列约束，其中，资源总量约束条件为 $Q\max_{rr} \geqslant INI_{rr} - \left(\sum\limits_{t \geqslant 0}^{t \leqslant CT_{rr}} allocation - \sum\limits_{t \geqslant 0}^{t \leqslant CT_{rr}} deallocation \right) - A2\_allocation \geqslant Q\min_{rr}$ 和 $A2\_allocation = A2\_deallocation$；时间序列约束条件为 $A2\_ent - A2\_start = A2\_duration$，$A2\_start \geqslant CT_{rr}$ 和 $D\max_{rr} \geqslant A2\_end \geqslant A2\_start \geqslant D\min_{rr}$。此外，还包括本地资源约束和继承自其上层任务的资源约束。如果满足，则将如上资源约束添加到任务 $A2$ 的前提条件中，转入步骤 5。如果不满足，则验证失败，选择其他的原子任务。

步骤 5　根据任务 $A2$ 的效果更新该资源的全局资源状态。分别将全局当前时间 GCT 更新为 $\max(GCT，A2\_end)$，资源当前时间 CT_{rr} 更新为 $A2\_end$。同时，将资源占用量 $t\_allocation$ 和开始时间 t_start 组成一条记录记入集合 $allocation$；将资源释放量 $t\_deallocation$ 和结束时间 t_end 组成一条记录记入集合 $deallocation$。

7.5　资源约束传播加速

基于资源时间轴的资源约束传播加速器根据任务网络中资源约束和时间约束，采用 PC2 算法检验变量集合的路径一致性，并修剪任务网络的搜索空间，以加快层次资源推理速度。

变量集合中的 3 元组(x_i, x_k, x_j)的路径一致性是指，对于满足约束 C_{ij} 的值(v_i, v_j)存在一组值(v_k)，使得值(v_i, v_k)满足约束 C_{ik}，同时(v_j, v_k)满足约束 C_{jk}。如果变量集合中任意 3 元组(x_i, x_k, x_j)是路径一致的，则此变量集合是路径一致的[21]。设 RELATED＿PATHS(i, k, j)是所有包含(i, j)或(j, i)的 路 径，PC2 算 法 对 变 量 集 合 中 所 有 3 元 组 (x_i, x_k, x_j) 的 RELATED＿PATHS(i, k, j)进行约束传播，将变量集合的约束传播给其邻近的变量来消除不一致的值域，使其满足路径一致性。该操作不断循环，直到出现变量值域无法约减的不动点。

为了减少冗余计算，本书设计了增量式的路径一致性检验方法来进行基于资源时间轴的约束传播，验证当前任务的变量集合与所有变量之间的一致性：在复合任务的任务分解过程中，检验此复合任务及其新增的子任务的变量集合的路径一致性；在原子任务的前序搜索过程中，检验任务网络中不断更新的原子任务的变量集合的路径一致性。

资源约束传播加速算法如图 7.6 所示。设任务 t 是规划过程中的当前任务，$X(C(X_t))$是时间约束集合 $C(X_t)$ 中存在的所有变量的集合，$Q(N(Q_t))$是资源约束集合 $N(Q_t)$ 中存在的所有变量的集合，则 $X(C(X_t))$ 和 $Q(N(Q_t))$ 为当前任务的变量集合。通过增量式的方法获取所需检验的变量集合 $X(C(X_t))$ 和 $Q(N(Q_t))$（图 7.6 中第 4、5 行）。采用 PC2 算法检验 $X(C(X_t))$ 和 $Q(N(Q_t))$ 的一致性：对于单容量资源，只需检验时间变量 $X(C(X_t))$ 的一致性（图 7.6 中第 7～10 行）；对于多容量资源，需要分别检验时间变量 $X(C(X_t))$（图 7.6 中第7～10 行）和资源变量 $Q(N(Q_t))$ 的一致性（图 7.6 中第 14～17 行）。在一致性检验过程中修剪 $X(C(X_t))$ 和 $Q(N(Q_t))$ 的值域，时间变量的修剪使用 Revise (i, k, j)：$C_{ij} = C_{ij} \bigcap (C_{ik} \cdot C_{kj})$，资源变量的修剪使用 Revise (u, w, v)：$N_{uv} = N_{uv} \bigcap (N_{uw} \circ N_{wv})$。通过检验时间变量和资源变量的一致性，对其值域进行修剪。若值域修剪为空，则可以直接修剪相应的任务分解分支；若不为空，也会减小后续资源分配时变量的取值范围。因此，这种一致性检验方法可以加快层次资源推理的速度。

```
1: Constraint propagation accelerator on Resource Timelines (π,t,RT)
2: Let  π  be a partial resource enhanced HTN plan, and  t  be the current task of planning procedure
3: Let  RT  be resource timelines.
4: Let C(Xₜ) be the temporal constraint set of  t , N(Qₜ) be the resource constraint set of  t .
5: Let X(C(Xₜ))  be the set of discrete time variables associated with C(Xₜ),Q(N(Qₜ)) be the set of
   resource instantaneous variables associated with  N(Qₜ).
6: Let P←{(i,k,j),1≤i<j≤|X(C(Xₜ))|,1≤k≤|X|,k≠i≠j}
7: If RT≠∅ , then nondeterministically select and remove a tuple  rt  from RT .
8:      If  P≠∅ , then
9:          Select and remove a path (i,k,j) from P
10:         If  Cᵢⱼ= Revise(i,k,j) has changed after Revise(*)
                 P←P∪RELATED_PATHS(i,k,j)
11:         Until Cᵢⱼ  is stable
12:         If  rt is a single-capacity resource, then exit
13:         Else if  rt is a multiple-capacity resource, then
14:             Let S←{(u,w,v),1≤u<v≤|Q(N(Qₜ))|,1≤w≤|Q|,u≠v≠w}
15:             Select and remove a path  (u,w,v) from  S
16:             If  Nᵤᵥ= Revise(u,w,v) has changed after Revise(*) then P←P∪RELATED_PATHS(u,w,v)
17:             Until  Nᵤᵥ  is stable
18: End accelerator
```

图 7.6　资源约束传播加速算法

7.6　算例分析

本节以洪水灾害背景下的应急物资运输问题为例，验证资源增强型 HTN 规划方法的有效性。

7.6.1　算例描述

本算例考虑单物资类型多运输方式的应急物资运输问题，通过多种运输方式将应急物资按时运输到指定区域，在此过程中涉及的资源包括应急物资、公路运输队、卡车和司机，并考虑了物资预留和副驾驶的安排问题，以预防方案执行过程中的突发情况。

设 A_1，A_2，$\cdots$，A_n 为物资储备点，A_i 的应急物资储存量为 $X(A_i)(X(A_i)>0$，$i=1,2,\cdots,n)$吨。设 B_1，B_2，$\cdots$，B_m 为物资需求点，B_i 需要完成 l 个应急物资筹集任务，每个任务要求在时刻 $t(B_i)_j(j=1,2,\cdots,l)$前筹集数量为 $Y(B_i)_j$ 吨的应急物资。而物资需求点 B_i 在时刻 $t(B_i)_j$ 触发一个工程抢险任务，应急物资的消耗量为 $Y(B_i)_j\times k(B_i)_j\%(k(B_i)_j\in[0,100])$吨。在时刻$t(B_i)_j$后，

物资需求点 B_i 多余的应急物资可以用于满足其他物资需求点的需求。此外，需要满足应急物资总量约束 $\sum_{i=1}^{n} X(A_i) \geqslant \sum_{i=1}^{n} \sum_{j=1}^{l} (Y(B_i)_j \times k(B_i)_j)$，总费用不超过 M 元。各储备点和需求点之间的距离记为 $d(x，y)$（$x，y = A_1，A_2，\cdots，A_n$，$B_1，B_2，\cdots，B_m$）千米。应急物资运输有委托运输和直管运输两种方式。

（1）委托运输方式是指将运输任务委托给公路运输队进行运输。这种方式速度快，但每千米费用较高。公路运输队具有各自的参数，包括运力、时速和费用等。当所有任务完成后，公路运输队返回其起始位置。

（2）直管运输方式是指组织卡车和司机进行运输。这种方式每千米费用较低，但速度慢。各储备点和需求点在起始时刻拥有一定数量的卡车和司机。卡车具有统一的参数，包括装载量、时速和计费函数等。为了保证安全，根据各物资需求点的级别，一辆卡车需要配多名司机，但空车往返只需要配备一名司机。当司机不足时，需要从其他区域调配，调配司机需要付出费用和等待时间。在该方式下，需要额外考虑应急物资的需要装载/卸载费用，在指定时间区间内费用越高，装载/卸载时间越短。当所有任务完成后，卡车和司机返回其起始位置。

直管运输方式和委托运输方式之间可以存在资源约束，各物资需求点的运输任务之间也可以存在资源约束。在所涉及的资源中，应急物资是消耗性资源，公路运输队、卡车和司机是可重用资源。公路运输队可看成是单容量资源，卡车、司机和应急物资可看成是多容量资源。本算例涉及顺序、无序和选择三种任务分解结构，装载、运输、卸载应急物资等任务属于顺序结构，分别组织卡车和司机等任务属于无序结构，运输方式选择等任务则属于选择结构。

本算例的目标任务是为所有物资需求点运输应急物资，其求解过程可分为复合任务层和原子任务层两个层次。对于复合任务层，用资源时间轴来管理复杂任务之间资源约束和时间约束，负责选择运输方式。对于原子任务层，通过资源状态验证将具体的队伍、司机、卡车和应急物资分配给原子任务。下面以图 7.7 为例说明资源增强型 HTN 规划方法的求解过程。

在复合任务层中，假设直管运输任务的启动时间比委托运输任务的启动时间早 T_1 个小时，通过基于资源时间轴的因果链，可以有效处理这一约束关系。同时，通过自上而下的资源推理获取了层次资源信息，并以运输费用为指标来选择运输方式。对于资源需求点 B_1 的运输任务，采用直管运输方式，由 A_1 运输数量为 S_1 吨的应急物资到 B_1。对于资源需求点 B_2 的运输任务，一部分由 A_2 通过委托方式运输数量为 S_2 吨的应急物资到 B_2，另一部分则在 B_2 回收数量为 S_3 吨的剩余物资，并采用直管运输方式运输到 B_2。在原子任务层中，通过资源状态验证发现 B_1 回收剩余物资时司机不足，将"司机到位"任务添加到任务列表，指派 D_2 位司机到 B_1，从而满足了资源约束。

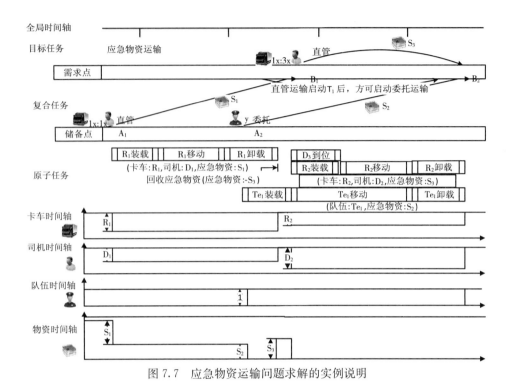

图 7.7　应急物资运输问题求解的实例说明

7.6.2　测试结果

资源增强型 HTN 规划方法[27]采用 Java 语言进行开发，通过扩展 SHOP2[7] 来实现。本次测试的运行环境是 Windows XP 操作系统，并配置 Intel Core 2 Duo T5750 CPU 和 2 吉字节内存。

委托运输方式相关参数、直管运输方式相关参数以及各储备点和需求点相关参数如表 7.1～表 7.3 所示。为了测试规划方法的性能，算例中设计了不同的应急物资运输任务和资源约束，具体包括司机的部署、应急物资的回收、运输方式之间的约束关系和物资需求点之间的约束关系等。

表 7.1　委托运输方式相关参数

队伍编号	1	2	3	4	5
运输能力/吨	80	80	60	80	60
速度/(千米/小时)	67	70	66	65	68
地点	A_1	A_2	A_1	A_2	A_1
费用/元	65	70	50	64	55

表 7.2　直管运输方式相关参数

总费用/元	卡车运力/吨	卡车速度/(千米/小时)	卡车费用/(元/千米)	司机移动时间/(小时/次)	司机移动费用/(元/次)	最大装卸时间/小时	最小装卸时间/小时
100 000	25	45	5	1	100	0.4	0.1

表 7.3　各储备点和需求点相关参数

地点	距离/千米 A₁	距离/千米 A₂	距离/千米 B₁	距离/千米 B₂	距离/千米 B₃	应急物资储备/吨	卡车数量/辆	司机数量/位	司机安全系数
A₁	0	40	50	45	60	800	2	5	
A₂	40	0	60	45	50	1 000	2	5	
B₁	50	60	0	20	30		1	1	2
B₂	45	45	20	0	15		1	1	3
B₃	60	50	30	15	0		1	1	2

1. 资源状况管理器性能测试

本算例设计了 10 组任务之间没有约束关系的应急物资运输问题，记为 {ES1，ES2，…，ES10}，用来比较资源状况管理器和混合数值/符号计算功能的性能，10 组问题的任务目标集合如表 7.4 所示，具体实验结果如表 7.5 所示。实验结果表明，使用资源状况管理器所获得的规划方案的总体费用要优于混合数值/符号计算功能，其原因是资源状况管理器推理出了更详细的层次资源信息，在规划过程中可依据这些信息更早地发现较优的运输方式。但是，资源状况管理器所耗费的 CPU 时间较长。下面进一步测试带资源约束传播加速器的资源增强型 HTN 规划方法的性能。

表 7.4　10 组问题的任务目标集合

问题编号	任务目标集合
ES1	(resource-need B₁ EmergencyMaterials 50 5) (resource-need B₂ EmergencyMaterials 50 5)
ES2	(resource-need B₁ EmergencyMaterials 100 5) (resource-need B₂ EmergencyMaterials 100 5)
ES3	(resource-need B₁ EmergencyMaterials 100 5) (resource-need B₂ EmergencyMaterials 100 5) (resource-need B₃ EmergencyMaterials 100 10)
ES4	(resource-need B₁ EmergencyMaterials 50 5) (resource-need B₂ EmergencyMaterials 100 5) (resource-need B₃ EmergencyMaterials 100 10) (resource-need B₁ EmergencyMaterials 150 10)

续表

问题编号	任务目标集合
ES5	(resource-need B_1 EmergencyMaterials 50 5) (resource-need B_2 EmergencyMaterials 50 5) (resource-need B_3 EmergencyMaterials 100 10) (resource-need B_1 EmergencyMaterials 150 10) (resource-need B_2 EmergencyMaterials 150 10)
ES6	(resource-need B_1 EmergencyMaterials 50 5) (resource-need B_2 EmergencyMaterials 50 5) (resource-need B_3 EmergencyMaterials 50 10) (resource-need B_1 EmergencyMaterials 150 10) (resource-need B_2 EmergencyMaterials 150 15) (resource-need B_3 EmergencyMaterials 150 15)
ES7	(resource-need B_1 EmergencyMaterials 150 10) (resource-need B_2 EmergencyMaterials 50 5) (resource-need B_3 EmergencyMaterials 50 10) (resource-need B_1 EmergencyMaterials 150 20) (resource-need B_2 EmergencyMaterials 150 15) (resource-need B_3 EmergencyMaterials 150 15)
ES8	(resource-need B_1 EmergencyMaterials 150 10) (resource-need B_2 EmergencyMaterials 150 10) (resource-need B_3 EmergencyMaterials 50 10) (resource-need B_1 EmergencyMaterials 150 20) (resource-need B_2 EmergencyMaterials 150 20) (resource-need B_3 EmergencyMaterials 150 15)
ES9	(resource-need B_1 EmergencyMaterials 150 10) (resource-need B_2 EmergencyMaterials 150 10) (resource-need B_3 EmergencyMaterials 150 15) (resource-need B_1 EmergencyMaterials 150 20) (resource-need B_2 EmergencyMaterials 150 20) (resource-need B_3 EmergencyMaterials 150 20)
ES10	(resource-need B_1 EmergencyMaterials 150 10) (resource-need B_2 EmergencyMaterials 150 10) (resource-need B_3 EmergencyMaterials 150 15) (resource-need B_1 EmergencyMaterials 250 20) (resource-need B_2 EmergencyMaterials 150 20) (resource-need B_3 EmergencyMaterials 150 20)

表 7.5　资源状况管理器性能测试实验结果

项目		ES1	ES2	ES3	ES4	ES5	ES6	ES7	ES8	ES9	ES10
资源状况管理器	总费用/元	4 200	11 625	16 755	27 705	36 206	43 405	52 705	61 005	68 205	87 930
	CPU 时间/毫秒	1 069	1 436	1 872	3 010	3 978	4 992	5 990	7 036	8 284	9 313
混合数值/符号计算功能	总费用/元	9 400	15 990	34 565	46 255	53 905	61 255	72 505	85 310	92 660	98 740
	CPU 时间/毫秒	655	1 123	1 810	2 168	2 449	2 699	2 946	3 400	3 682	4 402

2. 资源增强型 HTN 规划性能测试

本部分测试了完整的包括资源状况管理器和资源约束传播加速器的资源增强型 HTN 规划方法，并与 SHOP2 进行了比较。在表 7.4 所列出的 10 组应急物资运输问题的基础上增加了任务之间的约束 $DELIVERY\_START-BY\_TRUCK\_START > T_1$，要求直管运输任务的启动时间比委托运输任务的启动时间早 T_1 个小时。新的 10 组问题记为 {ELD1，ELD2，…，ELD10}。为了处理新增加的时间约束，在 SHOP2 中采用多时间轴预处理技术（multi-timeline preprocessing，MTP）对时间约束关系进行显式的编码处理[7]，并在其复合任务的前提条件中进行数值计算。

实验结果如表 7.6 所示。实验结果表明，资源增强型 HTN 规划方法输出的规划方案在总体费用上优于 SHOP2，与测试 1 的结果一致。同时，该规划方法的规划时间小于 SHOP2，表明资源约束传播加速算法起到了加速作用。

表 7.6　资源增强型 HTN 规划方法测试实验结果

项目		ELD1	ELD2	ELD3	ELD4	ELD5	ELD6	ELD7	ELD8	ELD9	ELD10
资源增强型 HTN 规划方法	总费用/元	4 500	12 225	17 755	29 005	37 905	45 605	55 205	63 905	71 505	91 730
	CPU 时间/毫秒	782	1 134	1 810	2 168	2 456	2 899	4 245	5 038	6 849	8 035
SHOP2	总费用/元	4 500	13 700	211 100	30 300	39 600	48 100	56 300	65 450	74 855	92 655
	CPU 时间/毫秒	1 060	1 436	1 872	3 010	3 978	4 992	5 990	7 036	8 284	9 313

▋7.7　本章小结

　　针对应急行动方案制订过程和资源推理过程紧密耦合的特征，本章设计了资源增强型 HTN 规划方法，以处理带层次资源约束的规划问题。具体工作包括以下三个方面。

　　(1)设计了资源时间轴，可以在 HTN 规划任务网络中描述各类层次资源约束。

　　(2)构建了层次资源推理机制，实现了资源约束的层级传播，并可以验证带层次资源配置信息的规划方案的可行性。

　　(3)提出了资源约束传播加速算法，通过一致性检验提高了层次资源推理的处理速度。

　　该规划方法为处理带复杂资源约束条件的应急任务规划问题提供了基础。考虑到应急响应资源紧缺的特点和应急处置的不确定性，可进一步研究应急资源缺项和应急行动资源消耗不确定的规划问题。

参考文献

[1] Altay N, Green W G. OR/MS research in disaster operations management. European Journal of Operational Research, 2006, 175(1): 475-493.

[2] Smith D E, Frank J, Honsson A K. Bridging the gap between planning and scheduling. Knowledge Engineering Review, 2000, 15(1): 47-83.

[3] Biundo S, Schattenberg B, Ghallab M, et al. On the identification and use of hierarchical resources in planning and scheduling. Proceedings of the 6th International Conference on Artificial Intelligence Planning Systems, Toulouse, France, 2002: 263-272.

[4] Garrido A, Barber F. Integrating planning and scheduling. Applied Artificial Intelligence, 2001, 15(5): 471-491.

[5] Ghallab M, Nau D S, Traverso P. Automated Planning: Theory and Practice. San Francisco: Morgan Kaufmann Publishers Inc., 2004.

[6] Drabble B, Tate A. The use of optimistic and pessimistic resource profiles to inform search in an activity based planner. Proceedings of the 2nd International Conference on AI Planning Systems, Chicago, USA, 1994: 243-248.

[7] Nau D S, Au T C, Ilghami O, et al. SHOP2: an HTN planning system. Journal of Artificial Intelligence Research, 2003, 20(12): 379-404.

[8] Asuncion M, Castillo L, Fdez-Olivares J, et al. SIADEX: an interactive knowledge-based planner for decision support in forest fire fighting. AI Communications, 2005, 18(4): 257-268.

[9] Sierbra C. A unified approach to planning support in hierarchical coalitions. Ph. D Thesis, University of Edinburgh, 2006.

[10] Erol K, Hendler J, Nau D S. Complexity results for HTN planning. Annals Mathematics and Artificial Intelligence, 1996, 18(1): 69-99.

[11] Bacchus F, Kabanza F. Using temporal logics to express search control knowledge for planning. Artificial Intelligence, 2000, 116(1-2): 123-191.

[12] Schattenberg B. Hybrid planning and scheduling. Ph. D Thesis, The University of Ulm, 2009.

[13] Verfaillie G, Pralet C, Lemaitre M. How to model planning and scheduling problems using constraint networks on timelines. Knowledge Engineering Review, 2010, 25(3): 319-336.

[14] Castillo L, Fdez-Olivares J, Garc I, et al. Efficiently handling temporal knowledge in an HTN planner. Proceedings of the 16th International Conference on Automated Planning and Scheduling, Cumbria, UK, 2006: 63-72.

[15] Sapena O, Onaindia E, Garrido A, et al. A distributed CSP approach for collaborative planning systems. Engineering Applications of Artificial Intelligence, 2008, 21 (5): 698-709.

[16] Nareyek A, Freuder E C, Fourer R, et al. Constraints and AI planning. IEEE Intelligent Systems, 2005, 20(2): 62-72.

[17] Lemai S, Ingrand F. Interleaving temporal planning and execution: IxTeT-eXeC. Proceedings of the ICAPS Workshop on Plan Execution, Trento, Italy, 2003.

[18] Della P G, Magazzeni D, Mercorio F. A universal planning system for hybrid domains. Applied Intelligence, 2012, 36(4): 932-959.

[19] Yaman F, Nau D. Timeline: an HTN planner that can reason about time. Proceedings of the 6th International Conference on Artificial Intelligence Planning Systems, Toulouse, France, 2002.

[20] Laborie P. Algorithms for propagating resource constraints in AI planning and scheduling: existing approaches and new results. Artificial Intelligence, 2003, 143(2): 151-188.

[21] Alan K. Consistency in networks of relations. Artificial Intelligence, 1977, 8(1): 99-118.

[22] Dechter R, Meiri I, Pearl J. Temporal constraint networks. Artificial Intelligence, 1991, 49(1-3): 61-95.

[23] Allen J F. Maintaining knowledge about temporal intervals. Communications of the ACM, 1983, 26(11): 832-843.

[24] Erol K, Hendler J, Nau D S. UMCP: a sound and complete procedure for hierarchical task-network planning. Proceedings of the 2nd International Conference on AI Planning System, Chicago, 1994.

[25] Erol K, Hendler J, Nau D S. HTN planning: complexity and expressivity. Proceedings of the National Conference on Artificial Intelligence, Seattle, USA, 1994.

[26] Tate A, Drabble B, Kirby R. O-Plan2: an open architecture for command, planning and

control. *In*: Zweben M, Fox M S. Intelligent Scheduling. San Francisco: Morgan Kaufmann Publishers Inc. , 1994: 213-239.

[27] Wang Z, Wang H W, Qi C, et al. A resource enhanced HTN planning approach for emergency decision-making. Applied Intelligence, 2013, 38(2): 226-238.

第 8 章

考虑多评价指标的 HTN 规划

实际的规划问题往往存在多个可行的行动方案,传统的智能规划关注的是如何尽快地找到一个可行的行动方案,并不强调行动方案质量的好坏。在应急响应决策中,应急行动方案的质量直接影响应急处置的效果。因此,应急决策者通常不满足于获得一个可行的行动方案,而是希望得到质量更好的应急行动方案,它的选取可能涉及多个评价指标。为了使 HTN 规划器能给出更高质量的规划方案,本章分析了此类规划问题的特点,在 Anytime 搜索框架下分别探讨了基于权重和基于支配关系评价的 HTN 搜索算法,并将其应用于洪灾转移规划问题中以验证方法的有效性。

8.1 引言

在应急响应决策中,经常会遇到考虑多评价指标的规划问题,它不仅要求生成一个在初始状态下能够完成目标任务的动作组合(行动方案),而且要求这个行动方案对于不同的评价指标而言尽可能是最好的。一般来说,规划问题的搜索空间十分庞大,寻找一个可行的行动方案是一个复杂的问题[1, 2],而考虑多评价指标的规划问题需要在这些可行的行动方案中寻找到尽可能好的行动方案。此外,这些不同的评价指标往往是不一致和相互矛盾的,这也为考虑多评价指标的规划问题的求解带来很大的困难。

应急运输规划问题是应急响应决策中常见的问题,下面以它为例说明考虑多评价指标的规划问题。某防汛抗旱指挥部收到某河段的险情预警报告,需要筹集 10 吨抢险物资,制订运输方案将抢险物资运输到险情点。当前可供调配和征用的运输队伍共有 5 支,不同运输队伍执行运输任务的费用不同,运输队伍的初始位置不同,同时有多条运输路径可供选择。该应急运输规划问题存在多个可行的应急行动方案，按照不同方案执行运输任务所需的时间和费用会有差别。评价这些行动方案的优劣时要同时考虑运输时间和运输费用，但这两个评价指标通常相互矛盾，运输时间短的运输方案往往会花费较高的运输费用，反之，运输费用低的方案往往会需要较长的运输时间。对于这个规划问题，需要综合考虑运输费用和运输时间这两个因素，并选取较优的应急运输方案。

随着实际规划问题对规划方案质量的要求越来越高，如何在规划中提高规划解质量的问题也越来越受到学者们的关注。国际智能规划大赛（International Planning Competition，IPC）已经将规划解的质量问题列入 PDDL2.1[3]中。在经典规划和类经典规划中，有学者开始设计能够提高规划解质量的规划器。Hoffmann[4]设计了一种启发式规划器 FF（fast forward），可以寻找到规划长度（行动方案包含的动作数）最短的行动方案；Smith 和 Weld[5] 提出的 TGP（temporal graph plan）以及 Haslum 和 Geffner[6] 提出的 TP4 则可以寻找执行时间最短的行动方案；Keyder 和 Geffner[7] 在 FF 的基础上提出了一种规划器，它通过评估当前搜索节点寻找费用最小的行动方案，这些规划器都仅考虑单个指标来进行行动方案的评价。Refanidis 和 Vlahavas[8] 提出的 MO-GRT（multiple objective greedy regression tables）以及 Minh 和 Do[9] 提出的 Sapa 是最早尝试考虑多评价指标的规划器，它们的主要思想是通过权重将当前状态下可行动作的多个启发式函数值综合为一个指标值，并依次引导搜索方向从而获得在该偏好下质量更好的行动方案。Ruml 等[10]用类似的思路设计了一种考虑多评价指标的规划器，并成功应用于高速激光打印机作业规划中。然而，当难以准确获得决策者的偏好信息时，这些规划器就无法处理此类问题。并且，考虑多评价指标的规划器的研究主要集中在经典规划和类经典规划中，在 HTN 规划中的相关研究并不多见，亟须研究考虑多评价指标的 HTN 规划方法。

下面本书结合 HTN 规划问题的特点，给出考虑多评价指标的 HTN 规划问题相关定义，然后针对应急决策问题的特殊需求分别提出了基于权重和基于支配关系的多指标评价方法，并依此设计 HTN 搜索算法来求解此类问题。

8.2　考虑多评价指标的 HTN 规划问题

HTN 规划是一种分层的智能规划方法，采用任务分解的思想，利用领域知识在任务网络中进行搜索，它关注于快速得到一个可行的行动方案，并不考虑行动方案的质量。传统的 HTN 规划问题可用一个 3 元组 $P=(s_0, T, D)$ 来表示，其中，s_0 为初始状态；T 为初始任务网络；$D=(O, M)$ 表示规划领域，其中 O 为操作符集合，M 为方法集合。在此基础上，考虑多评价指标的规划问题可定义为一个 4 元组 $P^* = (s_0, T, D, \boldsymbol{F})$。与传统 HTN 规划问题 P 相比，P^* 中加入了反映行动方案质量的评价指标 $\boldsymbol{F}$，$\boldsymbol{F}$ 是一个函数向量（$f_1(\pi)$，…，$f_n(\pi)$），其中每个 $f_i(\pi)$ 是评价行动方案 π 的一个指标。

　　考虑多评价指标的规划问题不仅要得到一个可行的行动方案，而且要得到质量更好的行动方案。而传统的 HTN 规划方法只是得到一个可行的行动方案，这就需要对规划方法进行改进。具体思路是利用 Anytime 的思想，在得到一个可行的行动方案后，评价当前生成的部分或完整的行动方案并削减较差行动方案的搜索空间，从而生成更好的行动方案。这种基于 Anytime 的搜索算法需要解决三个关键问题：一是对行动方案的评价，在规划过程中应随时对生成的部分或完整的行动方案进行评价，比较不同行动方案的优劣；二是削减策略的设计，通过削减策略将不可能产生更好的行动方案的搜索空间削减掉，使 HTN 规划在能够产生质量更好的行动方案的搜索空间进行搜索；三是中断机制的设计，针对应急决策时间难以预先确定的特点，设计有效的柔性中断机制，在规划过程中特定或者任意时刻可以终止搜索过程，并返回当前时刻得到的最好的行动方案。基于以上分析，本书设计了考虑多评价指标的 HTN 规划过程，如图 8.1 所示。

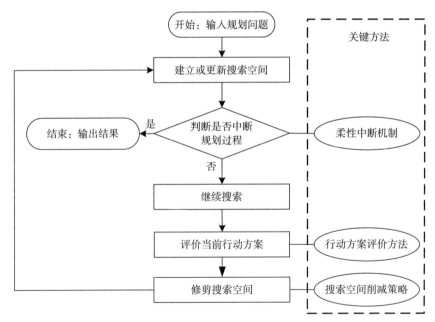

图 8.1　考虑多评价指标的 HTN 规划过程

1. 行动方案评价

　　在行动方案制订过程中，决策者需要根据消耗成本、执行时间等多个方面对行动方案进行评价。传统 HTN 的操作符只能给出一个评价指标表示，无法同时表示多个评价指标。因此，需要在原 HTN 操作符的基础上设计一种可以表示多种评价指标的扩展操作符。该扩展操作符使用一个向量来表示操作符的评价特征，用向量的一个元素表示操作符的一个评价指标。通过该扩展操作符可以比较方便地得到行动方案的多个评价指标，从而实现行动方案之间的对比。

在考虑多评价指标的规划问题中，这些评价指标是不一致的甚至矛盾的，无法简单地对比出优劣。在应急响应决策过程中，本书根据决策偏好信息是否能获得分别提出了基于权重和基于支配关系的两种评价方法（如果没有特别说明，行动方案的评价指标值越小越好）。

(1)基于权重的评价方法。如果在生成行动方案之前能够获得多个评价指标的偏好信息，通过归一化处理将偏好信息转化为权重系数来表示各个评价指标的重要程度。对各个评价指标进行加权和处理，得到行动方案的质量，可实现对行动方案的评价。假设 π_1 和 π_2 是两个不同的行动方案，在给定权重系数 $w=(w_1, w_2, \cdots, w_n)$ 情况下，如果存在这样的关系 $w_1 f_1(\pi_1) + w_2 f_2(\pi_1) + \cdots + w_n f_n(\pi_1) < w_1 f_1(\pi_2) + w_2 f_2(\pi_2) + \cdots + w_n f_n(\pi_2)$，则称 π_1 优于 π_2。

(2)基于支配关系的评价方法。行动方案之间的支配关系定义如下：假设 π_1 和 π_2 是两个不同的行动方案，如果对于每个 $i(1 \leqslant i \leqslant n)$，都有 $f_i(\pi_1) \leqslant f_i(\pi_2)$，并且 $F(\pi_1) \neq F(\pi_2)$，则称 π_1 支配 π_2（记为 $\pi_1 > \pi_2$）。行动方案 π_1 与 π_2 存在"π_1 支配 π_2"($\pi_1 > \pi_2$)、"π_2 支配 π_1"($\pi_2 > \pi_1$)和"π_1 与 π_2 互不支配"三种关系。图 8.2 说明了在两个评价指标下三个行动方案 π_1、π_2 和 π_3 之间的支配关系，即 $\pi_1 > \pi_3$、π_1 和 π_2 互不支配、π_2 和 π_3 互不支配。

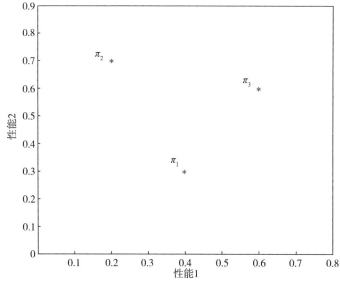

图 8.2　行动方案之间支配关系的示例

基于权重的评价方法通过事先获取偏好信息将大量不符合偏好的搜索空间削减掉，可以提高规划器的搜索速度。但是，在实际中偏好信息往往难以获得，基于支配关系的方法则无需获取偏好信息，相对于基于权重的评价方法其适用范围更广。

2. 搜索空间削减策略

在应急行动方案制订过程中，其规划问题的搜索空间一般比较大，在有限的时间内无法通过遍历搜索空间中所有节点来找到最优方案。因此，需要设计削减策略将不可能产生更好行动方案的搜索空间削减掉。在 HTN 规划中，行动方案的生成是通过将可行动作不断添加到动作组合中来完成的，那些还没有形成完全行动方案的动作组合被称为部分行动方案。在部分行动方案的生成过程中，对当前的部分行动方案和已经得到的行动方案进行对比评价，如果当前的部分行动方案已经被证实较劣（评价指标的加权和大于已经得到的行动方案的评价指标的加权和，或被已经得到的行动方案所支配），则将这个部分行动方案所在的搜索分支从搜索空间中削减掉，从而减小搜索空间，并使 HTN 规划器向着更好的方向展开搜索。

3. 柔性中断机制

应急行动方案制订过程中不存在预先给定的规划时间，需要能够在搜索过程中任意时刻中断，并输出应急行动方案。可以采用柔性中断机制来实现，具体来说就是：在 Anytime 搜索框架下设置一个变量来存储已生成的最好应急行动方案，这个变量初始值为空，如果规划过程中搜索到一个新的行动方案，且它优于所存储的行动方案，则证实劣的行动方案应从存储变量中删除并将新的应急行动方案存储起来。这样，在已得到一个可行的行动方案之后的任意时刻中断搜索过程总能保证得到至少一个行动方案，且该行动方案是相对较好的。

8.3　考虑多评价指标的 HTN 规划方法

8.3.1　扩展的操作符

在考虑多评价指标的规划问题中，需要对一个方案或部分方案进行多指标的评价。为了方便有效地计算多个指标的评价值，本书提出一种扩展的 5 元组操作符：$operator = (\text{head}(o), \text{precond}(o), \text{delet}(o), \text{add}(o), \text{eval}(o))$，其中 $\text{head}(o)$、$\text{precond}(o)$、$\text{delet}(o)$、$\text{add}(o)$ 同传统的操作符一样，分别表示一个操作符的头（包含操作符的名字和一个参数列表）、前提、删除效果和添加效果。不同的是，扩展的操作符使用向量 $\text{eval}(o) = (e_1(o), \cdots, e_n(o))$ 表达这个操作符的多个评价指标，其中每个元素 $e_i(o)$ 都表达操作符的一个评价指标。行动方案或部分方案 $\pi = \langle a_1, a_2, \cdots, a_k \rangle$ 的多个评价指标能够使用 $f_i(\pi) = \sum_{j=1}^{k}(e_i(a_j))$ 方便地计算出来。

图 8.3 是用扩展操作符的一个实例，卡车 truck1 将货物 cargo1 从地点 loc1 运输到地点 loc2 的行动方案由三个动作构成：〈 !board(cargo1 truck1 loc1) !move(truck1 loc1 loc2) !debark(cargo1 truck1 loc2)〉。由这个行动方案的执行时间和耗费成本两个评价指标可以计算得到：((0.2+1.16+0.15) (0.5+19.8+0.35))=(1.51　20.65)。

```
1:  (head: (!board cargo1 truck1 loc1)
     precond: ((cargo cargo1) (truck truck1) (local loc1)
              (at truck1 loc1) (at cargo1 loc1))
2:  delet: ((at cargo1 loc1))
3:  add: ((in cargo1 truck1))
4:  eval: (0.2 0.5) )

1:  head: (!move truck1 loc1 loc2)
2:  precond: ((truck truck1) (local loc1) (local loc2)
              (at truck1 loc1) (fuel fuel1 80) (distance loc1 loc2 110)
              (burn truck 0.18) (speed truck 95) (assign fuel-cost (*
              110 0.18))  (assign new-fuel (- fuel1 fuel-cost)) (assign
              duration (/ 110 95))
3:  delet: ((at truck1 loc1) (fuel fuel1 80))
4:  add: ((at truck2 loc2) (fuel fuel1 new-fuel))
5:  eval: ((duration) (fuel-cost)))

1:  (head: (!debark cargo1 truck1 loc2)
              ((cargo cargo1) (truck truck1) (local loc2)
              (at truck1 loc2) (in cargo1 truck1))
2:  delet: ((in cargo1 truck1))
3:  add: ((in cargo1 loc2))
4:  eval: (0.15 0.35) )
```

图 8.3　扩展操作符实例

8.3.2　搜索算法

根据上述两种评价方法，本书分别设计了基于权重的搜索算法（preference-based search algorithm，PSA）和基于支配关系的搜索算法（dominance-based search algorithm，DSA）。PSA[11] 使用基于权重的评价方法，将行动方案的多个评价指标值加权和来反映这个行动方案的质量，然后将质量较差的搜索空间削减掉；DSA 使用基于支配关系的评价方法，将被已经获得的行动方案所支配的行动方案所在的搜索空间削减掉。

1. PSA

PSA 的输入为规划问题 $P^* = (s_0, T, D, F)$，为了对行动方案进行基于权重的评价，需要获得决策者的偏好信息，并将其转化为权重向量 w。PSA 如图 8.4 所示，主要包括以下步骤。

```
1: function PSA (S₀,T,D,F,w)
2:   P.current ← the empty plan, P.best ← the empty plan
3:   G.best ← worst case upper bound , T'← T, s ← s₀
4:   T₀ ←{t ∈ T': no other task in T' is constrained to precede t }
5:   Loop
6:     if termination criterion is true
7:       then return P.best and G.best
8:     if T'= ∅ then
9:       P.best ← P.current , G.best ← F(P.current)
10:      s = s₀, T₀ ←{t ∈ T': no other task in T' is constrained to precede t }
11:    nondeterministically choose any t ∈ T₀
12:    if t is a primitive task then
13:      A ←{(a,θ): a is a ground instance of an operator in D, θ is a substitution
             that unifies {head(a), t}, and s satisfies the preconditions of a
14:      if A = ∅ then
15:        trace back
16:      nondeterministically choose a pair (a,θ) ∈ A
17:      modify s by deleting del(a) and adding add(a)
18:      append a to P.current
19:      if G.best < F(P.current) then
20:        trace back
21:        break
22:      modify T' by removing t and applying θ
23:      T₀ ←{t ∈ T': no task in T' is constrained to precede t }
24:    else
25:      M ←{(m,θ): m is an instance of a method in D, θ unifies {head(m), t},
             pre(m) is true in s, and m and θ are as general as possible}
26:      if M = ∅ then trace back
27:      nondeterministically choose a pair (m,θ) ∈ M
28:      modify T' by removing t, adding sub(m), constraining each task in sub(m)
             to precede the tasks that t preceded, and applying θ
29:      if sub(m) ≠ θ then
30:        T₀ ←{t ∈ sub(m): no task in T' is constrained to precede t }
31:      else T₀ ←{t ∈ T': no task in T' is constrained to precede t }
32:    repeat
33: end PSA
```

图 8.4　PSA

步骤 1　初始化。变量 $P.best$ 存储已生成的最好行动方案，将其赋值为空；变量 $G.best$ 存储这个方案的评价指标值的加权和，将其赋值为一个足够大的实数；变量 $P.current$ 存储当前部分行动方案，将其赋值为空；变量 T' 存储待分解的任务网络，将其赋值为初始任务网络 T；变量 T_0 存储的是没有先序任务的任务集合。

步骤 2　终止条件判断。判断终止条件是否成立，终止条件包括接收到外部的中断指令或达到设定的运行时间(图 8.4 中第 6 行)。如果终止条件成立，则返回 $P.best$ 存储的行动方案及 $G.best$ 存储的值(图 8.4 中第 7 行)；否则，转入步骤 3。

步骤 3　判断是否生成可行的行动方案。判断变量 T' 是否为空，如果为空，表示所有的复合任务均分解为原子任务，此时变量 $P.current$ 存储的部分行动方案是可行的行动方案(图 8.4 中第 8 行)，转到步骤 7；否则，转入步骤 4。

步骤 4　求精操作。对变量 T_0 中的复合任务进行分解(图 8.4 中第 25~28 行)或者对原子任务进行实例化(图 8.4 中第 13~18 行)，将新生成的部分行动方案存储在 $P.current$。

步骤 5　行动方案评价。将 $P.current$ 存储的行动方案与 $P.best$ 存储的行动方案进行对比评价(图 8.4 中第 19 行)，在给定的权重 w 下，如果 $P.current$ 的行动方案优于 $P.best$ 的行动方案，则转到步骤 2；否则，转入步骤 6。

步骤 6　削减搜索空间。将 $P.current$ 所在的搜索分支从搜索空间中削减掉(图 8.4 中第 20 行)，转到步骤 2。

步骤 7　更新行动方案。将 $P.best$ 的行动方案更新为 $P.current$ 中的行动方案，同时相应地更新 $G.best$ 的值(图 8.4 中第 9 行)，重置当前搜索节点，赋值为规划问题的初始搜索节点(图 8.4 中第 10 行)，转到步骤 2。

2. DSA

DSA 的输入是一个考虑多指标评价的规划问题 $P^* = (s_0,\ T,\ D,\ \boldsymbol{F})$，与 PSA 不同的是，DSA 的输入不需要决策者的偏好信息。DSA 如图 8.5 所示，主要包括以下步骤。

步骤 1　初始化。变量 $P.best$ 存储已生成的非支配的行动方案集合，将其赋值为空；变量 $G.best$ 用于存储 $P.best$ 中行动方案的评价指标值向量，将向量中每个指标值初始化赋值为足够大的实数；变量 $P.current$ 存储当前部分行动方案，将其赋值为空；变量 T' 存储待分解的任务网络，将其赋值为初始任务网络 T；变量 T_0 存储的是没有先序任务的任务集合。

步骤 2　终止条件判断。判断终止条件是否成立，终止条件包括接收到外部的中断指令或达到设定的运行时间(图 8.5 中第 6 行)。如果终止条件成立，则返回 $P.best$ 存储的行动方案集合及 $G.best$ 存储的指标向量集合(图 8.5 中第 7 行)；否则，转入步骤 3。

步骤 3　判断是否生成可行的行动方案。判断变量 T' 是否为空，如果为空，表示所有的复合任务均分解为原子任务，此时变量 $P.current$ 存储的部分行动方案是可行的行动方案(图 8.5 中第 8 行)，转到步骤 7；否则，转入步骤 4。

```
1: function DSA(s₀, T, D, F)
2:    P.current ←  the empty plan, P.best ← ∅
3:    G.best ←worst case upper bound , T'←T,  s←s₀
4:    T₀← {t∈T': no other task in  T'  is constrained to precede  t }
5:    Loop
6:      if termination criterion is true
7:       then return  P.best and G.best
8:      if  T'= ∅ then
9:       update (P.best,P.current),update (G.best,F(P.current))
10:       s = s₀,T₀← {t∈T': no other task in  T'  is constrained to precede  t }
11:      nondeterministically choose any t∈T₀
12:      if  t  is a primitive task then
13:        A ← {(a,θ):  a is a ground instance of an operator in  D ,  θ is a substitution
             that unifies {head(a), t }, and  s  satisfies the preconditions of a
14:        if A = ∅ then
15:          trace back
16:        nondeterministically choose a pair  (a,θ)∈A
17:        modify  s  by deleting  del(a) and adding  add(a)
18:        append  a  to P.current
19:        if G.best≻F(P.current) then
20:          trace back
21:          break
22:        modify  T'  by removing  t  and applying  θ
23:        T₀← {t∈T': no task in  T'  is constrained to precede  t }
24:      else
25:        M ← {(m,θ):  m  is an instance of a method in  D ,   θ unifies {head(a) , t },
             pre(m) is true in  s , and  m  and  θ  are as general as possible}
26:        if M = ∅ then trace back
27:        nondeterministically choose a pair  (m,θ)∈ M
28:        modify  T'  by removing  t , adding sub(m), constraining each task in sub(m)
             to precede the tasks that  t  preceded, and applying  θ
29:        if sub(m)≠ θ then
30:          T₀ ← {t∈sub(m): no task in  T'  is constrained to precede  t }
31:        else T₀← {t∈T': no task in  T'  is constrained to precede  t }
32:      repeat
33: end DSA
```

图 8.5　DSA

步骤 4　求精操作。对变量 T_0 中的复合任务进行分解（图 8.5 中第 25～28 行）或者对原子任务进行实例化（图 8.5 中第 13～18 行），将新生成的部分行动方案存储在 $P. current$。

步骤 5　行动方案评价。将 $P. current$ 存储的行动方案与 $P. best$ 存储的行动方案进行对比评价（图 8.5 中第 19 行），如果 $P. best$ 中存在某行动方案支配 $P. current$ 的行动方案，则转到步骤 6；否则，转入步骤 2。

步骤 6　削减搜索空间。将 $P. current$ 所在的搜索分支从搜索空间中削减掉

(图 8.5 中第 20 行)，转到步骤 2。

步骤 7　更新非支配行动方案集合。将 $P.best$ 中被 $P.current$ 所支配的行动方案删除，并将 $P.current$ 加入到 $P.best$ 中，同时更新 $G.best$ 所存储指标向量集合(图 8.5 中第 9 行)，然后重置当前搜索节点，赋值为规划问题的初始搜索节点(图 8.5 中第 10 行)，转到步骤 2。

搜索空间的削减是 PSA 和 DSA 中一个重要的步骤，下面以一个简单的规划例子说明削减策略的使用过程。假设将一批物资从 A 地转移到 B 地，有四支不同的运输队伍 team1、team2、team3 和 team4，分别位于 C、D、E 和 F 四个地点。已经得到一个可行的行动方案(运输队伍 team1 从 C 地出发到 A 地，装载货物后从 A 地出发到 B 地，在 B 地卸载货物后返回 A 地)，这个行动方案的费用为 5 000 元，需要的时间为 10 小时。费用和时间两个指标均为成本型指标，为了对两个指标规范化，将两个指标的数值进行线性变换，设定费用的最大值为20 000 元，时间的最大值为 20 小时，经过预处理后，这个行动方案的两个指标的值为(0.25，0.5)。

在 PSA 中，假设费用和时间指标的权重是(0.5，0.5)，$P.best$ 存储的是以 team1 为运输队伍的行动方案。在继续搜索过程中，选择运输队伍 team2 执行运输任务时，在生成到如图 8.6 所示的部分方案时，这个部分方案需要的费用为4 500 元，时间为 11 小时，与当前最好行动方案进行对比，$0.5 \times 45\,00/20\,000 + 0.5 \times 11/20 = 0.387\,5 > 0.5 \times 0.5 + 0.5 \times 1 = 0.375$，说明以 team2 为运输队伍的执行方案劣于当前最好行动方案，将这一搜索分支削减掉。继续进行搜索，选择team3 执行运输任务，当生成到如图 8.6 所示的部分行动方案时，发现这个部分行动方案劣于当前最好行动方案，又将这一搜索分支削减掉。再次继续搜索，选择 team4 执行运输任务，可以生成费用为 5 500 元和时间为 9 小时的更优行动方案。

在 DSA 中，$P.best$ 存储的是以 team1 为运输队伍的行动方案构成的当前非支配行动方案集合。在继续搜索过程中，选择运输队伍 team2 执行运输任务时，在生成到如图 8.7 所示的部分行动方案时，这个部分行动方案需要的费用为5 100 元，时间 12.5 小时，将这个部分方案与当前最好行动方案进行对比，(5 100，12.5) < (5 000，10)，说明以 team2 为运输队伍的执行方案被 $P.best$ 中的方案所支配，将这一搜索分支削减掉。继续搜索，选择 team3 执行运输任务，可以生成费用为 4 800 元和时间为 14 小时的行动方案，与 $P.best$ 中的行动方案互不支配，将其添加到 $P.best$ 中，构成新的当前非支配行动方案集合。再次继续搜索，选择 team4 执行运输任务，可以生成费用为 5 500 元和时间为 9 小时的行动方案，与 $P.best$ 中两个行动方案都互不支配。最后，得到的非支配行动方案集合 $P.best$ 包含三个行动方案，供决策者从中选择。

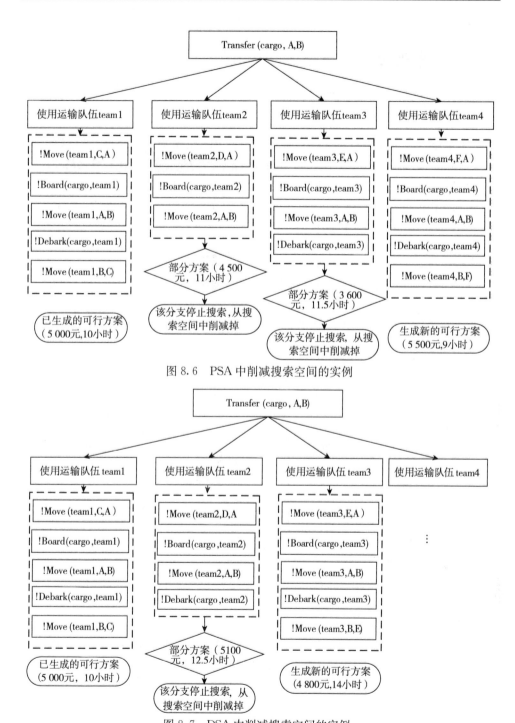

图 8.6　PSA 中削减搜索空间的实例

图 8.7　DSA 中削减搜索空间的实例

8.4　算例分析

8.4.1　算例描述

本书第 6.4 节中给出了一个洪灾转移的算例，它假设每组运输队伍只有一种运输方式。本章在此基础上假设每组运输队伍有两种运输方式(每种运输方式下有不同的运输速度和油耗)，具体的运输队伍信息如表 8.1 所示。该规划问题有 !command-by-alert、! command-by-phone、! prepare-evaluate、! board、! transport-fast、!transport-slow 和!debark 七个操作符。

表 8.1　运输队伍信息

编号	名称	能力/人	运输方式	速度/(千米/小时)	油耗/(升/千米)
1	Team2	250	快	40	20
			慢	30	15
2	Team3	200	快	20	22
			慢	18	15
3	Team4	150	快	50	20
			慢	45	13
4	Team5	250	快	20	30
			慢	15	17
5	Team6	100	快	40	19
			慢	34	11
6	Team7	200	快	20	31
			慢	17	20

8.4.2　结果分析

在 HTN 规划器 SHOP2 的基础上实现 PSA 和 DSA，实验的运行环境是 Windows 7 操作系统，并配置 Intel Core i3 CPU 和 4 吉字节内存。运用 PSA 求解上述洪灾转移规划问题，设置规划器的最长运行时间为 300 秒。应急行动方案的评价涉及油料消耗和执行时间两个指标，均为成本型指标，将两个指标的数值进行线性变换，设定油料消耗的最大基准值为 20 000 升，执行时间的最大基准值为 20 小时，并假设两个指标的权重为(0.2，0.8)。在设定的最长运行时间内可以得到 7 个可行的行动方案，如表 8.2 所示，从中可以发现随着运行时间的推移，得到的行动方案的质量逐步提高。

表 8.2　DSA 在不同时间点生成的非支配行动方案集合

生成方案编号	运行时间/秒	油料消耗/升	执行时间/小时	方案的质量
1	0.016	11 660	11.67	0.583
2	0.042	12 960	10.00	0.530
3	4.687	12 600	10.00	0.526
4	23.61	14 300	9.44	0.521
5	53.91	13 940	9.44	0.517
6	123.45	11 180	9.89	0.507
7	245.78	11 740	9.44	0.495

　　将 PSA 生成的应急行动方案与 SHOP2 生成的应急行动方案进行对比。在 PSA 中，分别设置不同的权重就可得到不同权重下的应急行动方案（每次的最长运行时间仍为 300 秒）。在 SHOP2 中，如果评价指标值都可以用规划问题的状态表示，则可以利用"sort-by"功能求解考虑多评价指标的规划问题。具体来说，将多个评价指标值的加权和设定为"sort-by"的启发式函数，用于引导规划器搜索。这样，在不同的权重下能够生成不同的应急行动方案。设置 11 种不同的权重系数，分别使用 PSA 和 SHOP2 求解上述规划问题，可以得到如表 8.3 所示的结果。结果表明，在相同的权重下，PSA 生成的应急行动方案都不同程度地优于 SHOP2 生成的应急行动方案。

表 8.3　由 PSA 和 SHOP2 生成的应急行动方案的对比

编号	权重		SHOP2 得到的行动方案			PSA 得到的行动方案			提高的比值/%
	消耗油料	执行时间	消耗油料/升	执行时间/小时	质量	消耗油料/升	执行时间/小时	质量	
1	1	0	11 640	10.33	0.582	10 560	12.59	0.528	9.28
2	0.9	0.1	11 720	11.67	0.586	10 560	12.59	0.538	8.13
3	0.8	0.2	11 160	11.67	0.563	11 180	9.89	0.546	3.01
4	0.7	0.3	11 160	11.67	0.566	11 180	9.89	0.540	4.59
5	0.6	0.4	11 760	11.67	0.586	11 180	9.89	0.533	9.03
6	0.5	0.5	13 840	9.24	0.577	11 180	9.89	0.527	8.70
7	0.4	0.6	16 040	9.00	0.591	11 740	9.44	0.518	12.30
8	0.3	0.7	17 320	9.00	0.575	11 740	9.44	0.507	11.86

续表

编号	权重		SHOP2 得到的行动方案			PSA 得到的行动方案			提高的比值/%
	消耗油料	执行时间	消耗油料/升	执行时间/小时	质量	消耗油料/升	执行时间/小时	质量	
9	0.2	0.8	18 580	9.00	0.546	11 740	9.44	0.495	9.27
10	0.1	0.9	18 580	9.00	0.498	11 740	9.44	0.484	2.85
11	0	1	18 580	9.00	0.450	11 620	8.77	0.439	2.56

注：提高的比值＝(SHOP2 的方案质量－PSA 的方案质量)／SHOP2 的方案质量×100%

运用 DSA 求解这个洪灾转移规划问题，设置规划器的最长运行时间为 3 000 秒，所得到的部分结果如表 8.4 所示。结果表明，DSA 能够得到一些可行的行动方案，并且随着规划时间的延长可以生成更多的非支配行动方案或者得到更好的非支配行动方案以供决策者选择。

表 8.4　DSA 在不同时间点生成的非支配行动方案集合

方案	编号							
	1		2		3		4	
运行时间/秒	98.675		974.249		1 920.971		2 525.911	
性能	油料消耗/升	执行时间/小时	油料消耗/升	执行时间/小时	油料消耗/升	执行时间/小时	油料消耗/升	执行时间/小时
plan1	14 120	9.00	11 690	8.76	11 470	8.76	9 990	11.06
plan2	13 240	9.24	12 320	8.56	11 400	8.78	9 350	11.41
plan3	11 420	11.41	11 620	8.78	11 750	8.71	13 400	8.42
plan4	10 120	11.67	11 970	8.67	11 050	8.89	11 470	8.76
plan5	11 480	10.00	11 270	8.89	12 740	8.53	11 400	8.78
plan6			10 390	9.24	12 040	8.64	11 750	8.71
plan7			10 120	11.67	12 390	8.53	11 050	8.89
plan8					12 320	8.56	12 740	8.53
plan9					11 970	8.67	12 040	8.64
plan10					10 390	9.24	12 390	8.53
plan11					10 120	11.67	12 320	8.56
plan12							11 970	8.67
plan13							10 390	9.24

基于上述实验结果，可进一步对比 SHOP2、PSA 和 DSA 生成的行动方案，

如图 8.8 所示。其中，PSA 和 SHOP2 分别在 11 种不同的权重下运行，PSA 的运行时间为 300 秒，DSA 运行时间分别为 300 秒和 3 000 秒，如图 8.8 所示。

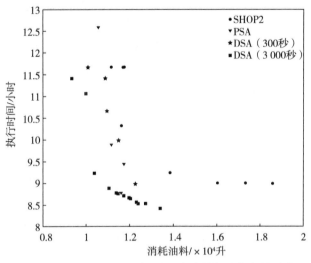

图 8.8　SHOP2、PSA 和 DSA 生成的行动方案的对比

通过图 8.8 可以发现以下几方面。

（1）PSA 和 DSA 均能够生成比 SHOP2 质量更好的应急行动方案。

（2）如果有充足的规划时间，DSA 所生成的应急行动方案的质量要优于 PSA 生成的行动方案。

（3）PSA 所生成的应急行动方案对于权重系数较为敏感，在充足的规划时间下，当设定的权重较为合理时 PSA 生成的应急行动方案才可能接近 DSA 生成的应急行动方案的非支配前沿。

8.5　本章小结

在应急响应决策中，往往存在需要考虑多评价指标的规划问题，本章在 Anytime 搜索框架下分别提出了基于权重和基于支配关系评价的 HTN 搜索算法。主要工作包括以下两个方面。

（1）对 HTN 操作符进行扩展，使其能够表达操作符的多个评价指标，进而可以计算行动方案的多个评价指标值。

（2）在 Anytime 搜索框架下提出了 PSA 和 DSA 两种搜索算法，PSA 在给定的权重下能够快速找到符合决策者偏好的应急行动方案，DSA 在没有偏好信息的情况下可生成一个非支配行动方案集合以供决策者选择。

在实际应急响应决策中，决策系统的响应速度和产生应急行动方案的质量对应急决策的效果有很大影响，下一步工作将考虑在搜索过程中加入启发式信息来提高规划器的搜索效率，使其能在较短的决策时间内生成质量更好的应急行动方案。

参考文献

[1] 李明磊，王红卫，祁超，等．非常规突发事件应急决策方法研究．中国安全科学学报，2012，22(3)：158-163.

[2] 加拉卜 M，诺 D，特拉韦尔索 P．自动规划：理论与实践．姜云飞，杨强，凌应标译．北京：清华大学出版社，2008.

[3] Fox M，Long D. PDDL2.1：an extension to PDDL for expressing temporal planning domains. Journal of Artificial Intelligence Research，2003，20(1)：61-124.

[4] Hoffmann J. FF：the fast-forward planning system. AI Magazine，2001，22(3)：57-62.

[5] Smith D E，Weld D S. Temporal planning with mutual exclusion reasoning. Proceedings of the 16th International Joint Conference on Artificial intelligence，Stockholm，Sweden，July，1999.

[6] Haslum P，Geffner H. Heuristic planning with time and resources. Proceedings of the 6th European Conference on Planning，Toledo，Spain，September，2001.

[7] Keyder E，Geffner H. Heuristics for planning with action costs revisited. Proceedings of the 18th European Conference on Artificial Intelligence，Patras，Greece，June，2008.

[8] Refanidis I，Vlahavas I. Multi-objective heuristic state-space planning. Artificial Intelligence，2003，145(1-2)：1-32.

[9] Minh B，Do S K. Sapa：a multi-objective metric temporal planner. Journal of Artificial Intelligence Research，2003，20：1-40.

[10] Ruml W，Do M B，Zhou R, et al. On-line planning and scheduling：an application to controlling modular printers. Journal of Artificial Intelligence Research，2011，40：415-468.

[11] Li M L，Wang H W，Qi C, et al. Handling multi-objective in an HTN planner for emergency decision-making. Emergency Management and Management Sciences（ICEMMS），the 3rd IEEE International Conference，Beijing，China，August，2012.

第 9 章

HTN 规划中的应急资源缺项处理

在应急响应过程中通常需要在短时间内调拨大量应急资源，由于应急资源数量有限，且大多分散在不同的地理位置上，所以往往会产生资源缺项。考虑到应急任务目标的重要性，不能因为资源缺项而轻易放弃应急任务目标。对此，需要在充分利用现有资源尽可能地完成应急任务目标的同时，识别因资源受限而暂时无法完成的应急任务目标，并通过资源补充最终完成这些任务目标。考虑到资源补充的数量、时间和距离等因素，为了便于有效地补充资源，本章提出了 HTN 规划中的资源缺项识别方法和带资源缺项标记的 Anytime 启发式搜索方法，得到最小化应急资源缺项目标函数的应急行动方案，从而提高了 HTN 规划在应急响应决策中的实用性。

9.1 引言

资源缺项产生的原因是应急组织通过常规手段获取的应急资源难以满足应对突发事件的实际需要[1]，而应急资源及时准确到位是保证应急行动方案有效执行的基础[2]。在存在资源缺项的情况下，运用现有的 HTN 规划模型无法得到可行的应急行动方案[3]，从而导致应急任务目标无法完成。由于应急任务目标不能轻易放弃，需要研究 HTN 规划中的应急资源缺项处理方法。

应急资源缺项的处理可视为一类软目标约束（soft goal constraints）问题[4]。在现有的智能规划研究中，部分可满足规划（partial satisfaction planning，PSP）[5] 是一种处理软目标约束问题的方法，往往具有目标选择和规划分析两个阶段，其基本思想是计算规划目标的效用，选择可以完成并且效用最大的规划目标子集来处理规划目标集合无法全部达成的情况[6]。例如，Nigenda 和 Kamb-hampati[7] 在规划器 AltAlt[PS][8] 的基础上设计了 AltWlt 启发式方法，通过在图规划中设计目标选择阶段来处理部分可满足问题，而目标集合的可行性需要通过互斥分析来确定，这种方法虽然便于处理 PSP 问题，但是其目标选择的复杂度高。针对这一局限性，Benton 等[5]在图规划器 Sapaᵖˢ的基础上中采用 Anytime 启发式算法直接处理 PSP 问题中的软约束。然而，这些方法主要是通过放弃部分规划目标使得可完成的规划目标子集合效用最大，与应急响应决策过程中应急任务目标不能轻易放弃的需求不符。

本章在第 7 章的资源增强型 HTN 规划方法[9]的基础上考虑应急任务目标不能放弃，提出了 HTN 规划中的资源缺项识别方法和带资源缺项标记的 Anytime 启发式搜索方法处理 HTN 规划中的资源缺项问题。具体来说：首先，将 HTN 规划的任务目标描述为软目标，并在 PDDL3[10]中可达成目标和不可达成目标的基础上增加了有条件达成目标，即通过资源补充才能完成的目标；其次，针对消耗性资源和可重用资源分别设计了相应的资源缺项识别方法，并在 HTN 规划推理过程中对产生缺项的资源进行标记操作；最后，提出了带资源缺项标记的 Anytime启发式算法，设计了考虑资源补充相关指标的行动方案评价方法，在任意时刻获得可进行资源补充的当前最优行动方案。根据形成的资源缺项列表，对方案中带资源缺项标记的任务进行资源补充后即可实现全部的任务目标。

9.2　资源缺项相关定义

为了实现考虑资源缺项的应急任务规划，需要在规划过程中对任务设置资源缺项标记来识别资源缺项；规划完成后，根据各任务的资源缺项标记生成资源缺项列表，作为资源补充的依据，并设计行动方案评价函数来评价行动方案在资源补充上的优劣。下面分别介绍资源缺项标记、资源缺项列表和行动方案评价函数的相关定义。

定义 9.1(资源缺项标记)　资源缺项标记可以表示为一个 6 元组 $RSS = (t, ResourceID, ResourceType, ShortageLocation, ShortageQuantity, Department)$。其中，$t$ 为资源缺项标记所属的任务；$ResourceID$ 为资源编码；$ResourceType$ 为资源类型，包括消耗性资源和可重用资源；$ShortageLocation$ 为任务 t 产生资源缺项的地点；$ShortageQuantity$ 为任务 t 所缺资源的数量；$Department$ 表示任务 t 的执行单位。

定义 9.2(资源缺项列表)　资源缺项列表是对行动方案所带资源缺项信息的总结。考虑到应急资源类型，可进一步分为消耗性资源缺项列表和可重用资源缺项列表。

消耗性资源缺项列表表示为 $RSM_{re} = (ResourceID, ResourceType, ShortageLocation, ShortageQuantity, Department, Deadline)$。其中，$Deadline$ 为

要求资源补充到位的最后期限，由资源缺项任务的开始时间决定。

可重用资源缺项列表表示为 $RSM_{rr}=$ (ResourceID, ResourceType, ShortageLocation, ShortageQuantity, Department, BorrowTime, ReturnTime)。其中，BorrowTime 为可重用资源的最迟借用时间；ReturnTime 为可重用资源的归还时间。BorrowTime 和 ReturnTime 分别由资源缺项任务的开始时间和结束时间决定。

定义 9.3(行动方案评价函数)　规划完成后，所获得的带资源缺项的行动方案的评价函数为 $f(RSPPlan)=\sum\limits_{g\in G_a}U_g-\sum\limits_{t\in P}C_t+\sum\limits_{g\in G_c}(U_g\times K_g)-\sum\limits_{re\in RSM_{re}}(RC_{re}\times C_{re})-\sum\limits_{rr\in RSM_{rr}}(RC_{rr}\times C_{rr}\times d_{rr})$。其中，$RSPPlan=(P,RSM)$，$P$ 表示由原子任务组成的完成目标集合 G 的行动方案，RSM 表示资源缺项列表。

设目标集合 $G=G_a\bigcup G_c\bigcup G_u$，完成任务目标 $g\in G$ 的效用为 $U_g(U_g>0)$。其中，G_a 表示可达成目标集合，由不带资源缺项标记的任务完成，其全部效用值为 $\sum\limits_{g\in G_a}U_g$；$G_c$ 表示有条件达成目标集合，由带资源缺项标记的任务完成，考虑折扣率 $K_g\in[0,1]$，其全部效用值为 $\sum\limits_{g\in G_c}(U_g\times K_g)$；$G_u$ 表示不可达成目标集合，不计算效用值，不反映在评价函数中。C_t 表示每个原子任务 $t\in P$ 的效用。对于资源缺项列表中的消耗性资源 re，其单位资源消耗成本为 $C_{re}(C_{re}\geqslant0)$，资源消耗量为 RC_{re}，相应的资源消耗成本为 $RC_{re}\times C_{re}$。对于资源缺项列表中的可重用资源 rr，其单位资源单位时间的占用成本为 $C_{rr}(C_{rr}\geqslant0)$，资源占用量为 RC_{rr}，借用开始时间为 BT_{rr}，归还时间为 RT_{rr}，其资源借用时间即为 $d_{rr}=RT_{rr}-BT_{rr}$，相应的资源占用成本为 $RC_{rr}\times C_{rr}\times d_{rr}$。总而言之，评价函数中第一项和第三项为目标集合获取的效用，第二项为原子任务执行消耗的成本，而第四项和第五项为补充缺项资源所消耗的成本。

下面通过应急物资运输的一个实例来阐述带资源缺项的应急任务规划问题。该运输问题可用如图 9.1 所示的网络图表示，其中 A_1 是应急物资储备点；B_1 和 B_2 是应急物资需求点；RSL_1 和 RSL_2 是应急物资转运站。规划的初始状态为，一辆卡车停靠在 A_1 装载了 60 吨应急物资，即 $TD_{mi}=60$，B_1 和 B_2 各需要 50 吨应急物资，即 $RV_{B_1}=RV_{B_2}=-50$（为了与第 7 章在资源时间轴上记录的资源变化量保持一致，此处的资源需求均表示为负值）。在规划过程中识别出应急物资缺项，需要将卡车移动至应急资源转运站，由应急资源转运站进行物资补充，相应的物资补充成本为 C_{re} 元/吨。

在本例中，将每个需求点的资源需求视为一个任务目标，直接使用需求点的符号进行标记。完成应急资源需求点 B_i 的物资运输可以获得一定的效用，记为

(U_{B_i}, K_{B_i})。如将物资运输到 B_1 的效用为 50，资源缺项的折扣率为 0.9，则其效用表示为 $(50, 0.9)$。本实例只考虑原子任务 $!\text{Move}(X, Y)$，表示卡车从 X 移动到 Y。假设卡车停靠在应急资源需求点时会自动卸载应急物资，卸载的应急物资数量为 $\min(|RV_{B_i}|, TD_{B_i})$。其具体含义为，如果卡车装载的应急物资数量可以满足该应急资源需求点 B_i 的物资需求 $|RV_{B_i}|$（即 $TD_{B_i} \geqslant |RV_{B_i}|$），则自动卸载应急物资的数量为 $|RV_{B_i}|$；否则（即 $TD_{B_i} < |RV_{B_i}|$），卡车将自动卸载数量为 TD_B 吨的所有应急物资。同时，假设卡车停靠在应急资源转运站或者应急物资储备点时会自动装载应急物资。卡车在不同地点之间的移动会消耗成本，标注在各节点之间的连线上，如任务 $t_1 = !\text{Move}(A_1, B_1)$ 消耗的成本 $C_{t_1} = 6$ 元。本实例的求解目标是通过 HTN 规划获得使评价函数值最大的行动方案及相应的资源缺项列表。

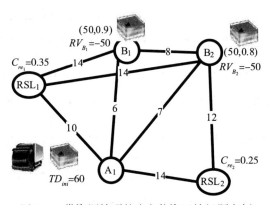

图 9.1　带资源缺项的应急物资运输问题实例

　　在上述问题中，初始状态时应急物资储备点 A_1 的资源储备无法同时满足需求点 B_1 和 B_2 的物资需求，而 B_1 和 B_2 的物资需求目标不能放弃。在实际的应急处置中，针对这种资源缺项问题通常的处理方法是，根据现有资源选择部分任务目标，并为其制订行动方案；对于其余的任务目标进行资源缺项上报，再根据资源补充情况制订行动方案。但是这种处理方式将降低行动方案的质量，其原因主要在于：①补货过程往往由外部实体负责，不在自身控制范围内，造成了补货方案和制订的行动方案脱节；②分别制订两部分行动方案，会造成方案之间存在行动冗余或冲突等不协调现象。

　　针对以上两阶段处理方法的不足，需要统一考虑补货方案和行动方案的制订，通过判定有条件达成目标和设计资源缺项标记生成带资源缺项列表的行动方案，据此指导补货方案制订，使得补货方案和行动方案无缝衔接，从而提高整体方案的质量。然而，有条件达成目标的判定和资源缺项标记的设计增加了规划问题的求解难度，需要研究规划过程中相应的处理方法。

9.3　HTN 规划中的应急资源缺项处理方法

为了求解考虑资源缺项的应急任务规划问题，本节对 HTN 规划进行了扩展，引入 Anytime 搜索机制[11]。Anytime 搜索机制的基本思想是在启发式函数的引导下不断探索搜索空间，并记录当前找到的目标函数值最优的规划方案，将其作为评价指标，保证在搜索过程中以后记录的规划方案的目标函数值要优于先记录的规划方案。

基于 Anytime 的应急资源缺项处理 HTN 规划方法基本流程如图 9.2 所示。设置 $SPlan$ 为完整规划方案，$CurPlan$ 为当前部分规划方案，$T0$ 为当前任务网络中无前序任务的任务集合，SS 为根据领域知识加载的搜索空间，并初始化搜索节点的效用，即定义 9.3 中各目标的效用、原子任务的效用和资源缺项的补货成本。当 SS 不为空且搜索过程不被中断时，执行一次迭代过程，迭代过程包括搜索过程（图 9.2 中第 8～10 行）、求精过程（图 9.2 中第 17～22 行）和修剪过程（图 9.2 中第 11 行）。搜索过程根据启发式函数在搜索空间中选择搜索节点，并采用评价函数评价包含该节点的部分方案。如果当前部分方案劣于已记录的完成规划方案，则转入修剪过程，将当前节点及其后续任务分解分支从搜索空间中修剪；否则，进一步判断该节点是否存在无前序任务的任务。如果存在，则转入求精过程，对该节点进行任务分解和前序推理，并识别资源缺项；如果不存在，则将包含该节点的完整规划方案替换已记录的最优完整规划方案。启发式函数和部分方案评价将在 9.3.2 节详细阐述，资源缺项识别方法将在 9.3.3 节详细阐述。当算法结束时，如果存在完整规划方案，则收集该方案中所有的资源缺项标记，将其整理为资源缺项列表，并返回方案和资源缺项列表；否则，返回当前部分方案。

本方法处理应急资源缺项的关键主要包括两个方面：其一，设计启发式函数引导搜索过程以及方案评价函数修剪搜索空间；其二，针对应急资源类型设计资源缺项标记及识别方法，识别有条件达成目标。

9.3.1　节点选择和方案评价

节点选择是搜索过程中的关键环节，其方式是否合理有效在很大程度上会影响规划的效率及规划方案的质量。考虑当前部分方案中原子任务的效用和任务目标完成获得的效用，本书设计了节点选择的启发式函数以引导搜索过程。启发式函数定义如下。

$$f(CurPlan) = g(CurPlan) + h_1(CurPlan) + h_2(CurPlan) + h_3(CurPlan)$$

其中，$g(CurPlan)$ 为从初始状态到当前状态的已生成的原子任务的总效用值；

```
1:   Procedure REHTN^{RS}(s_0, T, D, RT, RSS)
2:   begin
3:      set SPlan=null, the found complete solution plan;
4:      set CulPlan=null, the current partial plan;
5:      set T0 = null;
6:      set SS, the search space derived from D with benefit for each search node;
7:      while SS is not null and the planning process is not externally interrupted do
8:         CurNode ← the best search node in SS evaluated by the heuristic function
            f(CulPlan);
9:         CulPlan ← attach CurNode to CulPlan;
10:        T0 ← {t ∈ T| no other tasks is constrained to precede t};
11:        if Benefit(CurPlan)<Benefit(SPlan) then prune CurNode from SS;
12:        else
13:          if T0 is null then
14:             SPlan ← CurNode;
15:             prune CurNode from SS;
16:          else
17:             extract the refinement operation from CurNode;
18:             identify the resource shortage;
19:             if the resource shortage exists in the refinement operation then
20:                add an RSS to the related task;
21:             execute the refinement operation for CurNode;
22:             update T and CurPlan;
23:     if SPlan is not null then
24:        generate RSM by collecting all RSS;
25:        return SPlan and RSM;
26:     else return CurPlan;
27: end
```

图 9.2　基于 Anytime 的应急资源缺项处理 HTN 规划方法基本流程

$h_1(CurPlan)$ 为从当前状态到目标状态预测生成的不带资源缺项标记的原子任务的总效用值；$h_2(CurPlan)$ 为从当前状态到目标状态预测生成的带资源缺项标记的原子任务的总效用值；$h_3(CurPlan)$ 为所有任务目标的预估总收益，需要考虑有资源缺项所导致的效用折扣。

例如，在第 9.2 节的实例中，$CurPlan_1$ 对应部分规划方案 ⟨!Move(A_1，B_2)⟩，$CurPlan_2$ 对应部分规划方案 ⟨!Move(A_1，B_1)⟩。对于 $CurPlan_1$，计算卡车从 A_1 移动到 B_2 的效用为 $g(CurPlan_1)=-7$；预估卡车从 B_2 经过 B_1 移动到 A_1 的效用为 $h_1(CurPlan_1)=-8-6=-14$；此时 B_1 将出现资源缺项，预估在 RSL_1 补货，则卡车在 B_1 和 RSL_1 来回移动的效用以及在 RSL_1 的补货效用为 $h_2(CurPlan_1)=-(2\times50-60)\times0.35-2\times14=-42$；$B_1$ 带缺项的折扣效用和 B_2 不带缺项的效用为 $h_3(CurPlan_1)=50+45=95$；从而得到 $f(CurPlan_1)=32$。对于 $CurPlan_2$，计算卡车从 A_1 移动到 B_1 的效用为 $g(CurPlan_2)=-6$；预估卡车从 B_1 经过 B_2 移动到 A_1 的效用为 $h_1(CurPlan_2)=-8-7=-15$；此时 B_2 将出现资源缺项，预估在 RSL_2 补货，则卡车在 B_2 和 RSL_2 来回移动的效用以及在 RSL_2 的补货效用为 $h_2(CurPlan_2)=-(2\times50-60)\times0.25-2\times12=-34$；$B_1$

不带缺项的效用和 B$_2$ 带缺项的折扣效用为 h$_3$($CurPlan_2$)＝50＋40＝90；从而得到 f($CurPlan_2$)＝35。因此，$CurPlan_2$ 优于 $CurPlan_1$，搜索过程在本启发式函数的引导下将选择 $CurPlan_2$。

方案评价包括在修剪过程中的部分方案评价和获得完整规划方案后的完整方案评价。对于部分方案评价，通过设计评价函数 Benefit($CurPlan$) 作为搜索空间修剪的标准，从而提高搜索效率。部分方案的评价函数设计与定义 9.3 形式上相同。由于任务分解尚未完成，需要对应急目标的效用 $\sum_{g \in G_a} U_g$ 和 $\sum_{g \in G_c} (U_g \times K_g)$ 进行预估；对任务消耗的成本 $\sum_{t \in P} C_t$、$\sum_{re \in RSM_{re}} (RC_{re} \times C_{re})$ 和 $\sum_{rr \in RSM_{rr}} (RC_{rr} \times C_{rr} \times d_{rr})$，则只能计算部分方案中已生成的原子任务消耗的成本。如果 Benefit($CurPlan$) 较 $SPlan$ 的评价值更劣，则将相应的 $CurNode$ 从 SS 中删除。例如，在第 9.2 节的实例中，计算部分方案 $CurPlan_3$ ＝〈! Move (A$_1$，B$_2$)，! Move (B$_2$，B$_1$)〉的 Benefit($CurPlan_3$) 为 50＋50×0.9－7－8＝80。对于获得的完整方案，采用定义 9.3 的评价函数进行评价，如果其评价值较当前 $SPlan$ 的评价值更优，则用该方案更新 $SPlan$。需要指出的是，在规划过程中会不断出现资源缺项，造成更多的应急目标的效用折扣，所以，部分方案的评价值将比其继续分解获得的完整方案的评价值更高，保证了在规划过程中不会将可能产生更优方案的搜索空间修剪掉。

9.3.2　资源缺项识别

为了识别 HTN 规划过程中可能出现的资源缺项，在各操作符和分解方法的前提条件中添加资源需求量。在对选择的搜索节点进行求精的过程中，基于资源时间轴计算资源可用量，并比较资源可用量和资源需求量。如果资源需求量大于资源可用量，表明存在资源缺项，则添加资源缺项标记。考虑到应急资源可分为消耗性资源和可重用资源，相应的缺项标记操作分为消耗性资源缺项标记操作和可重用资源缺项标记操作。

(1)消耗性资源缺项标记操作。对于消耗性资源 re，其资源可用量为其资源时间轴上记录的当前数量 CQ_{re}，任务 t 的资源需求量为 t _ cost。如果 CQ_{re}＜t _ cost，则为任务 t 添加资源缺项标记 t _ RSS_{re}。其中，$ResourceID$ 和 $Resource$-$Type$ 来源于资源时间轴；$ShortageLocation$ 为任务的起始位置；$Short$-$ageQuantity$ 为 t _ cost－CQ_{re}；$Department$ 为任务 t 的负责单位。

(2)可重用资源缺项标记操作。对于可重用资源 rr 需要考虑资源的占用和释放，其资源可用量为 $INI_{rr} - \left(\sum_{t \geqslant 0}^{t \leqslant CT_{rr}} allocation - \sum_{t \geqslant 0}^{t \leqslant CT_{rr}} deallocation \right)$，任务 t 的资源需求

量为 $t\_allocation$。如果 $INI_{rr}-\left(\sum\limits_{t\geqslant0}^{t\leqslant CT_{rr}}allocation-\sum\limits_{t\geqslant0}^{t\leqslant CT_{rr}}deallocation\right)<t\_allocation$，则为 t 添加资源缺项标记 t_RSS_{rr}。其中，$ResourceID$、$ResourceType$、$Shortage$-$Location$ 和 $Department$ 的添加方式与消耗性资源相同，$ShortageQuantity$ 为 $t\_allocation-INI_{rr}+\sum\limits_{t\geqslant0}^{t\leqslant CT_{rr}}allocation-\sum\limits_{t\geqslant0}^{t\leqslant CT_{rr}}deallocation$。

当规划过程中出现了完整规划方案时，需要收集所有的资源缺项标记，并将其整理为资源缺项列表 RSM_{rc} 和 RSM_{rr}。资源缺项列表中的 $ResourceID$、$ResourceType$、$ShortageLocation$、$Department$ 和 $ShortageQuantity$ 均可以直接从资源缺项标记获得；对于 RSM_{rc}，$Deadline$ 为完整规划方案中任务 t 的实际开始时间；对于 RSM_{rr}，$BorrowTime$ 为完整规划方案中任务 t 的实际开始时间，$ReturnTime$ 为完整规划方案中任务 t 的实际结束时间。

9.4　算例分析

常见的应急物资运输是通过公路运输队按时按量将多种应急物资运输到指定区域，这是一种多品种单运输方式的运输问题，且由于应急资源受限往往存在资源缺项。本节以带资源缺项的应急物资运输问题为例，对比测试了本章提出的应急资源缺项处理方法和实际中常用的应急资源缺项处理方式。

9.4.1　算例描述

在本算例考虑的带资源缺项的应急物资运输问题中，A_1，A_2，…，A_n 为物资储备点，A_i 储存数量为 $X_1(A_i)$ 吨的渣石料和数量为 $X_2(A_i)$ 吨的砂子；B_1，B_2，…，B_m 为物资需求点；C_1，C_2，…，C_q 为应急物资转运站，负责上报应急资源缺项，可以作为资源补货的地点。设 B_i 需要完成 l 个应急物资筹集任务，每个任务要求在时刻 $t(B_i)_j(j=1，2，…，l)$ 前筹集数量为 $Y(B_i)_j$ 的应急物资。各储备点、需求点和转运站之间的距离记为 $d(x，y)$ 千米（$x，y=A_1，A_2，…，A_n，B_1，B_2，…，B_m，C_1，C_2，…，C_q$）。运输任务均委托给公路运输队 $TEAM_1$，$TEAM_2$，…，$TEAM_{nt}$，运输队 $TEAM_i(i=1，2，…，nt)$ 的运力记为 $CAPACITY_i$ 吨，时速记为 $SPEED_i$ 千米/小时，起始位置为 $LOC_i\in\{A_1，A_2，…，A_n\}$。假设两种应急物资可以混合运输，此时的运力为 $CAPACITY_i\times k\%(0\leqslant k\leqslant100)$ 吨。当所有任务完成后，公路运输队返回其起始位置。在这种情况下，需要为完成应急物资筹集任务制订运输方案，此过程存在资源缺项。

在资源增强型 HTN 规划方法的基础上，本节实现了本章提出的资源缺项处理方法，并对这种资源缺项问题进行了求解。而在实际的应急处置中，针对这种资源缺项问题，通常的处理方法是根据现有资源选择部分任务目标，并为其制订行动方案；对于其余的任务目标，进行资源缺项上报，再根据资源补充情况制订行动方案。为了比较本章提出的资源缺项识别处理方法和这种实际的应急资源缺项两阶段处理方法，基于 SHOP2[12] 分别对其进行实现。实际的两阶段处理方法的具体实现为：对于可完成的任务目标，运用 SHOP2 的 "sort-by" 功能进行贪婪搜索，形成一部分运输方案；在此基础上，考虑对资源转运站的资源数量进行补充，再针对需要资源补充才能完成的任务目标，运用 SHOP2 的 "sort-by" 功能进行贪婪搜索，形成另一部分运输方案。

9.4.2　结果分析

本实验的运行环境是 Windows XP 操作系统，Intel Core 2 Duo T5750 CPU 和 2 吉字节内存。本实验中考虑了 3 个运输队、2 个资源储备点 $\{A_1, A_2\}$ 和 2 个物资需求点 $\{B_1, B_2\}$，$\{A_1, A_2\}$ 同时作为物资转运站，相关参数如表 9.1 和表 9.2 所示。

表 9.1　公路运输队相关参数

参数	Team₁	Team₂	Team₃
运力/吨	300	200	300
速度/(千米/小时)	50	60	60
起始位置	A_1	A_2	A_1
比例/%	90	90	90

表 9.2　各储备点和需求点间的距离（单位：千米）

节点	A_1	A_2	B_1	B_2
A_1	0	40	60	50
A_2	40	0	50	60
B_1	60	50	0	20
B_2	50	60	20	0

设每个运输任务的总效用为 $100 \times Y(B_i)_j$，资源缺项的折扣率统一为 0.9；装/卸任务消耗的成本为 $5THIS\_CAPACITY$ 元，其中 $THIS\_CAPACITY$ 为装/卸货物的数量；运输任务消耗的成本记为 $0.1 \times THIS\_DISTANCE \times (THIS\_CAPACITY + 10)$ 元，其中 $THIS\_DISTANCE$ 为运输的距离，$THIS\_CAPACITY$ 为运输量；每次补货的固定成本为 100 元，可变成本为 $3 \times SUPPLEMENT$ 元，其中 $SUPPLEMENT$ 为补货数量。本书设计了 10 组带资源缺项的应急物资运输问题，其任务集合参数如表 9.3 所示。

表 9.3　应急物资运输问题的任务集合参数

问题编号	物资储备	目标集合
RS1	(A_1 stone 200，sand 0) (A_2 stone 200，sand 0)	(resource-need B_1 stone 350 60)(resource-need B_2 stone 150 60)
RS2	(A_1 stone 200，sand 100) (A_2 stone 200，sand 300)	(resource-need B_1 stone 350 60)(resource-need B_1 sand 150 60) (resource-need B_2 stone 150 60)(resource-need B_2 sand 350 60)
RS3	(A_1 stone 500，sand 100) (A_2 stone 300，sand 300)	(resource-need B_1 stone 800 60)(resource-need B_1 sand 150 60) (resource-need B_2 stone 200 60)(resource-need B_2 sand 350 60)
RS4	(A_1 stone 500，sand 400) (A_2 stone 300，sand 400)	(resource-need B_1 stone 800 60)(resource-need B_1 sand 500 60) (resource-need B_2 stone 200 60)(resource-need B_2 sand 500 60)
RS5	(A_1 stone 500，sand 400) (A_2 stone 700，sand 400)	(resource-need B_1 stone 800 60)(resource-need B_1 sand 500 60) (resource-need B_2 stone 200 60)(resource-need B_2 sand 500 60) (resource-need B_1 stone 500 100)
RS6	(A_1 stone 800，sand 400) (A_2 stone 800，sand 400)	(resource-need B_1 stone 900 60)(resource-need B_1 sand 500 60) (resource-need B_2 stone 200 60)(resource-need B_2 sand 500 60) (resource-need B_1 stone 900 100)
RS7	(A_1 stone 800，sand 650) (A_2 stone 800，sand 550)	(resource-need B_1 stone 900 60)(resource-need B_1 sand 800 60) (resource-need B_2 stone 200 60)(resource-need B_2 sand 700 60) (resource-need B_1 stone 900 100)
RS8	(A_1 stone 950，sand 650) (A_2 stone 1 050，sand 550)	(resource-need B_1 stone 900 60)(resource-need B_1 sand 800 60) (resource-need B_2 stone 700 60)(resource-need B_2 sand 700 60) (resource-need B_1 stone 900 100)
RS9	(A_1 stone 950，sand 850) (A_2 stone 1 050，sand 750)	(resource-need B_1 stone 900 60)(resource-need B_1 sand 800 60) (resource-need B_2 stone 700 60)(resource-need B_2 sand 700 60) (resource-need B_1 stone 900 100)(resource-need B_2 sand 500 100)
RS10	(A_1 stone 950，sand 1 050) (A_2 stone 1 050，sand 950)	(resource-need B_1 stone 900 60)(resource-need B_1 sand 800 60) (resource-need B_2 stone 700 60)(resource-need B_2 sand 700 60) (resource-need B_1 stone 900 100)(resource-need B_2 sand 1 000 100)

本章提出的资源缺项识别处理方法和实际的应急资源缺项两阶段处理方法均得到了这 10 组问题的行动方案，其目标函数值和 CPU 时间如表 9.4 所示。结果表明，资源缺项识别处理方法获得的行动方案的目标函数值大于两阶段处理方法，说明前者生成的行动方案优于后者，但前者需要付出更多的 CPU 时间。考虑到规划消耗的 CPU 时间相对于实际的方案执行时间可以忽略不计，资源缺项识别处理方法比两阶段处理方法具有更高的实用价值。

表 9.4　性能测试实验结果

性能＼问题编号		RS1	RS2	RS3	RS4	RS5	RS6	RS7	RS8	RS9	RS10
资源缺项识别处理方法	目标函数值	41 010	82 130	125 410	166 420	205 840	248 700	289 810	329 320	361 760	402 870
	CPU 时间/毫秒	7 906	12 063	13 093	18 969	23 438	26 860	25 860	30 501	30 048	35 750
两阶段处理方法	目标函数值	40 830	80 940	123 110	164 440	205 500	246 680	287 690	328 850	359 670	402 810
	CPU 时间/毫秒	3 938	6 453	6 390	9 016	12 266	13 563	13 219	17 266	13 282	16 484

9.5　本章小结

　　针对应急响应过程中可能出现的资源缺项问题，本章在资源增强型 HTN 规划方法的基础上设计了 HTN 规划中的资源缺项处理方法。具体包括以下两个方面。

　　(1)为了便于在规划过程中获取资源缺项信息，设计了资源缺项标记和有条件达成目标，从而统一考虑补货方案和行动方案的制订，使得补货方案和行动方案无缝衔接。

　　(2)引入了 Anytime 搜索机制来求解资源缺项问题，设计了启发式函数和方案评价函数，能够有效引导任务分解过程并修剪搜索空间，从而提高搜索效率。

　　该规划方法为处理应急资源缺项问题提供了解决途径，在今后的研究中，可以通过对启发式函数和评估函数的完善进一步提高任务规划的效率和行动方案的质量。

参考文献

[1] Altay N，Green W G. OR/MS research in disaster operations management. European Journal of Operational Research，2006，175(1)：475-493.

[2] 翟晓敏，盛昭瀚，何建敏. 应急研究综述与展望. 系统工程理论与实践，1998，7(7)：18-25.

[3] 加拉卜 M，诺 D，特拉韦尔索 P. 自动规划：理论与实践. 姜云飞，杨强，凌应标译. 北京：清华大学出版社，2008.

[4] Do M B，Benton J，Briel M，et al. Planning with goal utility dependencies. Proceedings of the 20th International Joint Conference on Artifical Intelligence，Hyderabad，India，2007：1872-1878.

[5] Benton J，Do M，Kambhampati S. Anytime heuristic search for partial satisfaction planning.

Artificial Intelligence，2009，173(5-6)：562-592.

[6] Smith D. Choosing objectives in over-subscription planning. Proceedings of the 14th International Conference on Automated Planning and Scheduling，Whistler，CA，2004.

[7] Nigenda R S，Kambhampati S. Planning graph heuristics for selecting objectives in over-subscription planning problems. Proceedings of the 15th International Conference on Automated Planning and Scheduling，Monterey，California，2005.

[8] Briel M，Sanchez R，Kambhampati S. Over-subscription in planning：a partial satisfaction problem. Proceedings of the 5th International Conference on Knowledge based Computer Systems，Hyderabad，India，2004.

[9] Wang Z，Wang H W，Qi C，et al. A resource enhanced HTN planning approach for emergency decision-making. Applied Intelligence，2013，38(2)：226-238.

[10] Saladi B R，Khemani D. Planning for PDDL3-an OCSP based approach. Proceedings of the 16th International Conference on Automated Planning and Scheduling，Cumbria，UK，2006.

[11] Sapena O，Onaindia E. Planning in highly dynamic environments：an anytime approach for planning under time constraints. Applied Intelligence，2008，29(1)：90-109.

[12] Nau D，Au T C，Ilghami O，et al. SHOP2：an HTN planning system. Journal of Artificial Intelligence Research，2003，20(12)：379-404.

第 10 章

基于 HTN 的分布式协作任务规划

本书前面章节主要侧重于对单个 HTN 规划器的功能进行改进，从而提高其在应急响应决策中的实用性，属于集中式规划的范畴。由于应急响应过程一般会涉及地理上分散的多个部门，难以做到信息完全共享，各参与部门不仅需要根据局部应急态势规划自身的应急任务，而且需要通过合理的协调方式实现整个应急组织内所有任务规划过程的协调运作，这实际上是一个分布式协作任务规划问题。不同部门的应急任务之间存在复杂的依赖关系，其中应急资源受限导致的冲突关系尤为重要。因此，协调处理资源冲突关系是应急响应过程中开展分布式协作任务规划的关键。本章分析了应急响应决策中的分布式协作任务规划的特点和意义，提出了基于 HTN 的分布式协作任务规划框架，在其中嵌入处理资源冲突关系的协调机制，并设计了相应的协作任务规划算法，从而实现规划过程中的协作。

■ 10.1 引言

在应急响应决策过程中，由于信息难以完全共享，所以各部门根据局部应急态势信息制订自身最有效的行动方案，因此需要考虑行动间的相互影响进行协作，以消解局部目标的冲突，保证全局任务的顺利实现。在这种情况下，多部门参与的应急行动方案制订是典型的分布式协作任务规划问题。对此，本节首先分析了应急响应决策中协作任务规划主要涉及的概念和要素，其次总结了协作任务规划的研究现状，最后提炼出了基于 HTN 的协作任务规划的关键问题。

10.1.1 应急响应决策中的协作任务规划

关于"协作"，在分布式人工智能领域存在多种定义[1~4]，Malone 和 Crowston[5]认为，协作是对行动间依赖关系的管理。由于应急响应决策过程中各个参与部门分工不同，各部门分别制订行动方案以实现各自的任务目标。然而，各部门的任务规划与执行受外部环境的制约，各自规划出的行动方案可能在应急行动的时间、资源和执行效果等方面存在依赖关系。

常见的多部门应急行动间的依赖关系有冲突关系、使能关系和激励关系等。冲突关系是指一个部门的行动导致另一个部门的行动无法执行，如两个部门各自的运输任务需要同时使用同一个运输队时会产生冲突。使能关系是指一个部门某一行动的完成是另一部门某一行动执行的前提，例如，在堤防抢险中，运输队伍在抢险点卸下沙包是抢险队伍使用沙包进行堤防抢险的前提。激励关系是指一个部门某一行动的完成会有利于其他部门行动的执行，例如，警戒组对某区域道路进行安全警戒可以提高运输队伍在这个区域执行运输任务的效率。

协作是对不同部门行动间依赖关系的管理，是实现各部门应急行动协同配合的重要手段。行动间的依赖关系是引发部门间协作的根本原因，可以认为依赖关系出现的时刻是部门间协作的起点。协调机制是协作过程中用于处理依赖关系的主要依据，它由一系列事先设计的规范组成，规定了何时进行信息交互、如何确定协调结果以及如何进行方案调整等。在应急响应决策过程中，应急资源的调配对于应急任务执行至关重要，特别是资源调配过程中产生的冲突可能会使得优先级高的任务的资源需求无法得到满足，甚至导致所有任务无法完成。因此，需要针对不同类型应急资源的冲突关系设计相应的协调机制。对于应急行动间的使能和激励关系，可以采用现有的协调机制[6]进行处理。

10.1.2　分布式协作任务规划的相关研究

在分布式协作任务规划的相关研究中，Kopena 等[7]将应急任务规划问题建模为分布式 CSP，采用结果共享的方法对应急成员的行动进行协调。Pechoucek 等[8]将半信任环境下的分布式规划和资源分配问题分解成任务分解、任务分配、任务完成和结果综合等相互关联的子过程，通过多 Agent 机会规划（opportunistic planning）、任务授权、基于任务共享的行动协调和方案监视执行及调整等手段进行求解。Decker[6]提出的通用部分全局规划（generalized partial global planning，GPGP）为分布式计算机系统中的各个独立子系统构建了多种活动控制策略和协议，设计了处理各类依赖关系的协调策略，具有很好的通用性和灵活性，是本章研究工作的基础。另外，HTN 规划器在应急响应决策中的使用日益广泛，考虑到多部门应急任务规划的分布式特征，需要进一步引入分布式 HTN 规划技术。下面分别从基于 GPGP 的分布式规划方法和分布式 HTN 规划技术两个方面对相关研究进行总结。

1. 基于 GPGP 的分布式规划方法

Decker[9]在任务分析环境模拟仿真语言（task analysis, environment modeling,

and simulation，TAEMS）框架下设计了通用的协调机制 GPGP，用于处理任务间的依赖关系，并开展了一系列的相关研究[10~15]。GPGP 主要包括任务规划、通过共享形成全局任务视图和任务协调与调度三个基本组成部分，并给出了五个基本的协作机制，包括更新非本地视图、交互规划结果、处理简单的冗余、处理硬约束关系和处理软约束关系[6]。这些通用机制是本地任务视图交互后发现并处理依赖关系的规范，不依赖于具体任务领域，可在此基础上进行适当的调整和扩展，处理不同任务环境下的协作问题。GPGP 将协调机制与本地的规划调度任务相分离，可以使相互间的协作与本地的规划各自更好地执行。

目前，分布式协作任务规划的研究大多建立在 TAEMS 和 GPGP 的基础之上，针对具体问题进行相应扩展。Wagner 等[16]提出了一种协作任务规划系统 Coordinators，可在方案执行过程中协调多个应急成员的行动方案。Musliner 等[17]提出了一种基于多智能体马尔科夫决策过程（multi-agent Markov decision process，MMDP）的规划方法，用于解决多个实体的协作任务规划问题。然而，基于 GPGP 的协作任务规划需要各成员间频繁交换任务视图信息，规划过程中通信量大，无法适应应急响应过程的特点。对此，Chen[15]指出，交互的确是分布式规划过程中协作时的一个关键问题，但与其相比，如何触发交互与协作是一个更加根本的问题。如前所述，任务规划中的原子行动间的依赖关系是协作行为的触发点。因此，应急响应决策中的分布式协作任务规划需要重点研究更加底层的协作问题，即如何在各个规划器生成的行动列表或者任务视图中发现相互依赖关系并触发后续协作过程。此外，基于 GPGP 的协作任务规划，需要首先规划出完整本地方案，提供一个包含所有规划结果的任务视图，再让协作模块利用协调机制处理依赖关系，最后根据协调结果调整各自规划方案使全局方案完整可行。该方法本质上是先规划后协作的过程，即在获得规划结果后再展开协作。然而，在应急响应决策中，涉及的多个部门之间需要高度协同，导致其任务之间存在大量的依赖关系，如果按照先规划后协作的方式进行处理，则可能会反复调用规划过程，使得整体效率低下。因此，有必要将方案间的协作时机提前，在规划过程中嵌入合理的协调机制，对依赖关系进行处理，从而在一次规划中获得彼此不存在冲突的行动方案。

2. 分布式 HTN 规划技术

目前，分布式 HTN 规划技术已在某些特定领域得到应用，如集中求解分布式的规划方案、分布式的层次搜索、分布式 HTN 计算等。Dix 等[18]在多 Agent 系统中引入了 HTN 规划器，首先由分布于系统中的 Agent 搜集环境信息，然后根据规划 Agent 统计信息并利用 HTN 规划器进行问题求解，再分配给其他 Agent 执行，但其实质仍是集中式规划。Kabanza 等[19]设计了 DSHOP（distributed simple hierarchical ordered planner），对同一任务树的不同节点使用多个规划器进行规划,每个规划器分解一个节点后立即释放,从而减少了单个规划器的规划压力,提高了系统规划速度,但该方法的本质是分布式计算,没有体现规划器之间的协作。Obst 和 Boedecker[20] 将分布式 HTN 规划技术应用于机器人足球领域,其规划过程是以简单动作驱动的,即一方做出传球动作后接球方马上能够规划得到接球动作。在这一过程中,最基本的协作得到了体现,但是并未探讨更为复杂的依赖关系。Hayashi 等[21] 将 HTN 分布在父 Agent 和子 Agent 中,实现了博物馆内部参观路线的求解,由父 Agent 求解整个博物馆内各大馆的参观先后顺序,再由子 Agent 规划大馆内部的行进路线。求解的任务呈上下级关系,上层规划器的结果作为下层规划器的输入,但未考虑同层次方案间行动的相互影响。

综上所述,基于 GPGP 的协作任务规划先规划后协作的方式不符合应急任务规划中规划和协作紧密结合的特征。另外,分布式 HTN 规划的研究较少考虑规划器之间的协作问题,少数研究简单考虑了使能关系的协调,但不能有效处理应急任务规划中常见的资源冲突问题。因此,需要设计基于 HTN 的协作任务规划框架,着重针对应急资源产生的任务间的冲突关系设计相应的协调机制,并将其嵌入 HTN 规划过程中,从而实现应急响应决策中的分布式协作任务规划。

10.2　基于 HTN 的分布式协作任务规划框架和协调机制

本节提出基于 HTN 的分布式协作任务规划框架,并着重研究了嵌入规划过程的冲突协调机制,使分布式的 HTN 规划器能够处理行动间由资源产生的依赖关系,从而实现层次任务分解过程中的实时协作。

10.2.1　基于 HTN 的分布式协作任务规划框架

集中式 HTN 规划假设决策部门完全掌握各应急响应参与部门的信息,可采用单个规划器进行推理求解,制订应急行动方案。然而,在信息无法做到全局共享的情况下,分布式 HTN 规划需要多个独立的规划器完成各自的任务规划,各规划器的内部推理对外不可见。因此,各规划器需要在规划过程中对存在依赖关系的行动进行信息交互,处理依赖关系,从而实现协作任务规划。

基于 HTN 的分布式协作任务规划框架如图 10.1 所示。该框架通过共享任务视图,在任务规划中嵌入任务协调过程,并利用 HTN 规划器本身具有的节点返回与重规划功能,整合了任务调整和修改的过程,从而实现规划过程中对原子行动的协调。该框架在原有 HTN 规划框架的基础上进行扩展,增加了潜在依赖关系检测模块、信息交互模块、依赖关系检测模块和依赖关系协调模块。其中,潜在依赖关系检测模块用于检测规划过程中产生的原子任务与其他规划器规划生成的原子任务是否具有潜在依赖关系；信息交互模块在检测到潜在依赖关系后，向其他规划器发送与其具有潜在依赖关系的本地任务节点信息，并接收其他规划器的任务节点信息；依赖关系检测模块根据信息交互结果确定具体的依赖关系；依赖关系协调模块对具体的依赖关系进行处理，使规划器之间对方案协调结果达成共识。基于以上模块完成方案协调过程后，各规划器根据协调结果进行任务节点返回操作，将规划进度返回到需要进行方案修改的节点，并从此节点开始继续规划，最终生成协调后的本地方案。该框架不仅适用于任意两个独立 HTN 规划器间的协调，而且进行适当扩展后可应用于多个规划器之间的协调。

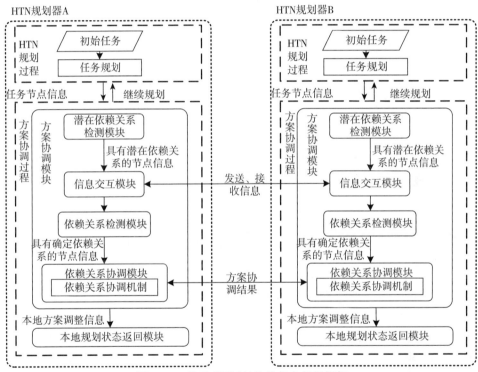

图 10.1　基于 HTN 的协作任务规划框架

　　该协作任务规划框架，一方面将协调机制嵌入规划过程中，使得方案制订与协调同时进行，可一次生成与其他规划器保持兼容的方案；另一方面尽早地发现和处理确认的依赖关系，并对原始方案进行修改，减少了被调整行动的后续任务节点的计算，使得规划器能够最大限度地减少对那些无效的后续原子行动的规划，甚至可能完全无需进行相应的规划。因此，与只能处理完整规划结果的传统协作框架相比，该框架具有减少总体规划方案生成时间、提高协作效率的优势。

10.2.2 处理资源冲突的协调机制

在基于 HTN 的协作任务规划框架中，处理依赖关系的协调机制是实现多 HTN 规划器在规划过程中进行协作的核心。考虑到应急资源冲突关系在多部门应急任务规划中的重要性，本小节专门针对不同类型的应急资源设计了相应的资源冲突协调机制。

行动间的冲突关系是指一个行动导致另一个行动无法执行[8]，为了清晰阐述该关系，本书给出了如图 10.2 所示的行动间冲突关系的一个示例。Agent₁ 的任务 Ta 可"与"分解为行动 A₁ 和 A₂，Agent₂ 的任务 Tb 可首先"或"分解为子任务 Tb₁ 和子任务 Tb₂，其中子任务 Tb₁ 可继续"与"分解为行动 B₁ 和行动 B₂，子任务 Tb₂ 则直接通过行动 B₃ 完成。由图 10.2 可见，Agent₁ 的行动 A₂ 与 Agent₂ 的行动 B₁ 存在冲突关系，即 A₂ 的某些或者全部执行结果会造成 B₁ 的前提条件失效。

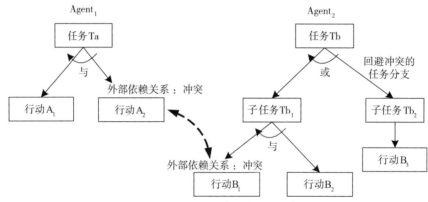

图 10.2　行动间冲突关系的示例

对于行动间的冲突关系，需要采用相应的协调机制进行处理，协调的结果一般是一方保持其已有方案不变，另一方放弃原方案并进行方案修改。在图 10.2 中，行动 A₂ 和行动 B₁ 间存在的冲突关系，此时 Agent₁ 可保持行动 A₂ 不变，Agent₂ 放弃子任务 Tb₁，而将任务 Tb 分解为子任务 Tb₂，并选择行动 B₃ 来回避此次冲突。考虑到相互冲突的任务分属不同规划器(本地规划器和其他规划器)，其生成的时间不会完全相同。在规划器的规划过程中，较早检测到其分解产生的原子任务与另一规划器的方案存在潜在冲突的一方，需要向对方发送潜在冲突信息，待对方分解产生相应的具有冲突关系的原子任务后进行冲突协调。根据协调机制判断哪一方应该对方案进行调整，无需调整方案的一方可以继续规划过程，需要调整的一方则获取冲突产生的任务节点，进行重规划。最后，相应地更新发送或接收的冲突信息。

Decker 和 Li[22] 运用 GPGP 处理了资源冲突的协调问题，在此基础上，本书下面进一步针对应急资源的不同类型，分别设计了处理可重用资源冲突和消耗性资源冲突的协调机制。

(1)可重用资源冲突协调。可重用资源被多个部门同时使用时产生可重用资源冲突，从而触发协调。针对这类冲突，可在判断任务的优先级的基础上通过保留优先级较高的任务并调整优先级较低的任务进行协调。任务优先级的判断规则主要有以下三种：①为使任务总体执行时间更少，双方规划的方案中更早使用资源的原子任务具有更高的优先级；②为使总体完成质量更高，双方规划的方案中完成质量更高的原子任务有更高优先级；③为使资源总体消耗更少，可综合考虑任务时间和任务质量等因素，设计评价函数，计算得到单位时间使用资源较少的任务具有较高的优先级。

(2)消耗性资源冲突协调。消耗性资源可被多个部门同时使用，但其资源总量有限，当各部门剩余行动所需要的资源总量超过了资源剩余量时，会产生消耗性资源冲突从而触发协调。类似的，对消耗性资源的冲突进行协调的基本思路是：在判断任务优先级的基础上，优先保障任务优先级高的规划器的后续规划行动方案优先完成，可以至少确保某些部门能顺利完成其任务，从而避免多个冲突的方案同时使用资源导致所有方案均无法完成的情况发生。

10.3　基于 HTN 的协作任务规划方法

本节基于 SHOP2 实现了基于 HTN 的协作任务规划框架。为了处理应急资源带来的行动间的依赖关系，我们扩展了规划领域中操作符的描述，并增加了应急资源和行动列表的描述项。在此基础上，本书提出了包含冲突关系协调机制的 HTN 协作任务规划算法。

10.3.1　扩展的规划领域描述

HTN 规划问题可以表示为一个 3 元组 $P = (s_0, T, D)$，其中，s_0 为初始状态；T 为初始任务网络；$D = (O, M)$ 表示包括操作符集合和方法集合的序对的规划领域。在分布式 HTN 规划问题中，每个 HTN 规划器分别处理各自的 HTN 规划问题 $P_i = (s_{io}, T_i, D_i)$，其中，i 代表 HTN 规划器的编号；s_{io} 代表规划问题 P_i 的初始状态，T_i 代表规划问题 P_i 的初始任务网络；D_i 表示问题 P_i 的规划领域。为了有效处理由应急资源产生的任务之间的冲突关系，定义 $D_i = (O_i, M_i, Resource_i, Sendlist_i, Receivelist_i)$，其中，$O_i$ 为操作符集合，并进行了资源扩展；M_i 为方法集合，与传统 HTN 规划领域的方法集合一致；$Resource_i$ 为规划问题所涉及的应急资源集合；$Sendlist_i$ 和 $Receivelist_i$ 分别表示具有潜在冲突关系的行动集合的发送列表和接收列表。

1)操作符

为了描述行动间由资源占用产生的相互关系，需要对每个规划器的操作符模型进行扩展，增加资源使用和行动编号的变量，第 i 个规划器的操作符描述为 $O_i = (:\text{operator head}(o),\ \text{precond}(o),\ \text{del}(o),\ \text{add}(o),\ \text{Resourceused}(o),\ st(o),\ et(o),\ costs(o),\ ActionID)$。其中，head$(o)$、precond$(o)$、del$(o)$和add$(o)$分别表示操作符的头、前提条件、删除效果和添加效果，与传统定义相同；Resourceused (o)为操作所使用的资源编码，后期用以确认不同操作行动是否使用了同一资源；$st(o)$表示操作占用资源的起始时间；$et(o)$表示操作占用资源的结束时间；$costs(o)$表示操作的效用值，作为协调时的评价指标；$ActionID$ 表示此操作在本地规划器生成的规划方案中的行动序号。扩展的操作符将操作与资源联系，规划算法可以根据操作中使用的资源信息判断是否需要与其他规划器进行协调。

2)应急资源

由于多个部门可能占用同一资源，需要对这些资源状况进行描述。第 i 个规划器的应急资源可描述为 6 元组 $Resource_i = (ResourceID,\ Resourcename,\ Resourcetype,\ Resourcestate,\ Resourcest,\ Resourceet)$。其中，$ResourceID$ 代表资源编码；$Resourcename$ 表示资源名称；$Resourcetype$ 表示资源类型；$Resourcestate$ 表示资源的占用状态，初始值为 0，表示该资源没有被任何部门占用，如果被某部门占用，则被赋值为使用该资源的部门或规划器的编号 j；$Resourcest$ 表示资源开始被占用的时间；$Resourceet$ 表示资源被释放的时间。

3)行动列表

不同部门各自规划生成的行动，可能在交叠时间段内使用同一应急资源，需要在规划领域中增加行动列表，记录潜在的冲突行动，表明相应的行动间存在潜在依赖关系。行动列表分为发送行动列表和接收行动列表两种。

规划器 i 的发送行动列表 $Sendlist_i$ 是指本地规划器发送到其他规划器的行动列表，由一系列具有潜在依赖关系的本地行动 $opmessage()$ 构成。而接收行动列表 $Receivelist_i$ 是指本地规划器接收到来自其他规划器的行动列表，由一系列具有潜在依赖关系的外部行动 $extopmessage()$ 构成。本地行动和外部行动均可用 5 元组$(ID,\ Resourceused(o),\ st(o),\ et(o),\ costs(o))$描述，分别表示相应行动的编号、所使用的资源编码、资源开始占用时间、资源释放时间和行动的效用值。发送行动列表和接收行动列表是规划器用来判断是否需要协作的重要依据，如果为空，则表明目前不需要考虑协作。

10.3.2　协作任务规划算法

基于 HTN 的协作任务规划算法如图 10.3 所示。该规划算法在生成原子行动后对资源冲突关系进行检测并根据协调机制进行处理，使用资源时间较早的行

动具有较高的优先级，可以保持不变，使用时间较晚的行动则需要进行调整或重
新规划，直至生成没有冲突的规划方案。

```
1:Procedure CP-HTN(s, T,  D)
2:    set s, initial state
3:    set T, initial task set
4:    set D, domain
5:    initial operator ActionID= 0
6:    set P = the empty plan
7:    T₀ ← {t belongs to T: no other task in T is constrained to precede t}
8:    loop
9:      if T is empty then return P
10:     nondeterministically choose any t in T₀
11:       if t is a primitive task then
12:         choose a ground instance a for t with the smallest cost among the available resources
13:         ActionID = ActionID +1
14:         opmessage(a)=( ID, Resourceused(a), st(a),et(a),costs(a))
15:         sendlist←opmessage(a)
16:         send opmessage(a) to the other planners
17:         if receivelist≠∅:
18:            ResourceID = Resourceused(a)
19:            conflict actions a' ← { a' belongs to the extopmessages of receivelist :
20:              has Resourceused(a')= ResourceID, and has the smallest st(a')
21:              and duration(st,et) is overlapped with duration(st',et')}, then
22:            if st<st'
23:              delete the rest extopmessage in receivelist
24:              Resourcestate(r)=i,Resourcest(r)=st,Resourceet(r)=et
25:             delete T in T₀ and add a into P
26:            else if st >st'
27:              delete opmessage(a) in sendlist
28:              Resourcestate(r)=i', Resourcest(r)=st', Resourceet(r)=et'
29:              Backtrack
30:         else delete T in T₀ and add a into P
31:       if t is a non-primitive task then
32:         choose a method to decompose t into subtasks {t₁, t₂,… tₙ}
33:         delete T in T₀ and add {t₁, t₂,… tₙ} into T₀
34:       if receiving a new extopmessage(a') in receivelist of action a' and sendlist≠∅:
35:         ResourceID = Resourceused(a')
36:         conflict actions a ← {a belongs to the opmessages of sendlist :
37:           has Resourceused(a)= ResourceID, and has the smallest st(a)
38:           and duration(st,et) is overlapped with duration(st',et')}, then
39:         if st'<st
40:           delete the rest opmessage in sendlist
41:           Resourcestate(r)=i', Resourcest(r)=st', Resourceet(r)=et'
42:           Backtrack to task node at action a
43:         else if st'>st
44:           delete extopmessage(a') in receivelist
45:           Resourcestate(r)=i, Resourcest(r)=st, Resourceet(r)=et
46:         delete T in T₀ and add a into P
47:    repeat
48: end CP-HTN
```

图 10.3　基于 HTN 的协作任务规划算法

具体来说，当任务分解生成原子任务时(图 10.3 中第 12 行)，如果原子任务
使用了资源，则说明该任务存在潜在的冲突依赖关系，需要与外部规划器进行交

互，更新发送列表，并将其发送给其他规划器(图 10.3 中第 14~16 行)。查询接收列表，判断是否存在资源冲突(图 10.3 中第 17~21 行)。如果存在冲突，则继续判断冲突的任务在资源占用时间上的先后关系，根据占用时间较早的任务优先级较高的原则，对冲突进行协调(图 10.3 中第 22~29 行)。如果在任务分解过程中收到来自其他规划器的冲突消息(图 10.3 中第 31~34 行)，查询发送列表，判断是否存在冲突(图 10.3 中第 35~38 行)。冲突的处理方式与生成原子任务时的冲突处理方式类似(图 10.3 中第 39~46 行)。

10.4　算例分析

10.4.1　算例描述

本节以两个现场指挥部分别制订各自的物资运输方案为例，运用提出的基于HTN 的协作任务规划方法，在方案生成过程中处理行动间的资源冲突关系，验证了方法的可行性。

假设在某区域内出现了两个较严重的堤防险情，应急决策部门决定分别成立现场指挥部 A 和 B，并设立一个抢险物资储备点 C 为两个指挥部提供抢险物资。区域内有 R1、R2、⋯、R6 六条运输道路，从物资储备点 C 到现场指挥部 A 和B 之间各有四条可达道路，其中有两条道路对 A 和 B 均可达，运输队在各条道路上所需的运输时间如表 10.1 所示。指挥部 A 和指挥部 B 分别拥有自己的运输队伍，驻扎在地点 Loc1 的运输队伍 team1 和驻扎在 Loc2 的 team2 由指挥部 A调遣，而驻扎在 Loc3 的 team3 和驻扎在 Loc4 的 team4 则由指挥部 B 调遣。运输队伍从驻扎地到达物资储备点或现场指挥部所需时间如表 10.2 所示。每支运输队伍一次运输的容量上限、装载与卸载时间如表 10.3 所示。两个现场指挥部的物资需求量如表 10.4 所示。

表 10.1　物资储备点和现场指挥部间各条道路的运输时间(单位：小时)

道路连接	R1	R2	R3	R4	R5	R6
C、A 之间	21	21.2	21.7	21.5		
C、B 之间	20.5	20			20.9	22

表 10.2　运输队伍从驻扎地到达指定地点所需的时间(单位：小时)

队伍驻扎点	A	B	C
Loc1	16.2		2.3

续表

队伍驻扎点	A	B	C
Loc2	17.7		2.7
Loc3		17.4	2.5
Loc4		16.5	2.6

表 10.3　物资运输队伍信息

运输队伍	容量上限/吨	装载时间/小时	卸载时间/小时
team1	35	1.2	1.2
team2	25	0.8	0.8
team3	25	0.6	0.6
team4	30	1	1

表 10.4　物资需求量(单位：吨)

物资	A	B
需求量	180	200

两个指挥部各自规划运输方案，将 C 地物资运输至各自应急响应现场。方案中的运输行动会涉及道路的占用，道路在此视为 0-1 类型的可重用资源。由于某些道路同时可以通往 A 地和 B 地，很可能存在两个指挥部各自规划的方案在交叠时间段内占用同一条道路的情况，因此需要对潜在的道路冲突进行处理。这类冲突的协调以任务优先级作为判断依据，保留优先级较高的任务，并通过选择其他道路调整优先级较低的任务。在本算例的规划过程中，优先选择运输时间最短的道路，而在协调道路资源冲突时较早占用道路的行动优先级较高。

10.4.2　实验结果及分析

分布式协作任务规划方法生成的运输方案如表 10.5 所示。结果表明，通过资源冲突协调机制，道路能在尽早的时间被使用，并且各方案中的运输队伍持续进行往返行动时，可以确保无冲突地使用道路资源。

表 10.5　分布式协作任务规划生成的运输方案

指挥部 A						指挥部 B					
队伍	Act	ST	ET	Rd	Cap	队伍	Act	ST	ET	Rd	Cap
Team1	to C	0	2.3		0	Team3	to C	0	2.5		0
	load	2.3	3.5		35		load	2.5	3.1		25

续表

指挥部 A						指挥部 B					
队伍	Act	ST	ET	Rd	Cap	队伍	Act	ST	ET	Rd	Cap
Team1	to A	3.5	24.5	R1	35	Team3	to A	3.1	23.1	R2	25
	unload	24.5	25.7		0		unload	23.1	23.7		0
	to C	25.7	47.2	R4	0		to C	23.7	43.7	R2	0
	load	47.2	48.4		35		load	43.7	44.3		25
	to A	48.4	69.9	R4	35		to A	44.3	64.3	R2	25
	unload	69.9	71.1		0		unload	64.3	64.9		0
	to C	71.1	92.8	R3	0		to C	64.9	84.9	R2	0
	load	92.8	94.0		35		load	84.9	85.5		25
	to A	94.0	115.7	R3	35		to A	85.5	105.5	R2	25
	unload	115.7	116.9		0		unload	105.5	106.1		0
	return	116.9	133.1		0		to C	106.1	126.1	R2	0
Team2	to C	0	2.7		0		load	126.1	126.7		25
	load	2.7	3.5		25		to A	126.7	146.7	R2	25
	to A	3.5	24.0	R4	25		unload	146.7	147.3		0
	unload	24.5	25.8		0		return	147.3	164.7		0
	to C	25.8	47.5	R3	0	Team4	to C	0	2.6		0
	load	47.5	48.3		25		load	2.6	3.6		30
	to A	48.3	70.0	R3	25		to A	3.6	24.5	R5	30
	unload	70.0	70.8		0		unload	20.9	25.5		0
	to C	70.8	92.3	R4	0		to C	25.5	46.0	R1	0
	load	92.3	93.1		35		load	46.0	47.0		30
	to A	93.1	114.6	R4	35		to A	47.0	67.5	R1	30
	unload	114.6	115.4		0		unload	67.5	68.5		0
	return	115.4	133.1		0		to C	68.5	89.0	R1	0
							load	89.0	90.0		30
							to A	90.0	110.5	R1	30
							unload	110.5	111.5		0
							to C	111.5	132.0	R1	0
							load	132.0	133.0		10
							to A	133.0	153.5	R1	10
							unload	153.5	154.5		0
							return	154.5	171.0		0

注：表中 Act 表示 team 采取的行动，ST 为行动起始时间，ET 为行动结束时间，Rd 为当前行动使用的道路，Cap 为运输队伍的装载量（单位为吨）

分布式协作任务规划的内部推理过程如表 10.6 所示，包括规划器进行深度优先搜索的内部推理步骤以及对本地方案进行调整的过程。可见，由于两个分布式协作任务规划器事先不知道对方的规划选择，在每次使用道路资源时都会最优先选择对自身最有利的道路。一旦发现使用道路存在资源冲突，且应当由对方优先使用时，将转而搜索使用次优道路的方案，直到形成行动无冲突的最终方案。

表 10.6　分布式协作任务规划的内部推理过程

| 指挥部 A | | | | | | | | | | 指挥部 B | | | | | | | | | |
| Team1 | | | | | Team2 | | | | | Team3 | | | | | Team4 | | | | |
Act	Time	Rd	Cap	Amnt	Act	Time	Rd	Cap	Amnt	Act	Time	Rd	Cap	Amnt	Act	Time	Rd	Cap	Amnt
to C	2.3	—	0	—						to C	2.5	—	0	—					
load	3.5	—	35	—						load	3.1	—	25	—					
to A	24.5	R1	35	—						to B	23.1	R2	25	—					
unload	25.7	—	0	35						unload	23.7	—	0	25					
					to C	2.7	—	0	—						to C	2.6	—	0	—
					load	3.5	—	25	—						load	3.6	—	30	—
					to A	24.7	R2	25	—						to B	24.1	R1	30	—
					to A	25.0	R4	25	—						to B	24.5	R5	30	—
					unload	25.8	—	0	60						unload	25.5	—	0	55
to C	46.7	R1	0	—						to C	43.7	R2	0	—					
load	47.9	—	35	—						load	44.3	—	25	—					
to A	68.9	R1	35	—						to B	64.3	R2	25	—					
unload	70.1	—	0	95						unload	64.9	—	0	80					
					to C	47.0	R2	0	—						to C	46.0	R1	0	—
to C	46.9	R2	0	—											load	47.0	—	30	—
to C	47.2	R4	0	—											to B	67.5	R1	30	—
load	48.4	—	35	—											unload	68.5	—	0	110
to A	69.4	R1	35	—						to C	84.9	R2	0	—					
to A	69.6	R2	35	—						load	85.5	—	25	—					
to A	69.9	R4	35	—						to B	105.5	R2	25	—					
unload	71.1	—	0	95						unload	106.1	—	0	135					
					to C	47.5	R3	0	—						to C	89.0	R1	0	—
					load	48.3	—	25	—						load	90.0	—	30	—
					to A	70.0	R3	25	—						to B	110.5	R1	30	—
					unload	70.8	—	0	120						unload	111.5	—	0	165
					to C	91.8	R1	0	—	to C	126.1	R2	0	—					
					to C	92.0	R2	0	—	load	126.7	—	25	—					
					to C	92.3	R4	0	—	to B	146.7	R2	25	—					
					load	93.1	—	25	—	unload	147.3	—	0	190					

续表

指挥部 A										指挥部 B									
Team1					Team2					Team3					Team4				
Act	Time	Rd	Cap	Amnt	Act	Time	Rd	Cap	Amnt	Act	Time	Rd	Cap	Amnt	Act	Time	Rd	Cap	Amnt
					to A	114.1	R1	25	—						to C	132.0	R1	0	—
					to A	114.3	R2	25	—						load	133.0	—	10	—
					to A	114.6	R4	25	—						to B	153.5	R1	10	—
					unload	115.4	—	0	145						unload	154.5	—	0	200
to C	92.8	R3	0	—											return	171.0	—	0	200
load	94.0	—	35	—						return	164.7	—	0	200					
to A	115.7	R3	35	—															
unload	116.9	—	0	180															
return	133.1	—	0	180															
					return	133.1	—	0	180										
Task Finished										Task Finished									

注：表中 Act 表示 team 采取的行动，Time 为各行动结束时间点(或下一步行动起始时间点)，Rd 为当前行动使用的道路，Cap 为运输队伍的装载量(单位为吨)，Amnt 表示已完成的任务量，灰色标记的行动为因协作过程而舍弃的行动，Amnt 列下的"—"表示 Amnt 的数值在此行动过程中不发生改变，Rd 列下的"—"表示此行动不使用道路

在如表 10.6 所示的推理过程中，指挥部 A 和 B 各自的规划器在规划的第 7 步均已出现与其他规划器方案冲突的行动。如表 10.6 所示，指挥部 A 的 Team1 从 C 到 A 的运输任务占用 R1 的时间区间为[3.5，24.5](表 10.6 中第 3、4 步)，指挥部 B 的 Team4 从 C 到 B 的运输任务占用 R1 的时间区间为[3.6，24.1](表 10.6 中第 6、7 步)。对于这一冲突，根据使用时间较早优先级较高的原则，保持指挥部 A 的 Team1 的运输任务不变，相应地修改指挥部 B 的 Team4 的方案，重新选取 R5 完成该运输任务(表 10.6 中第 8 步)。后续的规划推理中存在多次类似的冲突处理过程(表 10.6 中灰色标记处)。如果运用传统方法进行处理，各个规划器将先各自独立生成一个完整的方案，然后再进行协调，不会在规划过程中修改方案。对于第 7 步的冲突，如果不立刻修改方案，很可能在之后的协调中将指挥部 A 的第 19 步和指挥部 B 的第 25 步作为前提条件失效的行动被舍弃。此外，传统的处理方法在完成一轮规划与调整后，还要针对后续所有的依赖关系完成多轮规划和调整才能得到没有冲突的最终行动方案。可见，在规划过程中进行协调能够在一定程度上提高协作任务规划的效率。

10.5 本章小结

应急响应决策中存在地理上分散的多个部门单独制订各自的应急行动方案的

情况，而其行动方案之间又往往存在依赖关系，需要在任务规划过程中通过协调机制对任务间的依赖关系进行处理。因此本章提出了基于 HTN 的分布式协作任务规划框架，特别针对应急响应中较为突出的任务间的资源冲突关系设计了协调机制，以此为基础提出了 HTN 协作任务规划算法，实现了分布式 HTN 规划器在规划过程中的协作，从而获得没有相互冲突的行动方案。

然而，本章主要考虑应急任务之间存在的资源冲突关系，在今后的工作中，需要针对应急管理实践将任务间的依赖关系进一步细分，并设计相应的协调机制。另外，本章主要按照资源占用的时间先后确定任务优先级的方式进行冲突协调，今后的研究还需要考虑其他因素，设计更合理的优先级计算规则，以提高冲突处理的有效性、改善协作任务规划的整体效率。

参考文献

[1] Bond A H, Gasser L. Readings in Distributed Artificial Intelligence. San Francisco: Morgan Kaufmann Publishers Inc., 1988: 367-386.

[2] Singh B, Rein G L. Role interaction nets (RINs): a process description formalism. Microelectronics and Computer Technology Corporation, Technical Report, CT-083192, Austin, TX, 1992.

[3] Malone T W. What is coordination theory? Working Paper, Massachusetts Institute of Technology, 1988.

[4] Curtis B. Modeling coordination from field experiments. Proceedings of the Conference on Organizational Computing, Coordination and Collaboration: Theories and Technologies for Computer-Supported Work, Austin, 1989.

[5] Malone T W, Crowston K. The interdisciplinary study of coordination. ACM Computing Surveys (CSUR), 1994, 26(1): 87-119.

[6] Decker K S. Environment centered analysis and design of coordination mechanisms. Ph. D. Thesis, University of Massachusetts/Amherst, 1995.

[7] Kopena J B, Sultanik E A, Lass R N, et al. Distributed coordination of first responders. Internet Computing, IEEE Internet Computing, 2008, 12(1): 45-47.

[8] Pechoucek M, Recgák M, Marrk V. Incrementally refined acquaintance model for distributed planning and resource allocation in semi-trusted environments. Proceedings of IEEE/WIC/ACM International Conference on Web Intelligence and Intelligent Agent Technology-Workshops, Silicon Valley, 2007: 391-394.

[9] Decker K S. TAEMS: a framework for environment centered analysis and design of coordination mechanisms. Autonomous Agents and Multi-Agent System, 2007, 15(2): 147-198.

[10] Durfee E H, Lesser V R. Partial global planning: a coordination framework for distributed hypothesis formation. IEEE Transactions on Systems, Man and Cybernetics, 1991, 21(5):

1167-1183.

[11] Lesser V R, Decker K S, Carver N, et al. Evolution of the GPGP domain independent co-ordination framework. Technical Report, University of Massachusetts Computer Science, 1998.

[12] Lesser V R. Reflections on the nature of multi-agent coordination and its implications for an agent architecture. Autonomous Agents and Multi-agent Systems, 1998, 1(1): 89-111.

[13] Wagner T, Lesser V. Toward generalized organizationally contexted agent control. Technical Report, University of Massachusetts Computer Science, 1999.

[14] Lesser V R, Decker K S, Wagner T, et al. Evolution of the GPGP/TEAMs domain-independent coordination Framework. Autonomous Agents and Multi-Agent Systems, 2004, 9(1-2): 87-143.

[15] Chen W. Designing an extended set of coordination mechanisms for multi-agent systems. Ph. D. Thesis, University of Delaware, 2005.

[16] Wagner T, Phelps J, Guralnik V, et al. Coordinators: coordination managers for first re-sponders. Proceedings of the 3rd International Joint Conference on Autonomous Agents and Multiagent Systems, 2004: 1140-1147.

[17] Musliner D J, Durfee E H, Wu J, et al. Coordinated plan management using multiagent MDPs. AAAI Spring Symposium: Distributed Plan and Schedule Management, 2006: 73-80.

[18] Dix J, Muñoz-Avila H, Nau D S, et al. Impacting SHOP: putting an AI planner into a multi-agent environment. Annals of Mathematics and Artificial Intelligence, 2003, 37(4): 381-407.

[19] Kabanza F, Lu S, Goodwin S. Distributed hierarchical task planning on a network of clus-ters. In: Gonzalez T. Proceedings of International Conference on Parallel and Distributed Computing and Systems. Calgary: ACTA Press, 2004: 439-444.

[20] Obst O, Boedecker J. Flexible coordination of multiagent team behavior using HTN plan-ning. In: Bredenfeld A, Jacoff A, Noda I, et al. RoboCup 2005: Robot Soccer World Cup IX. Berlin: Springer Berlin Heidelberg, 2006: 521-528.

[21] Hayashi H, Tokura S, Ozaki F. Towards real-world HTN planning agents. Knowledge Processing and Decision Making in Agent-based Systems, 2009, 170: 13-41.

[22] Decker K S, Li J. Coordinating mutually exclusive resources using GPGP. Autonomous Agents and Multi-Agent Systems, 2000, 3(2): 133-158.

第 *11* 章

应急响应动态条件下的 HTN 规划

在应急响应过程中，应急决策者需要随时根据动态变化的应急态势确定应急目标。此外，应急行动方案需要根据应急行动执行效果适时进行调整。因此，应将规划过程与执行过程进行统一考虑，通过两者的集成以实现应急响应动态条件下的 HTN 规划。本章在阐述应急响应过程动态性特征的基础上分析了规划与执行的交互过程，并针对应急目标动态到达和方案执行中的资源异常两种情况分别提出了相应的处理方法。

11.1 应急响应过程动态性特征分析

应急响应是应急组织根据应急态势的变化调动各类资源，制订行动方案，并组织实施的过程。应急态势主要包括突发事件演化、承灾载体演变、环境变化、资源使用情况、组织活动以及应急任务的执行情况等相互耦合的要素，是制订应急行动方案所需依据的主要信息。突发事件具有突发发生、快速蔓延和演化规律不确知等特征，导致应急响应过程中应急态势动态变化，且难以预测。然而，现有 HTN 规划方法多属于静态规划方法，对系统的动态变化考虑甚少。因此，需要研究应急响应动态条件下的 HTN 规划方法。

应急响应过程中的动态特征可以从应急目标和应急行动执行过程两个方面进行分析。

(1)应急目标是应急响应工作需要完成的任务，具有可度量性、可分配性、合理性和时间相关性等属性[1]，决定了当前指挥周期内应急组织的行动方向，能够有效引导应急响应实体的应急行动。在应急响应过程中，应急态势动态变化，要求应急决策者根据动态变化的应急态势确定异步到达应急目标。同时，应急决策者需要根据时间和资源受限等条件和应急管理规章制度对应急目标进行分级，保证高等级的应急目标优先实现。因此，要求 HTN 规划方法能够处理异步到达和带优先级的应急目标。

（2）应急态势的动态变化往往导致应急行动的实际执行过程与原有的设定不相符[2]，特别是应急资源消耗或占用的异常情况可能会导致正在执行的应急行动方案无法完成或者失效，如果不及时处理，将会造成原来设定的应急目标无法完成。因此，HTN 规划方法应能够对应急资源执行异常进行处理。

根据以上分析，针对应急响应环境动态条件，需要将规划与执行进行有效集成。具体地，将应急响应过程看做规划和执行交互进行的动态过程，利用执行过程中的信息改进规划过程，并设计制订和修正应急行动方案的方法。很多学者对规划与执行集成问题[3,4]开展了研究，主要可分为以下两个方面。

（1）基于状态空间的规划与执行集成。Wilkins 等将规划模块 SIPE-2 和响应式执行模块 PRS(procedural reasoning system)-CL 有机组合，设计了 Cypress[5]，规划模块与执行模块采用共同的领域知识模型，且以松耦合的异步方式实现系统组件运转；Myers 将行动方案看做动态、可扩充、能够对环境做出实时响应的人工实体，设计了一种能够在不可预测和动态环境中利用方案生成、执行、监视和修复的框架 CPEF(conditions planning and execution framework)[6]；Sapena 和 Onaindia[7]将基于状态空间搜索的在线规划模块、监视模块和重规划模块进行集成，设计了一种领域独立的规划器 SimPlanner，能够对外部事件做出快速响应。

（2）基于规划空间的规划与执行集成。Lemai 和 Ingrand 在 IxTeT[8]的基础上设计了时态规划与执行集成系统 IxTeT-eXeC[9]，能够提供时态方案生成、执行控制、方案修复和重规划等功能；Hayashi 等[10]在 HTN 规划的基础上设计了连续规划与执行系统 Dynagent，提供了方案规划、方案执行、状态更新和方案修正等功能，可有效处理环境动态变化和行动执行失败等情况。

综上所述，将规划与执行过程进行有效集成的方法突破了经典规划模型"封闭世界假设"[11]的前提条件，可以用于解决动态条件下任务规划问题。然而，现有研究工作尚未专门考虑应急规划领域的动态性特征，特别是带优先级的规划目标异步到达和应急资源执行异常等问题。基于规划与执行过程集成的思想，本章提出了应急目标动态到达和方案执行中的资源异常的处理方法，以实现应急响应动态条件下的 HTN 规划。

11.2 规划过程与执行过程的交互

为适应应急响应的动态性特征，本节针对应急决策者开展应急行动方案制订、行动方案执行、执行过程监视，以及根据执行反馈信息对行动方案进行调整的整个过程，分析了规划过程与执行过程的交互，特别是给出了能够处理应急目标异步到达和应急资源执行异常的规划与执行交互过程。

　　在实际的应急响应过程中，规划过程与执行过程往往是交叠进行的。规划过程是为了完成应急目标，根据应急态势、应急管理规章制度、标准化操作程序和专家经验知识等，规划生成能够落实到各执行实体操作层面的行动方案，描述了各具体任务的执行单位、执行时间和资源等。应急行动方案将转换为应急指令，并由应急执行实体在给定的时间内利用分配的应急资源执行完成。应急行动执行过程具有动态性和不确定性，需要对执行情况进行跟踪评估，当出现影响行动方案有效性的异常情况时，需要反馈到规划过程对应急行动方案进行调整或重新制订方案。应急行动方案执行过程可能产生的异常情况包括：应急行动执行时间超限，应急行动无法产生预期的执行效果，应急行动前提条件不满足和应急资源执行异常等。另外，应急态势动态变化将使得应急响应过程中出现新的应急目标，使得应急任务规划的目标是异步到达的。

　　下面分别考虑应急目标异步到达和应急资源执行异常两种情况，阐述规划与执行的交互过程。

1. 应急目标异步到达

　　处理应急目标异步到达的规划与执行交互过程如图 11.1 所示。t_0 时刻，确定初始应急目标集合，触发规划过程；t_0 时刻至 t_1 时刻，规划过程执行 HTN 规划方法，构建搜索空间；t_1 时刻，规划过程生成完成初始应急目标的应急行动方案，并开始执行；t_1 时刻至 t_2 时刻，执行时刻 t_1 生成的行动方案；t_2 时刻，异步应急目标到达，经判定该应急目标的优先级高于当前执行的应急行动，停止当前方案执行过程，并触发新的规划过程，搜索完成新应急目标的应急行动方案，并继续执行交叠过程，直至应急响应过程结束。

图 11.1　应急目标异步到达的规划与执行交互过程
注：P 表示规划过程，E 表示执行过程

2. 应急资源执行异常

　　处理应急资源执行异常的规划与执行交互过程如图 11.2 所示。t_0 时刻，应急响应开始，通过 HTN 规划方法制订应急行动方案；t_1 时刻，方案生成并开始执行；t_2 时刻，触发监测应急资源状态信息；t_3 时刻，发现应急物资数量异常，并分析异常；t_4 时刻，根据异常分析结果采用方案调整生成新的应急行动方案；t_5 时刻，方案调整失败，启动重规划；t_6 时刻，得到了新的应急行动方案，并开始执行；t_7 时刻，对应急资源状态信息进行定时监测；t_8 时刻，发现应急物资位

置异常，并进行分析；t_9 时刻，根据分析结果终止应急行动方案执行过程，并开始重规划；t_{10} 时刻，得到了新的可行应急行动方案，并开始执行。

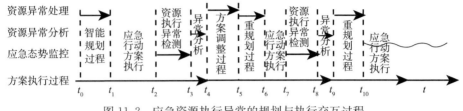

图 11.2　应急资源执行异常的规划与执行交互过程

根据上述分析可知，应急行动方案规划过程是应急决策者在当前应急态势下针对应急目标制订行动方案的过程，应急行动方案执行过程是应急执行实体执行行动并产生特定执行效果的过程。规划过程生成的应急行动方案决定了执行过程执行的具体任务，两者之间的交互基础为应急行动方案，可通过应急行动方案将两者进行有效集成。

规划过程与执行过程集成的关键是确定执行过程中断条件，并进行方案调整或重规划。对于目标异步到达的情况，主要是根据异步到达的应急目标的优先级确定应急行动方案是否中断，并利用现有规划信息生成实现新的应急目标的行动方案。对于应急资源执行异常的情况，关键是根据应急资源执行异常的分类情况确定应急行动方案调整规则和重规划方法。在 11.3 节和 11.4 节中，本书将详细阐述以上两种情况的处理方法。

11.3　带优先级的异步应急目标处理

在应急行动方案执行过程中，随着应急态势的动态变化，应急决策者需要不断地识别新的应急目标并确定应急目标的优先等级。本节提出了带优先级的异步应急目标的处理方法，并通过算例分析验证方法的有效性。

11.3.1　带优先级的异步应急目标处理方法

在应急行动方案执行过程中，应急决策者确定新的带优先级的应急目标后，需要对当前正在执行的应急行动方案进行调整，从而生成新的实现当前部分应急目标的行动方案。处理带优先级的异步应急目标的主要思路是：如果到达的应急目标的优先级高于正在执行的行动的优先级，则中断正在执行的行动，并将到达的新的应急目标添加到当前的所有搜索节点，启动规划算法(见本书 6.3 节)，生成新的应急行动方案。否则，继续执行当前行动，并将到达的新的应急目标添加到当前的所有搜索节点，当前应急行动执行完毕后，启动规划算法生成新的应急行动方案。

带优先级的异步应急目标处理方法如图 11.3 所示，其输入为到达的应急目标 *newIO*，变量 *executingActionSet* 表示正在执行的行动集合，变量 *openList* 表示规划过程构建的当前搜索空间。其具体步骤如下。

```
1:   Function handlingAsynIncObj（newIO）
2:   if ExecutingActionSet = ∅, then
3:      newNode ← (s, newIO, ∅, {newIO}) ;
4:      add newNode to openList ;
5:      planningAlgorithm( openList );
6:   else
7:      if (a ∈ ExecutingActionSet) and (a.pri < newIO.pri) does not exist,then
8:         for each  a ∈ executingActionSet
9:            suspend the executing process of  a ;
10:           for each  searchNode ∈ openList
11:              replace action  a ∈ searchNode.P  with  resume(a) ;
12:           end for each
13:        end for each
14:        for each  searchNode ∈ openList
15:           add  newIO  to  searchNode.w ;
16:        end for each
17:        planningAlgorithm( openList );
18:     else
19:        for each  searchNode ∈ openList
20:           add  newIO  to  searchNode.w ;
21:        end for each
22:     end if
23:     if  (t ∈ searchNode.w) and (searchNode ∈ openList) exist,then
24:        planningAlgorithm( openList );
25:     end if
26:     while true
27:        Execution and supervision.
28:        if  newIO  is identified, then
29:           handlingAsynIncObj（newIO）
30:        end if
31:        if ExecutingActionSet = ∅, then
32:           planningAlgorithm( openList );
33:        end if
34:     end while
35:  end if
```

图 11.3　带优先级的异步应急目标处理方法

步骤 1　判断正在执行的行动集合 *ExecutingActionSet* 是否为空。如果为空，建立新的搜索节点(*s*, *newIO*, $\varnothing$, ⟨*newIO*⟩)(图 11.3 中第 3 行)，并将该搜索节点添加到变量 *openList*(图 11.3 中第 4 行)，触发 Anytime 启发式搜索算法(图 11.3 中第 5 行)，生成新的行动方案，转入步骤 6。否则，转入步骤 2。

步骤 2　比较应急目标 *newIO* 与变量 *executingActionSet* 中记录的正在执行行动的优先级。如果前者的优先级高于后者(图 11.3 中第 7 行)，则转入步骤 3；

否则，转入步骤 4。

步骤 3　中断变量 *executingActionSet* 中所有行动(图 11.3 中第 9 行)。对于任意 *a*∈*executingActionSet*，用对应的重启行动 resume(*a*)置换 *openList* 中所有行动 *a*(图 11.3 中第 10～12 行)。resume(*a*)的开始时间等于当前中断时间，结束时间不变。最后，将应急目标 *newIO* 加入到 *openList* 中所有搜索节点的任务网络 *searchNode.w*(图 11.3 中第 14～16 行)，触发 Anytime 启发式搜索算法(图 11.3 中第 5 行)，生成新的行动方案，转入步骤 6。

步骤 4　将应急目标 *newIO* 添加到变量 *openList* 中所有搜索节点的任务网络 *searchNode.w*(图 11.3 中第 19～21 行)，转入步骤 6。

步骤 5　若搜索空间存在未分解的任务，执行规划程序，生成行动方案，转入步骤 6；否则，直接转入步骤 6。

步骤 6　继续执行和监控行动方案。当新的应急目标到达时，转入步骤 1。当所有行动执行完毕时，转入步骤 5。

当同时有多个应急目标到达时，按照优先级由高至低的次序，利用上述方法依次处理。

11.3.2　算例分析

本节利用 6.4 节的洪灾转移规划算例，对带优先级的异步应急目标处理方法与先来先服务处理方法进行比较。

1. 实验设计与配置

本实验设计了 10 组应急目标，分别用以构建洪灾转移规划算例中 10 个随机生成的应急任务规划问题，如表 11.1 所示。应急目标的参数包括需要疏散的居民区域、执行居民疏散任务的时限条件、优先级及其被确定的时间。每组应急目标集合中的应急目标是异步到达的，可能产生于行动方案执行过程。假设行动执行过程与规划过程中的预期相同，不考虑行动执行失败和意外事件发生等情况。两种处理方法在 Eclipse 中采用 Java 实现，实验运行环境为配置 Windows XP 操作系统、Pentium4、3.06 兆赫兹 CPU 和 512 兆字节内存的计算机。

表 11.1　10 组应急目标任务规划问题

规划问题编号	应急目标集合
1	((flood-evacuate area2) ((end@ 1)−TR < 40) 2 0.0) ((flood-evacuate area5) ((end@ 1)−TR < 60) 1 8.0) ((flood-evacuate area3) ((end@ 1)−TR < 60) 3 12.0)
2	((flood-evacuate area2) ((end@ 1)−TR < 24) 2 0.0) ((flood-evacuate area5) ((end@ 1)−TR < 48) 1 8.0) ((flood-evacuate area1) ((end@ 1)−TR < 60) 3 12.0)

续表

规划问题编号	应急目标集合
3	((flood-evacuate area1) ((end@ 1)－TR < 18) 2 0.0) ((flood-evacuate area4) ((end@ 1)－TR < 32) 1 8.0) ((flood-evacuate area5) ((end@ 1)－TR < 60) 3 12.0)
4	((flood-evacuate area2) ((end@ 1)－TR < 24) 1 0.0) ((flood-evacuate area5) ((end@ 1)－TR < 48) 3 4.0) ((flood-evacuate area4) ((end@ 1)－TR < 24) 3 10.0)
5	((flood-evacuate area3) ((end@ 1)－TR < 18) 3 0.0) ((flood-evacuate area4) ((end@ 1)－TR < 48) 1 8.0) ((flood-evacuate area1) ((end@ 1)－TR < 60) 2 10.0)
6	((flood-evacuate area4) ((end@ 1)－TR < 18) 3 0.0) ((flood-evacuate area3) ((end@ 1)－TR < 32) 1 8.0) ((flood-evacuate area2) ((end@ 1)－TR < 60) 2 10.0)
7	((flood-evacuate area1) ((end@ 1)－TR < 18) 1 0.0) ((flood-evacuate area5) ((end@ 1)－TR < 32) 2 6.0) ((flood-evacuate area2) ((end@ 1)－TR < 58) 3 8.5)
8	((flood-evacuate area1) ((end@ 1)－TR < 24) 1 0.0) ((flood-evacuate area4) ((end@ 1)－TR < 48) 3 6.0) ((flood-evacuate area2) ((end@ 1)－TR < 52) 2 8.5)
9	((flood-evacuate area5) ((end@ 1)－TR < 24) 1 0.0) ((flood-evacuate area2) ((end@ 1)－TR < 48) 2 7.0) ((flood-evacuate area3) ((end@ 1)－TR < 52) 2 9.5)
10	((flood-evacuate area4) ((end@ 1)－TR < 24) 1 0.0) ((flood-evacuate area2) ((end@ 1)－TR < 48) 3 5.2) ((flood-evacuate area5) ((end@ 1)－TR < 48) 3 8.5)

2. 实验评价

实验运行结果如表 11.2 所示，结果表明，带优先级的应急目标处理方法得到的应急行动方案的执行时间比先来先服务的应急目标处理方法生成的应急行动方案执行时间短。然而，带优先级的异步应急目标处理方法会耗费更多的运行时间。原因是按照该方法对应急目标做出响应时，将到达的应急目标加入当前搜索空间导致规划过程的搜索深度增加，从而使得该方法的运行时间更长。先来先服务处理方法串行处理异步到达的应急目标，且不考虑完成不同应急目标的应急行动之间存在并行执行的特征。只有当完成应急目标的规划与执行过程结束后，才对下一个到达的应急目标做出响应。因此，采用该处理方法，规划过程的搜索深度较小，运行时间较短。相对于应急行动方案的执行时间而言，两种处理方法的运行时间都可以忽略不计。所以，带优先级的异步应急目标处理方法优于先来先服务应急目标处理方法。

表 11.2　实验运行结果

规划问题编号	带优先级的异步应急目标处理方法		先来先服务应急目标处理方法	
	方案执行时间/小时	运行时间/毫秒	方案执行时间/小时	运行时间/毫秒
1	36.5	13 844	51.0	1 235
2	37.5	13 813	52.0	1 250
3	40.0	13 844	50.0	1 953
4	38.0	14 109	55.0	1 203
5	35.0	13 781	44.0	1 890
6	37.5	13 266	49.0	1 172
7	33.0	13 343	52.0	1 875
8	33.0	13 375	50.0	1 109
9	38.0	14 360	50.0	2 203
10	36.0	13 359	55.0	1 156

11.4　应急资源执行异常处理

在应急行动方案执行过程中，应急资源的消耗或占用情况往往会与应急行动方案原有的设定不相符，可能会导致正在执行的应急行动方案无法完成或者失效，如果不及时处理，将会造成原来设定的应急目标无法完成。应急决策者需要不断地监测应急行动方案执行中的资源情况，对出现的资源异常进行分析，并通过方案调整或重规划加以处理。本节提出了应急资源执行异常处理方法，并通过算例分析证实了本方法的有效性。

11.4.1　应急资源执行异常处理方法

在应急行动方案执行过程中，应急态势动态变化往往会造成应急资源状态的异常改变，可能导致应急资源执行异常。引起应急资源状态异常的主要原因包括突发事件演化带来的次生衍生灾害所造成的应急资源损毁，以及应急行动方案执行过程中的不确定因素造成应急资源消耗或占用与预期不符。

相应的，应急资源状态监测有两种方式：①触发监测，由指定类型的外部事件触发监测应急资源状态；②定期监测，按照固定时间周期定期监测应急资源状态。

监测的应急资源状态信息包括两个部分：①空闲应急资源状态信息，包括尚未分配给应急任务的资源数量和位置等信息；②应急任务执行中的资源状态信息，包括应急任务生产、消耗和占用的应急资源信息。

所监测到的应急资源状态信息与原应急行动方案中的资源状态信息进行比较，如果不一致，则认为出现了应急资源执行异常，进而获取异常信息进行分析。

应急资源执行异常处理方法包括方案调整和重规划。方案调整是在现有资源约束的条件下，通过调整行动的资源数量和时间，生成仍然能完成原有应急任务目标的行动方案。重规划是根据现有资源重新规划获得仍然能完成原有应急任务目标的行动方案。方案调整不需要调用规划过程，因此，为了节省系统响应时间、提高规划与执行效率，应首先考虑方案调整。如果方案调整失败或者不能进行方案调整，则启动重规划进行处理。

1. 方案调整

常见的可采用方案调整处理的应急资源执行异常问题主要包括以下四种情况：①空闲资源的数量损失，如在防洪抢险过程中仓库被淹导致待用的水泥损失。②当前执行任务使用的消耗性资源的数量损失，如正在用于抢险的水泥被洪水冲走。③当前执行任务使用的可重用资源的数量损失，如执行运输任务的车辆受损而无法继续使用。④当前执行任务的可重用性单容量资源的执行时间偏差，如执行运输任务的车辆行驶缓慢，造成运输任务无法按时完成。

对于上述四种应急资源执行异常问题，设 CT 为应急资源异常出现的时间，S 为异常应急任务使用应急资源数量的偏差量（为了与第 7 章在资源时间轴上记录的资源变化量保持一致，此处的资源偏差量均表示为负值），T 为异常应急任务参考时间点的偏差量。其通用的方案调整步骤如下。

步骤 1　判断应急资源执行异常问题类别。如果属于前三种偏差量为 S 的数量异常问题，转入步骤 2；如果属于第四种偏差量为 T 的时间异常问题，转入步骤 6。

步骤 2　判断异常资源类型。如果是可重用资源，则修正该资源共享值域的最大值 $Qmax_n$ 为 $Qmax_n + S$，转入步骤 3；如果是消耗性资源，则直接转入步骤 3。

步骤 3　判断出现异常的资源是否正在被原子任务使用。如果是则转入步骤 4，否则转入步骤 5。

步骤 4　设定一个虚拟原子任务，用来补充数量为 $-S$ 的资源，可以执行该任务使得之前出现资源数量异常的原子任务正常执行，从而保证后续的原子任务不受影响。转入步骤 5。

步骤 5　取出资源时间轴上 CT 之后的各参考时间点的资源存量，为每个资源存量增加修正量 S，再检验各资源存量是否满足资源时间轴上记录的约束（见本书 7.3 节）。如果满足，则将虚拟原子任务加入应急行动方案，方案调整成功，返回调整后的应急行动方案；如果不满足，方案调整失败，启动重规划。

步骤 6　取出资源时间轴上 CT 之后的各时间点，为各参考时间点增加修正量 T。检验各参考时间点是否满足资源时间轴上记录的约束(见本书7.3节)，如果满足，则方案调整成功，返回调整后的应急行动方案；如果不满足，方案调整失败，启动重规划。

2. 重规划

重规划的基本思路是：首先尝试重用上次规划结果中的后续任务，通过局部重规划将异常资源状态修正为正常状态；如果局部重规划失败，则以异常发生时的当前状态为初始状态，对未完成的应急目标进行全局重规划。具体步骤如下。

步骤 1　将应急资源执行异常发生时的当前状态作为重规划的初始状态。初始化重规划的初始任务网络为空集，将资源异常时正在执行的原子任务添加到初始任务网络中，从而确保这些原子任务能够执行完毕。

步骤 2　设定局部重规划的任务目标为将异常资源状态修正为正常资源状态，将其加入到初始任务网络，并调用规划过程。如果局部重规划能够生成补救的行动方案，则转入步骤3；否则，转入步骤5。

步骤 3　在原行动方案中异常资源状态所对应的资源时间轴中，取出出现资源异常之后最近的时间点，即异常资源的再次使用时间。如果补救方案的结束时间不晚于异常资源的再次使用时间，则局部重规划成功，将补救方案加入原行动方案，形成新的行动方案，并返回此行动方案；否则，转入步骤4。

步骤 4　在异常资源时间轴中取出位于异常资源的再次使用时间和补救方案的结束时间之间的时间点集合，根据该时间点集合获取出现异常的应急目标集合，将该应急目标集合作为新的局部规划问题的初始任务，调用规划过程。如果可以生成相应的行动方案，将该方案和补救方案合并，再加入原行动方案并返回；否则局部重规划失败，转入步骤5。

步骤 5　局部重规划失败，进行全局重规划。识别尚未完成的任务目标，形成全局重规划的初始任务网络，并调用规划过程。如果能够生成新的行动方案，则重规划成功，返回新的行动方案；否则，重规划失败。

11.4.2　算例分析

本算例以防洪应急响应过程中的应急物资运输方案制订和执行过程的资源执行异常为例，验证了方案调整和重规划的异常处理能力。应急处置过程涉及编号为1~4的4个堤段，可能出现渗水、漏洞、管涌、漫溢和决口五种类型的险情。险情分为10个级别，用1~10进行标定，数值越大，危险级别越高。应急物资包括渣石料、土工布和土方三种，分别存储于三个不同的物资储备点。每次险情处置需要不同的应急物资。应急队伍包括装卸队伍、运输队伍和堤防抢护队伍。应急处置的任务目标为按时按量运输应急物资到各险情堤段，并完成堤防抢护任务。

设应急响应过程从 2011 年 6 月 30 日 9：00 开始，到 2011 年 7 月 3 日 10：00 截止，其间发生的重要事件及其处理过程如下。

2011 年 6 月 30 日 9：10，接收险情信息，并通过启动规划过程获取行动方案，其中 3 支堤防抢护队伍、4 支装卸队伍和 3 支运输队伍需要向各堤段共运送渣石料 230 吨、土工布 560 平方米和土方 234.9 吨。

2011 年 7 月 1 日 18：00，运输 1 队由于行驶缓慢未能按时将 60 吨渣石料从储备点 1 运输到堤段 2。方案调整，将该运输任务的完成时间调整到 18：30，其紧后抢险任务的开始时间也相应延迟到 18：30，其他行动保持不变。方案调整对行动方案中 2 个相关原子任务的改变如表 11.3 所示。需要说明的是，方案中的行动开始时间和结束时间表示为"月：日：时：分"的形式，例如，表 11.3 中原行动方案的运输任务的开始时间为 7 月 1 日 14：00，结束时间为 7 月 1 日 18：00。

表 11.3　方案调整变更的行动

项目	原行动方案	方案调整后的行动方案
变更的行动	（运输任务　运输 1 队　渣石料 60　储备点 1　堤段 2　7：1：14：00　7：1：18：00） （抢险任务　堤防抢护 1 队　渣石料 60　堤段 2　7：1：18：00　7：1：19：00）	（运输任务　运输 1 队　渣石料 60　储备点 1　堤段 2　7：1：14：00　7：1：18：30） （抢险任务　堤防抢护 1 队　渣石料 60　堤段 2　7：1：18：30　7：1：19：30）

2011 年 7 月 2 日上午 11：00，堤段 4 损失了 20 吨渣石料和 30 平方米土工布，产生资源数量异常，该资源异常问题无法通过方案调整进行处理，必须启动重规划。考虑发生异常时两个物资储备点的物资储备状况：①储备点 1 有 20 吨渣石料，30 平方米土工布；②储备点 1 有 20 吨渣石料，没有土工布，储备点 2 有 30 平方米土工布。对物资储备状况①可通过局部重规划生成补救方案，如表 11.4 所示；对物资储备状况②需要启动全局重规划生成新的行动方案，如表 11.5 所示。

表 11.4　局部重规划生成补救方案

项目	原行动方案	补救方案
变更的行动	（抢险任务　堤防抢护 1 队　渣石料 20　土工布 30　堤段 4　7：2：14：00　7：2：16：00）	（出库任务　装卸 1 队　渣石料 20　储备点 1　7：2：11：00　7：2：12：00） （出库任务　装卸 2 队　土工布 30　储备点 1　7：2：11：00　7：2：12：00） （运输任务　运输 1 队　渣石料 20　土工布 30　储备点 1　堤段 4　7：2：12：00　7：2：14：00） （抢险任务　堤防抢护 1 队　渣石料 20　土工布 30　堤段 4　7：2：14：00　7：2：16：00）

表 11.5 全局重规划生成新的行动方案

项目	原行动方案	新的行动方案
变更的行动	(抢险任务 堤防抢护 1 队 渣石料 20 土工布 30 堤段 4 7：2：14：00 7：2：16：00)	(出库任务 装卸 1 队 渣石料 20 储备点 1 7：2：11：00 7：2：12：00) (运输任务 运输 1 队 渣石料 20 储备点 1 堤段 4 7：2：12：00 7：2：14：00) (抢险任务 堤防抢护 1 队 渣石料 20 堤段 4 7：2：14：00 7：2：16：00) (运输任务 运输 1 队 堤段 4 储备点 2 7：2：14：00 7：2：17：00) (出库任务 装卸 3 队 土工布 30 储备点 2 7：2：17：00 7：2：18：00) (运输任务 运输 1 队 土工布 30 储备点 2 堤段 4 7：2：18：00 7：2：21：00) (抢险任务 堤防抢护 1 队 土工布 30 堤段 4 7：2：21：00 7：2：23：00)

结果表明，应急资源执行异常处理方法能够通过方案调整和重规划处理资源数量和时间方面的异常问题，验证了该方法的有效性。

11.5 本章小结

本章针对应急态势的动态变化，研究了应急响应动态条件下 HTN 规划方法。具体包括以下三个方面。

(1)分析了应急响应过程的动态性因素，提出了应急响应规划与执行集成的总体思路，便于实时获取执行反馈信息对行动方案进行调整。

(2)提出了带优先级的应急目标动态处理方法，能够应对应急态势变化导致的应急目标异步到达情况。

(3)提出了应急资源执行异常处理方法，能够应对应急方案执行过程中常见的资源数量和时间方面的异常情况。

本章研究工作可看做考虑动态和不确定因素的 HTN 应急任务规划的初步探索，在以后的工作中，还应进一步梳理应急响应过程中的各种不确定因素，并对任务规划方法开展相应的研究。

参考文献

[1] Hereth L L. Setting objectives in a unified command：the "COST" of leadership. Proceedings of 1997 International Oil Spill Conference，Fort Lauderdale，Florida，USA，1997：

855-863.

[2] Altay N, Green W G. OR/MS research in disaster operations management. European Journal of Operational Research, 2006, 175(1): 475-493.

[3] Stone P, Veloso M. User-guided interleaving of planning and execution. *In*: Ghallab M, Milani A. Proceedings of New Directions in AI Planning. Leiden Netherlands: IDS Press, 1996: 103-112.

[4] Turoff M, Chumer M, Walle B, et al. The design of a dynamic emergency response management information systems. Journal of Information Technology: Theory and Application, 2004, 5(4): 1-36.

[5] Wilkins D E, Myers K L, Lowrance J D, et al. Planning and reacting in uncertain and dynamic environments. Journal of Experimental and Theoretical Artificial Intelligence, 1995, 7(1): 197-227.

[6] Myers K L. CPEF: continuous planning and execution framework. AI Magazine, 1999, 20(4): 63-69.

[7] Sapena O, Onaindia E. A planning and monitoring system for dynamic environment. Journal of Intelligent and Fuzzy systems, 2002, 12: 151-161.

[8] Laborie P, Ghallab M. IxTeT: an integrated approach for plan generation and scheduling. Proceedings of Emerging Technologies and Factory Automation, 1995: 485-495.

[9] Lemai S, Ingrand F. Interleaving temporal planning and execution: IxTeT-eXeC. Proceedings of ICAPS'03 Workshop on Plan Execution, Trento, Italy, 2003.

[10] Hayashi H, Tokura S, Hasegawa T, et al. Dynagent: an incremental forward chaining HTN planning agent in dynamic domains. Lecture Notes in Computer Science, 2006: 171-187.

[11] Ghallab M, Nau D S, Traverso P. Automated Planning: Theory and Practice. San Francisco: Morgan Kaufmann Publishers Inc. , 2004.

第 12 章

三峡区域综合防洪应急协同决策模拟系统

在应急响应过程中，决策环境始终在迅速变化，往往无法预知。如何提高应急管理人员在复杂决策环境下的应对能力是应急管理的一个重要问题，而应急决策过程模拟是解决这一问题的有效手段。对应急决策过程进行模拟，除了需要涵盖事件发展态势和应急行动过程外，还需要涵盖决策过程所涉及的规划过程和协调过程，以及决策过程与应急行动过程的相互影响。本章以三峡区域综合防洪为背景，设计并开发了三峡区域综合防洪应急协同决策模拟系统。系统考虑了洪水调度会商、堤防险情处置以及灾民物资转移安置三种应急决策问题，研究了集应对流程、决策方法和运行过程为一体的应急协同决策模拟关键技术，实现了多部门参与的复杂应急决策过程的综合模拟。

▊ 12.1 模拟系统开发的背景

近年来，随着计算机仿真技术的不断发展，应急管理领域大量地运用各种计算机仿真技术，开发出了不同类型的应急响应模拟系统，用于研究应急响应过程中的情景再现、态势推演、决策、评估和训练等问题。应急响应模拟系统主要分为集中式模拟和分布式模拟两大类。

集中式应急响应模拟系统主要针对特定突发事件的演化特征、环境变化特征以及人员行为特征等，对突发事件演化过程及其影响进行模拟、分析和评估，主要应用在地震、恐怖袭击、危险品管理等领域。Takeuchi 等[1] 提出了一种地震模拟系统，集成了各种自然现象模拟器，并考虑了重大城市地震灾害中人的行为，用于精确分析和预测灾害过程。Ren 等[2] 开发了一种基于虚拟现实的地铁站人员疏散模拟系统，用于人员疏散过程分析。Shendarkar 等[3] 开发了一种基于虚拟现实的人群模拟系统，用于恐怖袭击突发事件的人群疏散管理。

集中式应急响应模拟系统难以实现对多决策者参与的复杂应急协同决策过程进行模拟。随着分布式仿真技术的不断发展，应急领域中的模拟系统越来越多地采用这一技术更好地模拟实际的应急响应过程，以支持应急响应过程训练和应急响应效果评估。Mendonça 等[4]提出了一种基于游戏模拟的应急响应群决策支持系统，用于应急响应操作训练和评估。Shao 和 McLean[5]将仿真技术与游戏技术相结合，提出了一种分布式仿真训练原型系统，用于应急响应训练。赵策和陈国友[6]基于 HLA 框架将多人在线游戏与分布式仿真系统相结合，定义了系统的交互机制，构建了综合应急模拟训练系统框架。

现有的应急响应模拟系统主要对应急行动执行过程进行模拟，或是对突发事件演化过程本身进行模拟。然而，在应急响应过程中，决策过程和行动执行过程往往相互影响交叠，单一地模拟突发事件演化过程、应急决策过程或行动执行过程，很难真实全面地反映出突发事件应急协同决策过程的特征。

三峡工程是世界级特大型水利工程，三峡区域洪水的有效应对对三峡水库安全及周边地区的人民生命财产安全具有重要意义。三峡水库可能会由于超设计标准洪水、工程隐患、地震灾害、地质灾害、水库溃坝等因素遭遇突发事件，这种突发事件会造成重大人员伤亡、特别重大财产损失或重大生态环境破坏等恶劣后果。遭遇突发事件时，三峡区域综合防洪应急决策涉及国家防总、长江防总、三峡总公司以及湖北防总等多个决策部门，主要关注洪水调度会商、堤防险情处置以及分蓄洪区居民物资转移安置等决策问题。围绕这三类决策问题，本书研制了三峡区域综合防洪应急决策模拟系统。

12.2　系统目标与分析

12.2.1　系统目标

三峡区域综合防洪应急协同决策模拟系统为基于 HTN 的应急响应决策方法提供了验证和实验的平台，应急响应决策方法主要涉及应急决策组织协调机制、资源时间受限的应急任务规划和多部门协作应急任务规划等方法。系统能够实现对三峡区域综合防洪的多部门协同应对流程、决策过程和运行过程的综合模拟。

具体来说，模拟系统中的应急决策实体能根据三峡区域综合防洪应急态势，运用协调推理和任务规划方法，通过部门间信息交互实现各部门应对方案的动态生成，并通过事件调度与仿真控制实现各部门应对方案执行过程、应急态势演化过程和部门之间信息交互过程等综合模拟，形成基于分布式交互仿真技术的应急协同决策模拟通用框架。

12.2.2　系统边界

1. 应急环境

系统所考虑的应急环境包括洪水运行和应急资源调度所涉及的环境区域,如图 12.1 所示。

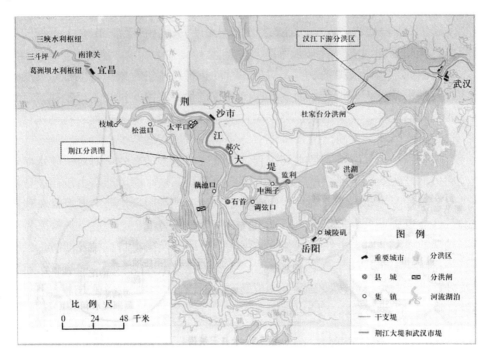

图 12.1　防洪应急响应环境边界示意图

环境边界由三峡大坝、三峡大坝至枝江口(枝城)长江干流、荆江河段(长江枝城至城陵矶)长江干流以及荆江分蓄洪区组成。该区域涉及湖北省和湖南省,具体包括湖北省宜昌市、荆州市和湖南省岳阳市等区域。其中,三峡大坝位于宜昌市三斗坪,在葛洲坝大坝坝址上游 38 千米处;荆江分蓄洪区包括荆江分洪区(荆州市公安县)、宛市扩大分洪区(荆州市公安县)、虎西预备蓄区(荆州市荆州区弥市镇、荆州市松滋市宛市镇月堤村)和上、下人民大垸蓄滞洪区(荆州市石首市和荆州市监利县),总蓄洪面积 1 358 平方千米,有效容积 71.6 亿立方米,现有人口 87.01 万人。

2. 突发事件

突发事件是模拟系统的输入信息,系统主要考虑洪水突发事件和堤防工程险情两类突发事件,详细描述如表 12.1 所示。

表 12.1　突发事件描述

突发事件	事件属性
洪水突发事件	洪水突发事件由洪水频率、洪水流量、洪水过程线等进行描述，考虑的洪水突发事件包括：三峡入库洪水，由三峡下泄洪水以及下游支、汇流等形成的荆江河段洪水
堤防工程险情	包括管涌和溃口两类险情，描述参数主要包括险情产生的原因、不同水位下产生险情的概率以及具体描述参数

3. 决策问题

三峡区域综合防洪所涉及的决策问题众多而且复杂，系统选取其中最为典型的三峡洪水调度、堤防工程险情处置和分蓄洪区转移安置三类决策问题，并对其进行模拟。决策问题描述如表 12.2 所示。

表 12.2　决策问题描述

决策问题	决策内容
三峡洪水调度	各决策实体根据三峡入库流量制定各自的洪水调度目标，对目标进行协商协调，形成最终洪水调度方案，分为分蓄洪区洪水调度方案和三峡水库调度方案两类
堤防工程险情处置	根据堤防工程险情的属性，上级决策实体将应急任务下达给下级实体，并划拨抢险物资与抢险队伍，下级实体制订险情处置方案
分蓄洪区转移安置	根据洪水调度的会商结果，启用分蓄洪区，通过多部门协作任务规划制订转移安置方案

12.2.3　系统分析

系统的总体业务流程包括洪水调度会商、堤防险情处置、分蓄洪区转移安置以及态势信息管理等，如图 12.2 所示。

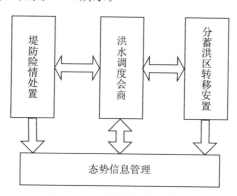

图 12.2　系统总体业务流程

1. 洪水调度会商

洪水调度会商业务体现了多部门应急协商过程，根据三峡洪水入库流量，参与洪水调度会商的各部门确定洪水调度目标，通过协商制订相应的调度方案，根据会商结果进行三峡水库洪水调度或分蓄洪区洪水调度。具体流程如图 12.3 和图 12.4 所示。

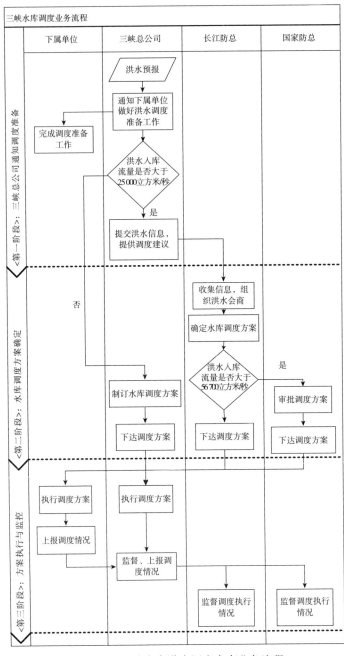

图 12.3　三峡水库洪水调度会商业务流程

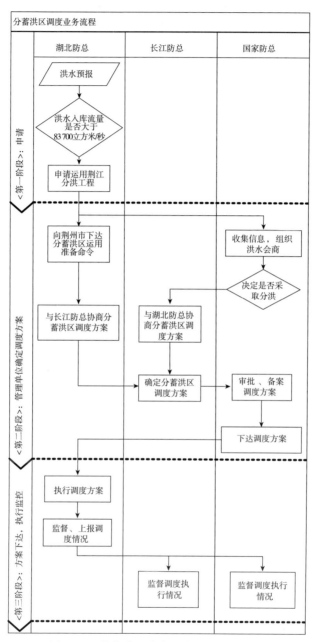

图 12.4　分蓄洪区洪水调度会商业务流程

2. 堤防险情处置

三峡洪水可能导致堤防险情突发事件的发生，上级部门根据险情成立现场指挥部，划拨应急物资和队伍，现场指挥部制订险情处置方案并根据应急态势对行动方案进行动态调整。堤防险情处置业务流程如图 12.5 所示。

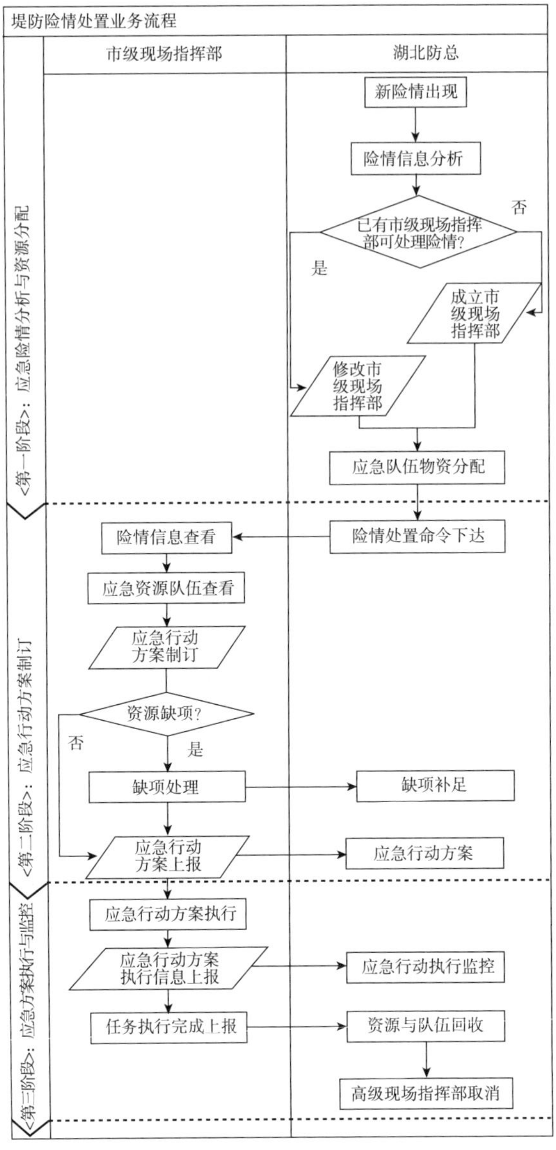

图 12.5　堤防险情处置业务流程

3. 分蓄洪区转移安置

当三峡洪水入库流量达到 83 700 立方米/秒时，可能会启用分蓄洪区，这将直接触发分蓄洪区转移安置的决策过程。在现场指挥部的指挥下，转移安置部门、公安部门、交通运输部门和民政部门分别制订各自的应急行动方案，通过协调消除方案之间的冲突，并协作执行应急方案。分蓄洪区转移安置业务流程如图 12.6 所示。

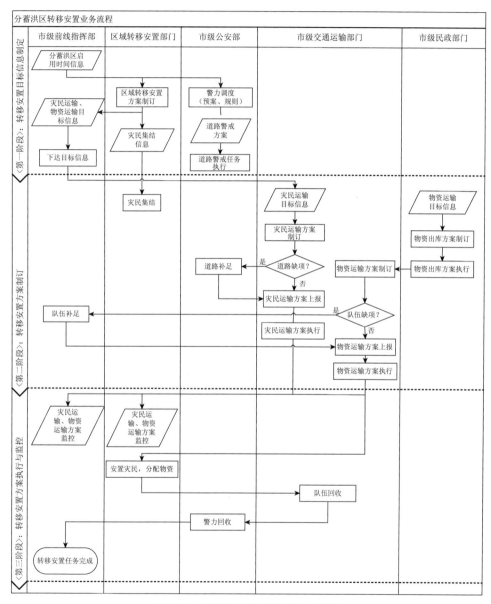

图 12.6　分蓄洪区转移安置业务流程

4. 态势信息管理

应急态势信息与洪水调度会商、堤防险情处置以及分蓄洪区转移安置有着密切关联。态势变化会触发应急组织的决策，而应急行动方案的执行会反过来影响态势的演变，例如，应急处置得当将会使险情得到有效控制。系统主要考虑的态势信息包括突发事件、环境的变化、资源情况、组织活动以及应急任务的执行情况等。态势子系统主要控制突发事件的演变和环境的变化过程，并作为其他子系统的输入信息；同时通过与其他子系统的信息交互获得其他态势信息，并对其进行综合管理和演示。态势信息的管理过程如图 12.7 所示。

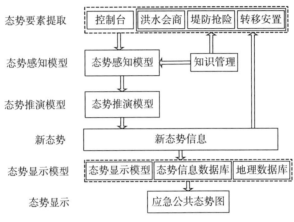

图 12.7　态势信息的管理过程

12.3　系统关键技术及开发环境

　　三峡区域综合防洪应急决策过程涉及多个应急响应实体，分布式环境下各实体之间存在大量的信息交互。高层体系结构(high level architecture，HLA)作为一种可重用性与互操作性高的分布式交互仿真标准，能够有效支持大规模分布式交互仿真，可为上述决策过程提供综合模拟环境。另外，三峡区域综合防洪应急决策问题涉及大量对象和行动，属于典型的复杂任务规划问题，HTN 规划技术逐层分解的思想及其对领域知识的表达能力能够有效解决这类问题。本节主要介绍了模拟系统中 JSHOP2(Java implementation of simple hierarchical ordered planner2)集成开发、基于 OWL 的本体知识管理和 HLA 分布式交互仿真技术等关键技术，以及系统开发的环境。

12.3.1　系统关键技术

1. JSHOP2 集成开发

1)JSHOP2 的实现流程

JSHOP2 是 SHOP2 的 Java 版本实现，是一个基于偏序任务分解的可配置的规划系统，按任务被执行的顺序进行规划。JSHOP2 实现流程如图 12.8 所示，其具体实现包含以下三个阶段。

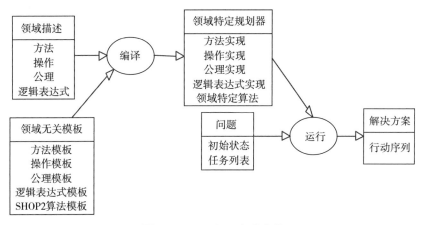

图 12.8　JSHOP2 实现流程

第 1 阶段，领域知识文本解析。按照设计的领域知识模型语法模板，利用自然语言识别器对一阶谓词描述的 JSHOP2 领域知识和规划问题进行解析、编译，生成对应的知识模型 Java 类。

第 2 阶段，规划问题文本解析。按照设计的问题模型语法模板，利用自然语言识别器将一阶谓词描述的 JSHOP2 问题模型编译为对应的规划问题 Java 类。

第 3 阶段，执行规划程序。根据生成的领域知识模型 Java 类与规划问题 Java 类，自动调用规划算法生成行动方案。

JSHOP2 规划系统的输入包括规划领域知识文件和规划问题文件。规划领域知识模型由方法集合、操作符集合和公理集合组成，规划问题模型由用逻辑原子表示的初始状态和任务网络组成。上述组成元素都是用一阶谓词描述的，JSHOP2 有自己的语法形式，并吸收了很多 PDDL 的优点。

JSHOP2 采用语言识别工具 ANTLR（another tool for language recognition），利用 ANTLR 中的自然语言识别器，将按 JSHOP2 语法定义的知识模型编译为自然语言识别文件 JSHOP2.g。

2)JSHOP2 的动态编译与加载

领域知识文件可由 OWL 本体知识管理模块生成，并可被编译成 Java 可执行的 .class 文件。系统利用 Java 语言的 Class.forName(String)函数，将 .class 文件加载到系统。

根据规划问题文件模板和态势信息，系统动态构建规划问题文件。规划问题文件包括初始状态与任务网络的相关信息。应急态势变化后，系统需要动态编译和加载规划问题文件，才能调用 JSHOP2 的规划算法生成应急行动方案。

动态编译会涉及 InternalDomain 类和 AdvancedCompiler 类，前者包含函数 public void close(intvarsMaxSize)和 public void commandToCode (LinkedList⟨Vector⟨Predicate⟩⟩states，LinkedList⟨TaskList⟩taskLists)，用于动态生成规划领域知识和规划问题对应的 Java 文件；后者包含主函数 public static void compile(String code，String name)和辅助函数 private static SimpleJavaFileObject constructTestor (String code，String name)，用于动态编译生成的 Java 文件，得到相应的 Class 文件。动态加载将编译生成的 Class 文件加载到 Java 虚拟机内存中，激活方法 getPlans，启动规划算法，其核心代码如图 12.9 所示。

```
Class clazz=Class.forName("temp.problem");
obj = clazz.newInstance();
Method method = clazz.getMethod("getPlans", new Class[0]);
method.invoke(obj);
```

图 12.9　动态编译和加载的核心代码

2. 基于 OWL 的本体知识管理

OWL 本体知识管理提供友好的用户接口，使应急管理人员根据自身掌握的应急领域知识对本体进行修改、整合，并通过本体模型转换方法获得满足 JSHOP2 语法要求的规划领域知识文件。

OWL 本体知识管理子系统采用三层系统结构，分为本体层、逻辑层和界面层，如图 12.10 所示。界面层为应急管理人员提供良好的查看和编辑界面；逻辑层包括本体查看、本体编辑和本体转换三个子模块；本体层是基于 OWL 本体描述语言的本体知识库，以 OWL 文件的形式存储。

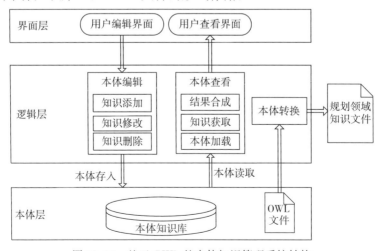

图 12.10　基于 OWL 的本体知识管理系统结构

　　(1)本体查看模块。本体查看通过本体加载、知识获取和结果合成得到用户查询的结果，供用户查看界面呈现。具体来说，该模块通过 protégé-API 加载OWL 文件中的本体模型，获取本体中定义的所有类、属性和实例等，根据用户查询的内容对已获得的本体知识进行组合并呈现给用户。

　　(2)本体编辑模块。本体编辑对用户编辑界面进行的添加、修改和删除操作进行处理并保存至本体模型。具体来说，该模块根据用户编辑界面进行的更新操作，通过 protégé-API 对本体模型中相应的类、属性和实例等进行添加、修改或删除。

　　(3)本体转换模块。本体转换模块将应急处置知识从 OWL 文件中解析出来，转换形成规划领域知识文件。具体来说，通过 protégé-API 获取 OWL 文件中的应急计划片段实例、前提条件实例、应急领域规则实例、执行方案实例和应急行动实例，分别转转成方法、前提条件、方法分支、分解子任务列表和操作，得到规划领域知识文件。

3. HLA 分布式交互仿真技术

　　HLA 是用于产生计算机模型或仿真系统的软件体系结构，HLA 的显著特点是通过运行支撑环境(run-time infrastructure，RTI)提供通用的、相对独立的支撑服务程序，将仿真应用同底层的支撑环境分开，即将具体的仿真功能实现、仿真运行管理和底层通信传输三者分离，隐蔽了各自的实现细节，从而使各部分可以相对独立地进行开发，并能利用各自领域的先进技术。

　　在 HLA 中，用于实现某一特定仿真目的的分布式仿真系统称为联邦(federation)，它是由联邦成员(federate)、联邦对象模型(federation object model，FOM)、仿真对象模型(simulation object model，SOM)和运行支撑框架 RTI构成的集合。参与联邦的所有应用都称为联邦成员，简称成员。FOM 中定义了参加联邦的所有对象类和交互类以及它们的属性和参数信息。SOM 中定义了单个联邦对象的信息，包括对象、属性、交互和参数等。RTI 是一种通用的分布式交互仿真支撑软件，用于集成各种分布的联邦成员，在联邦运行时提供具有标准接口的服务。整个仿真过程称为联邦执行(federation execution)。模拟系统主要利用 HLA 的 RTI 技术实现数据交互和仿真时间同步两个主要功能。

　　(1)数据交互。RTI 进行数据交互首先需要设计数据交互类，即确定各个联邦成员之间的数据流和控制流。各个联邦成员通过发布其他联邦成员所感兴趣的交互类订购自己所需要的交互类，来实现联邦成员之间的信息交换。模拟系统采用单交互类的设计方法，并为联邦成员之间的信息交换提供了如表 12.3 所示的统一数据格式。这样，RTI 就不用关心联邦成员的具体数据内容，而只需要对统一的交互类进行订购和发布，即使有新的事件加入，也只需要把新的事件数据转换成统一的格式，不需要改动联邦成员数据交互的程序代码。因此，进一步提高了系统的通用性和可扩展性。

表 12.3　交互类参数信息

交互类	参数	数据类型	数据内容
Communication	MessageId	String	消息编号
Communication	Message	String	消息内容
Communication	Sender	String	发送实体

（2）仿真时间同步。系统要求实体可以自由加入或自由退出，不影响仿真时间的推进。为此，本书采用了一种基于时间源的同步方法，以管理者实体为标准时间源，通过管理者实体发送的时间同步命令进行同步。每个联邦成员都有各自的仿真时间，而且各联邦成员使用时间管理服务的程度并不相同。不同的联邦成员的时间管理机制如表 12.4 所示。

表 12.4　联邦成员的时间管理机制

成员名称	成员类型	成员作用
一般仿真成员	时间调节的联邦成员，完全同步	时间推进需考虑其他联邦成员
管理者	时间调节但不受时间限制的联邦成员	群发发送时间参数，推进仿真时间
观察者	时间受限但不是时间调节的联邦成员	允许其他成员调节仿真时间

12.3.2　系统开发环境

三峡区域综合防洪应急协同决策模拟系统的开发环境包括硬件环境和软件环境，具体信息如表 12.5 所示。

表 12.5　系统开发环境

硬件环境	通信服务器	Lenovo Window7 PC；CPU 为 Intel(R) Core(TM) 2 DUO，内存 2 吉字节，硬盘 300 吉字节
	数据库服务器	Lenovo Window7 PC；CPU 为 Intel(R) Core(TM) i3，内存 4 吉字节，硬盘 500 吉字节
	客户端	Lenovo Window7 PC；CPU 为 Intel(R) Core(TM) 2 DUO，内存 2 吉字节，硬盘 300 吉字节

续表

软件环境	Sybase Power Designer12	数据库模型建立
	Oracle10g	仿真数据持久化
	Eclipse3. 2	子系统功能实现
	Microsoft Visual Studio 2008	子系统功能实现
	ArcGIS Engine	态势地图显示
	pRTI13	分布式事件调度与仿真
	CVS	版本控制

■ 12.4　系统功能

12.4.1　系统总体结构

我们基于分布式事件调度与仿真控制框架设计了应急响应模型、决策模型和环境模型等仿真模型，提供了仿真方案管理、仿真过程管理和分析评估管理等辅助功能。其总体结构如图 12.11 所示。

1. 分布式事件调度与仿真控制框架

模拟系统选用由瑞典 PITCH 公司开发的 pRTI 作为仿真运行支撑平台，基于 HLA 的分布式事件调度与仿真控制提供了 RTI 接口和事件调度接口，实现了仿真模型运行控制和应急组织间的信息交互。

2. 仿真模型

（1）环境模型，主要提供各种外部环境和内部环境的计算机仿真模型，如水文模型、洪水模型和堤防模型等，态势子系统综合反映了各仿真模型间的关联及影响，并发布应急态势的实时信息。

（2）应急响应模型，主要用于各应急组织的决策过程和行动执行过程的仿真，包括各级应急指挥部门（如国家防总、长江防总、三峡总公司等）、现场指挥部、应急处置队伍等的决策、协调、指挥、处置等过程。

（3）决策模型，主要包括规划、协作、协商等决策模型。其中，应急任务规划是在 JSHOP2 的基础上结合三峡区域综合防洪背景实现的。

3. 辅助功能

（1）仿真方案管理，提供基础数据管理、方案管理、脚本管理等功能，实现了仿真所需的基础数据信息的集成、仿真方案信息分类管理和仿真脚本的数据管理。

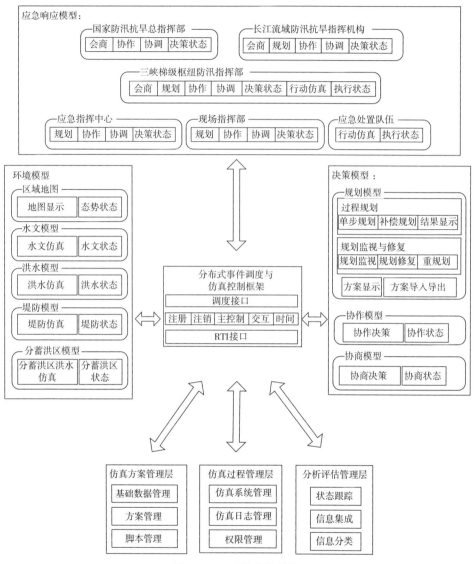

图 12.11　系统总体结构

（2）分析评估管理，提供系统状态跟踪、信息集成、信息分类等功能。

（3）仿真过程管理，提供仿真系统管理、仿真日志管理、权限管理等功能。

12.4.2　系统总体功能

三峡区域综合防洪应急协同决策模拟系统主要由控制台、洪水调度会商、工程抢险、转移安置、态势信息管理五个子系统以及系统通用功能模块组成。系统总体功能如图 12.12 所示。

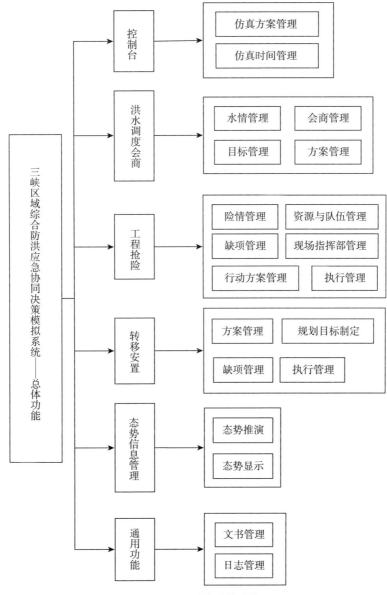

图 12.12　系统总体功能

12.4.3　控制台

控制台为洪水调度会商、工程抢险、转移安置和态势信息管理提供数据支持以及仿真时间控制，其主要功能包括仿真方案管理和仿真时间管理。

(1)仿真方案管理包括仿真方案的添加、维护、删除与查询功能。仿真方案信息包括仿真方案编码、环境版本编码、仿真角色编码和险情基本信息等。

(2)仿真时间管理包括仿真用户登录管理和仿真时间同步管理。仿真用户登录到系统中或者退出系统时，控制台可获知登录用户信息。在仿真进行过程中，无论仿真用户在哪个阶段进入系统，控制台都可以对仿真时间进行同步，保证仿真系统在统一的时间环境下运行。

12.4.4　洪水调度会商

洪水调度会商是多部门之间的洪水调度目标的协商过程，涉及国家防总、长江防总、湖北防总和三峡总公司等应急组织。其关键是经过会商消除各部门之间的目标冲突，形成一致的洪水调度目标。洪水调度会商子系统为相关应急组织提供会商平台，包括水情管理、会商管理、目标管理以及方案管理四项主要功能。

(1)水情管理包括当前水情信息查询、洪水上报、水情发布三项功能。由态势信息管理子系统提供水情信息，监控异常水情，发现异常后进行洪水上报，警告相关单位发起会商，并发布异常水情。

(2)会商管理包括用户管理、主题发布、目标会商、会商历史信息管理四项功能。会商管理可以控制会商的整个过程，监控应急组织实时状态、邀请会商、发布会商主题、进行目标会商，进而确定水库调度目标或分蓄洪区启用目标。

(3)目标管理包括水库调度目标管理、分蓄洪区启用目标管理和分蓄洪区泄洪目标管理三项功能，实现应急组织对会商后的目标和待处理目标的审批与下达等。

(4)方案管理包括水库调度方案管理和分蓄洪区泄洪方案管理等功能，支持应急组织根据已审批并下达的目标制订应急方案，实现行动方案的执行。

12.4.5　工程抢险

堤防险情处置的核心是基于 HTN 的应急行动方案制订与执行的一系列过程。模拟系统利用 JSHOP2 实现了工程抢险应急领域知识和规划问题的建模，采用多时间轴预处理方法和缺项标识分别解决了工程抢险的时态规划问题和资源缺项的识别问题，并能够处理因方案执行时间约束不满足或外部事件到达引起的应急行动方案调整或重规划问题。工程抢险子系统包括险情管理、资源与队伍管理、现场指挥部管理、缺项管理、行动方案管理与执行管理六项功能。

(1)险情管理主要是提供险情查询功能，即当由控制台发送险情信息后，应急组织可以在该部分查询险情类型、险情名称、险情危险等级、险情发生地点、险情影响区域等信息。

(2)资源与队伍管理包括查询、修改与删除三项功能。查询是指对已有资源与队伍信息进行浏览。修改是指对已有资源与队伍进行修正，避免资源与队伍过少引发险情处置不当，或因资源与队伍过多造成抢险浪费。删除是指对已有资源与队伍进行减少，保证相应资源处理相应等级的险情。

(3)现场指挥部管理包括查询、修改与删除三项功能。现场指挥部的基本信息包括所管辖的堤段范围、正在处理的险情信息以及拥有的资源和队伍信息等。

(4)缺项管理包括物资缺项管理与队伍缺项管理。在资源缺项管理中，上级应急组织根据剩余可动员物资数量和队伍数量对所缺物资和队伍进行补充。

(5)行动方案管理包括行动方案的查询、生成和处理三项功能。查询是对历史方案和正在执行方案的查看，其基本信息包括方案编号、制订时间及其具体内容。方案生成包括待处理险情的应急目标确定、可用资源确定以及任务规划。行动方案管理程序根据应急目标与资源情况构建规划问题文件，与规划领域知识文件一起作为任务规划的输入，进而生成应急行动方案。

(6)执行管理包括物资查询、队伍查询以及任务执行监控三项功能。物资查询是对处理险情所消耗物资的信息查看，包括物资名称、计量单位、所属储备点名称、已消耗量和未消耗量等。队伍查询是对处理险情所需队伍的信息进行查看，包括队伍的名称、队伍执行行动的实际开始时间与完成时间、行动执行进度等。任务执行监控提供了出库方案、运输方案以及抢险方案三种执行仿真模型，其监控信息包含方案原始信息、时间随机波动导致的方案调整信息以及资源消耗信息等。

12.4.6　转移安置

分蓄洪区转移安置涉及现场指挥部、转移安置部门、公安部门、交通运输部门和民政部门等应急组织。转移安置的核心是基于 HTN 的多部门协作任务规划与方案执行。在模拟系统中，交通运输部门制订灾民运输和物资运输的应急行动方案，民政部门制订物资出库的应急行动方案。系统通过协作机制消解规划方案之间的冲突，各应急组织协作执行应急方案。转移安置子系统包括规划目标制定、方案管理、缺项管理和执行管理四项功能。

(1)规划目标制定包括灾民运输、物资出库和物资运输三项规划目标制定功能。灾民运输规划目标制定是根据分蓄洪区启用时间确定运输任务计划起止时间、灾民运输数量和运输起止地点等。物资出库规划目标制定是根据安置点物资需求量，确定各类物资的出库量和出库任务计划起止时间等。物资运输规划目标制定是根据物资出库方案和安置点物资需求计划，确定物资运输任务起止地点、起止时间和物资运输量等。

(2)方案管理包括灾民集结方案、警戒方案、灾民运输方案、物资出库方案和物资运输方案五项方案管理功能，包括方案的制订、查询和修改等。灾民集结方案是根据应急预案确定各受灾区域灾民集结地点和目标完成时间；警戒方案是根据路网情况设置警戒道路、警戒开始及结束时间，随着态势的变化可调整警戒方案；灾民运输方案、物资出库方案和物资运输方案的生成过程包括规划目标确定、可用资源确定和任务规划三个阶段。根据规划目标与资源情况构建规划问题文件，与规划领域知识文件一起作为任务规划的输入，进而生成应急行动方案。行动方案中包含队伍使用、物资消耗和缺项等信息。

(3)缺项管理包括道路缺项管理和队伍缺项管理。在道路缺项管理中，公安部门根据当前道路使用和空闲情况增加一定数量的警戒道路路段，提高道路运输容量。在队伍缺项管理中，上级应急组织根据剩余可动员队伍数量对队伍缺项数量进行补充。

(4)执行管理包括物资查询、队伍查询以及任务执行监控三项功能。物资查询是方案执行所消耗物资的信息查看，包括物资名称、计量单位、所属储备点名称、已消耗量和未消耗量等。队伍查询是对执行方案队伍的实时信息进行查看，包括队伍的名称、队伍执行行动的实际开始时间与完成时间、行动执行进度等。任务执行监控提供了灾民运输方案、物资出库方案和物资运输方案三种方案的执行仿真模型，其监控信息包含方案原始信息、时间随机波动导致的方案调整信息以及资源消耗信息等。

12.4.7　态势信息管理

态势信息包括突发事件、环境变化、资源情况、组织活动以及应急任务的执行情况等。突发事件的演变和环境的变化过程是由模拟系统模型运算得到的，而资源情况、组织活动以及应急任务的执行情况等态势信息是由其他模块产生的。为了综合管理和演示态势信息，态势信息管理分为态势推演与态势显示两项功能。

(1)态势推演是根据当前态势和应急行动的执行效果，结合态势演化规律，推演未来的态势，包括水文态势推演和工程险情态势推演。水文态势是指三峡水库水位、入库流量、出库流量以及枝城流量和沙市水位等在模拟过程中的演变情况，可通过水文推演模型得到。推演模型需要刻画各项水文信息之间的耦合关系，反映洪水调度会商的影响，模型结构如图12.13所示。工程险情态势是指险情的等级和类型在模拟过程中的演变情况，可通过险情演化模型得到。工程险情态势推演模型根据抢险任务的实时进度和目标进度计算险情等级参数，从而刻画了抢险任务的执行情况对险情的影响。

(2)态势显示汇总并显示了系统所有模块的态势信息，包括突发事件、环境变化、资源情况、组织活动以及应急任务的执行情况等，为应急决策人员提供了一个全面了解应急态势的平台。态势信息可分为实时信息和历史信息，在 GIS 环境下用可视化的方式进行展示。

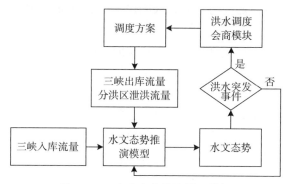

图 12.13　水文态势推演模型结构

突发事件态势包括洪水和堤防工程险情态势，可分为已结束和处置中两类突发事件进行显示。环境态势包括水文、堤段、转移安置区域、集结点、安置点以及运输道路等相关态势信息。资源态势包括物资和队伍态势，可按照资源的类别或类型进行分层显示。任务执行态势主要包括洪水调度方案、工程抢险方案和转移安置方案的执行情况，具体包括发电设备及孔闸的开启、物资出库、物资运输、工程抢险、灾民集结和灾民转移等方案执行情况及其物资消耗和队伍占用情况。组织态势是指各应急组织开展应急活动的情况。

12.4.8　通用功能

通用功能提供了文书管理与日志管理两项功能，其中文书管理为各子系统之间的数据交互提供统一的操作模板，而日志管理则为系统数据支撑平台数据库Oracle10g 提供数据备份等功能。

1）文书管理

系统提供了基于数据库的分布式文书作业管理系统，可实现文书快速自动生成，以及网络传输。文书作业管理功能内嵌在仿真演练实体子系统之中。系统的具体功能包括以下三个方面。

（1）文档模板（险情下达、现场指挥部成立、资源与队伍缺项、任务执行完毕等）管理，可以根据仿真需要增删文档模板，并保存在文档模板数据库中。

（2）系统生成文档时，可自动调出预定格式的文档模版，参演人员根据实际任务进行修改、完善文档，并通过网络发送给相关参演单位。同时，可把文书保存在文档数据库服务器中，以供日后查阅、分析评价和审核。

（3）系统提供文书的网络传递功能，并提供仿真过程中文书的发送或接收日志。

2）日志管理

日志记录了仿真过程当中所有应急实体之间发生的交互信息及自身发生的内

部信息。通过日志可以监控仿真的大致流程，了解当前仿真发生的交互事件及内部事件的情况。

日志管理提供按实体查询日志信息的功能，以便了解应急实体发生的具体事件。此外，日志管理还提供了历史交互事件的重发功能，其包含了历史事件的全部信息，目的在于重现历史发生的情况。

在仿真进行过程中，应急实体在进行正常事件发送与处理的同时，还要向控制台的日志管理模块发送各个事件的全部信息。控制台日志管理模块会记录下所有发送来的事件信息，并对信息进行整理。控制台日志管理模块在记录了全部的仿真事件信息后对信息进行单位分类处理，并显示给系统监控用户，使其对仿真的流程有大概的了解，同时用户可以查询具体的仿真事件内容。

12.4.9　各实体功能说明

在三峡区域综合防洪应急协同决策模拟系统中，应急实体扮演的角色不同，在功能配置上也存在着较大差别，具体信息如表 12.6 所示。

表 12.6　各实体功能说明

实体名称	功能列表
控制台	仿真控制、文书管理、日志管理
国家防总	会商管理、目标管理、方案管理
长江防总	会商管理、目标管理、方案管理
三峡总公司	水情管理、会商管理、目标管理、方案管理
省级防汛抗旱总指挥部	险情管理、资源与队伍管理、现场指挥部管理、缺项管理 会商管理、目标管理、方案管理
市级现场指挥部	险情管理、资源与队伍管理、方案管理、执行管理、缺项管理
市级前线分洪指挥部	目标管理、缺项管理、执行管理
区域转移安置部门	方案管理、执行管理
市级公安部门	方案管理、执行管理、缺项管理
市级交通运输部门	方案管理、执行管理、缺项管理
市级民政部门	方案管理、目标管理、执行管理
态势信息管理部门	态势推演、态势信息显示

12.5　系统案例

本节将详细描述堤防工程抢险、洪水调度会商和分蓄洪区转移安置三个决策过程的具体实现。堤防工程抢险主要体现决策实体根据当前应急态势，运用HTN规划方法制订相应的应急行动方案，进而对行动方案进行执行和监控，并及时处理执行过程中出现的异常情况；洪水调度会商主要体现多部门之间的协商协调过程，用于制订能满足各决策实体应急目标的洪水调度方案；转移安置主要体现多部门之间的协作规划，用于制订由多部门协同完成的转移安置方案。

12.5.1　堤防工程抢险

堤防工程抢险过程包括 HTN 任务规划、资源缺项处置以及执行异常处置等主要环节。应急决策实体根据险情信息、资源配置信息，运用 HTN 规划方法制订堤防工程抢险的应急行动方案。在方案制订过程中，如果出现物资与队伍等资源缺项情况，调用缺项处理模块进行缺项补足；在方案执行过程中，如果因执行时间不确定或出现新险情导致方案不能顺利执行，需要对方案进行调整乃至对方案进行重规划。

本次仿真过程以湖北省公安县斗堤湖镇某次渗水险情为例，参与抢险的应急决策实体包括湖北防总和现场指挥部。为了保证该地区人员与财产的安全，需要进行堤防险情的处置，参与处置的队伍有仓储队伍、运输队伍以及抢险队伍共 10 支，抢险所涉及的资源有渣石料、土工布、麻袋以及土方共 4 种，分别存放在 3 个不同的储备点，每个应急组织在不同的储备点有不同的资源动员量。在进行堤防抢险任务规划之前，控制台提供应急环境、应急资源、应急角色等相关信息，堤防险情的处置仿真过程可分为两个阶段。

1. 第一阶段：2011 年 7 月 28 日上午 9：00 至 2011 年 7 月 28 日上午 10：00

控制台向湖北防总发送险情信息，如表 12.7 所示。湖北防总接收到险情并查询险情的相关信息，为了避免险情扩大决定成立现场指挥部，划拨一定的抢险物资与抢险队伍，并将该险情交由现场指挥部处理。现场指挥部成立信息如表 12.8 所示，该现场指挥部可动用的物资与队伍信息如表 12.9 所示。

表 12.7　堤防渗水险情信息

险情编码	险情名称	险情类型	发生堤段	险情等级	险情水位	发生时间
1	渗水-2-5	渗水	堤段 2	7	4.6 米	9：10

表 12.8　现场指挥部成立信息

现场指挥部名称	防守起点	防守终点	负责险情	更名启用时间
斗堤湖镇现场指挥部	堤段 1	堤段 3	渗水-101-3	10：00

表 12.9　现场指挥部可动用的物资与队伍信息

资源点	应急物资	应急队伍
储备点 1	渣石料 600 吨，土工布 1 200 平方米，麻袋 1 500 个，土方 1 000 吨	仓储队伍 3 支

续表

资源点	应急物资	应急队伍
储备点 2	渣石料 1 000 吨，土工布 1 000 平方米，麻袋 200 个	运输队伍 3 支，抢险队伍 3 支

2. 第二阶段：2011 年 7 月 28 日上午 10：00 至 2011 年 8 月 3 日上午 10：00

当仿真时间推进到 2011 年 7 月 28 日上午 10：00 时，市级现场指挥部更名成功。此时，斗堤湖镇现场指挥部开始处置险情，即进入方案管理模块。本次方案制订出现资源缺项，缺项信息如表 12.10 所示。

表 12.10 资源缺项信息

资源缺项名称	资源点缺少资源数量	截止时间
渣石料	储备点 2 缺少 145 吨	2011-8-1 14：00：00
土工布	储备点 3 缺少 90 平方米	2011-8-1 16：30：00
土方	储备点 2 缺少 60 吨	2011-8-1 14：00：00

湖北防总接收到现场指挥部发送的资源缺项信息，根据当前所拥有的资源进行资源补足，并将补足的信息发送给现场指挥部。现场指挥部根据重新补给的信息构建完整的抢险行动方案，包括抢险队伍行动方案、仓储队伍行动方案以及运输队伍行动方案，其中运输队伍行动方案如图 12.14 所示。方案制订完成后系统进入监控执行阶段，如图 12.15 所示。

图 12.14 现场指挥部生成运输队伍行动方案

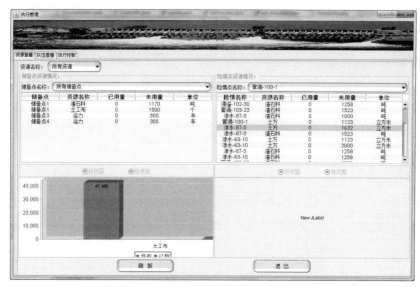

图 12.15　现场指挥部查询执行过程的资源消耗

在执行过程中，运输 2 队不能在规定时间之内完成规定的任务，需对其进行任务重规划，如图 12.16 所示。点击"确定"按钮，进入方案管理功能模块，重规划的结果如图 12.17 所示。

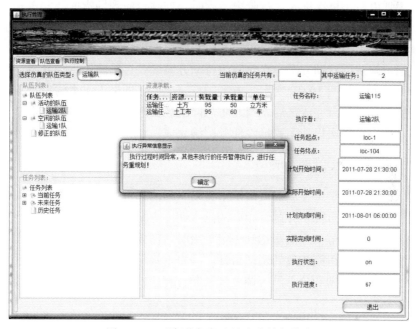

图 12.16　现场指挥部查询方案执行信息

图 12.17　重规划后的运输队伍行动方案

重规划以后，再次进入执行阶段。此时，控制台向现场指挥部发送一个新的险情，当前正在执行的任务继续执行，未开始执行的任务取消，进入外部事件到达引发的方案重规划阶段，如图 12.18 所示。再次重规划后，可得到应急行动方案，包括抢险队伍行动方案、仓储队伍行动方案以及运输队伍行动方案，其中运输队伍行动方案如图 12.19 所示。方案制订完成后立即进入方案的执行与监控阶段。当所有任务执行完成之后，湖北防总向现场指挥部发出资源回收指令，资源全部回收即表示本次堤防工程抢险任务圆满完成。

12.5.2　洪水调度会商

洪水调度会商是指在应对三峡洪水突发事件的过程中，各相关部门通过协商协调得到洪水调度目标，并制订相应的洪水调度方案。它主要涉及目标会商和调度方案制订两个环节。当洪水达到一定等级时，需要组织会商，采用让步策略进行目标协商协调，得到一致的调度目标，并报上级单位审批。根据审批后的调度目标、水库调度规则和分蓄洪区调度规则制订相应的调度方案，并报上级单位审批，最后执行方案。

参与洪水调度会商的应急决策实体有国家防总、长江防总、湖北防总以及三峡总公司。在进行洪水调度会商之前，控制台提供应急环境、应急资源、应急角

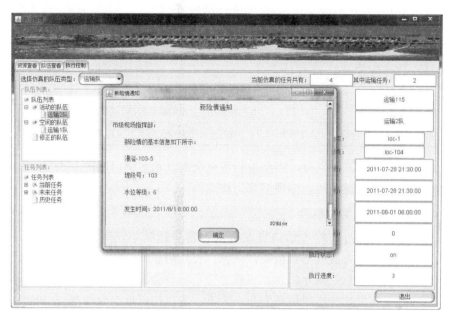

图 12.18 外部事件引发的方案重规划

图 12.19 再次重规划后的运输队伍行动方案

色等相关信息。三峡总公司判断洪水级别，洪水等级不同，对应的应急处置规程也不同，如表 12.11 所示。

表 12.11　洪水等级及对应的处置规程

入库流量/(立方米/秒)	洪水等级	应急处置规程
小于 25 000	第一等级	三峡总公司自行处理
25 000～56 700	第二等级	三峡总公司上报给长江防总，并提出调度建议
大于 56 700	第三等级	三峡总公司作为特大洪水上报长江防总，等待会商

当洪峰到达第三级别时，需要进行目标会商，本案例以两次洪水突发事件为例展现整个目标会商过程，体现多部门协商协调。

1. 第一次洪水突发事件

三峡总公司通过监控水情信息发现洪水将会达到第三等级，如表 12.12 所示，并将其作为特大洪水上报给长江防总。长江防总收到特大洪水预警后发起会商，并邀请国家防总、湖北防总、三峡总公司参与会商。等待三个单位都登录成功后，进行会商主题和水情信息发布，为下一阶段的目标会商做准备。

表 12.12　第一次洪水水情信息

水情时间	入库流量	水库水位	下泄流量	枝城流量	沙市水位
2012-8-8 8：00：00	60 800 立方米/秒	159 米	40 800 立方米/秒	76 000 立方米/秒	35 米

会商准备阶段完成后，进入目标会商阶段。在此阶段，国家防总不参与目标协商，只对整个会商流程进行监控，由长江防总、湖北防总、三峡总公司进行目标之间的协商。每个应急决策实体关注的目标不同，如表 12.13 所示。上下游防洪之间的矛盾主要表现在三峡水库水位与枝城流量、沙市水位之间的冲突。湖北防总和三峡总公司关注自身目标，会造成目标之间的冲突。长江防总希望在保证下游安全的情况下在最短的时间内完成应急防洪，同时对湖北防总和三峡总公司的目标进行平衡，以解决冲突。

表 12.13　应急决策实体的目标信息

应急决策实体	关注目标	评价标准
长江防总	应急防洪天数	安全的前提下越短越好
三峡总公司	三峡水库水位	越低越好
湖北防总	枝城流量	越小越好
	沙市水位	越低越好

长江防总首先提出自身目标，下达至湖北防总和三峡总公司；然后由湖北防

总和三峡总公司进行平级协商，若协商失败，则请求长江防总放宽应急防洪天数，湖北防总和三峡总公司再次平级协商，直至达成一致，会商成功。整个会商过程如图 12.20 所示。此次会商中，长江防总提出自身目标，湖北防总和三峡总公司进行了两次平级协商后达成一致，最终会商成功。

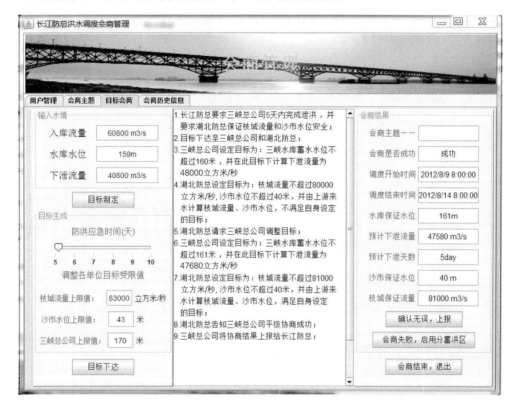

图 12.20　长江防总会商管理目标会商界面

　　会商成功后，长江防总确定调度开始时间和结束时间，点击"确认无误，上报"按钮，上报给国家防总进行审批。国家防总收到三峡水库洪水调度目标报告，如图 12.21 所示，确认无误后，点击"批准"，完成目标的审批。

　　长江防总待目标审批通过后，将此目标下达至三峡总公司。三峡总公司根据目标制订水库调度方案，设置电站机组和孔闸的开启个数和开启时间，如表 12.14 所示，并将此方案发送至长江防总。长江防总审批通过后，三峡总公司执行此方案。第一次洪水突发事件的应急处置即完成。

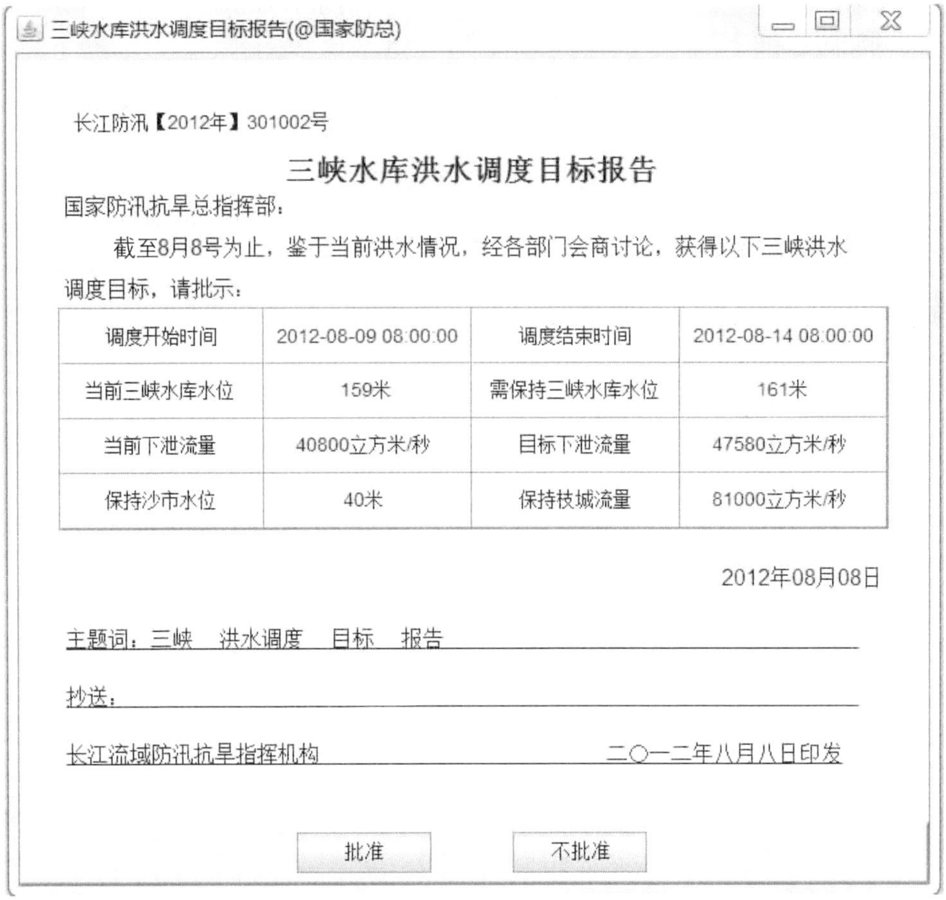
三峡水库洪水调度目标报告(@国家防总)

长江防汛【2012年】301002号

三峡水库洪水调度目标报告

国家防汛抗旱总指挥部：

截至8月8号为止，鉴于当前洪水情况，经各部门会商讨论，获得以下三峡洪水调度目标，请批示：

调度开始时间	2012-08-09 08:00:00	调度结束时间	2012-08-14 08:00:00
当前三峡水库水位	159米	需保持三峡水库水位	161米
当前下泄流量	40800立方米/秒	目标下泄流量	47580立方米/秒
保持沙市水位	40米	保持枝城流量	81000立方米/秒

2012年08月08日

主题词：三峡　洪水调度　目标　报告

抄送：

长江流域防汛抗旱指挥机构　　　二〇一二年八月八日印发

批准　　不批准

图 12.21　三峡水库洪水调度目标报告

表 12.14　水库调度方案

电站机组开启个数	电站机组开启时间	深孔开启个数	深孔开启时间	导流底孔开启个数	导流底孔开启时间	1号排漂孔开启个数	1号排漂孔开启时间	排沙孔开启个数	排沙孔开启时间
0个	0天	10个	5天	6个	5天	2个	5天	2个	5天

2. 第二次洪水突发事件

三峡总公司继续监控水情信息，发现洪水将会到达第三等级洪水，将其作为特大洪水上报给长江防总。长江防总再次发起会商，做好会商准备工作后开始目标协商，第二次洪水的具体信息如表 12.15 所示。

表 12.15　第二次洪水水情信息

水情时间	入库流量	水库水位	下泄流量	枝城流量	沙市水位
2012-8-16 8：00：00	81 000 立方米/秒	163 米	72 400 立方米/秒	78 000 立方米/秒	39 米

　　进入目标会商阶段，会商过程如表 12.16 所示。由会商过程看到，三个单位都达到自己的底线，仍然协商失败，说明此时洪水情况难以控制，需要启用分蓄洪区。长江防总点击会商管理界面中的"会商失败，启用分蓄洪区"按钮，如图 12.20 所示，并设置于 2012 年 8 月 20 日 8 时启用荆江分蓄洪区，将此目标上报给国家防总进行审批。

表 12.16　会商过程

协商步骤	应急决策实体	提出目标
1	长江防总	应急防洪天数为 8 天
2	三峡总公司	保证水库水位不超过 168 米
3	湖北防总	枝城流量不超过 81 000 立方米/秒，沙市水位不超过 42 米
4	三峡总公司	保证水库水位不超过 172 米
5	湖北防总	枝城流量不超过 81 000 立方米/秒，沙市水位不超过 42 米
6	长江防总	防洪应急天数定为 10 天，三峡总公司目标上限值为 175 米，湖北防总目标上限值为枝城流量 82 500 立方米/秒、沙市水位 45 米
7	三峡总公司	保证水库水位不超过 173 米
8	湖北防总	枝城流量不超过 82 000 立方米/秒，沙市水位不超过 45 米
9	三峡总公司	保证水库水位不超过 175 米
10	湖北防总	枝城流量不超过 82 000 立方米/秒，沙市水位不超过 45 米
11	三峡总公司	无法让步
12	长江防总	无法让步

　　国家防总收到此目标后，批准启用分蓄洪区的决定，并将该目标审批报告下达至分蓄洪区的现场指挥部，要求在 2012 年 8 月 20 日 8 时前完成转移安置工作。于 2012 年 8 月 19 日 21 时收到现场指挥部的转移安置完成信息，并提出分蓄洪区泄洪目标，国家防总批准后，将泄洪目标发送至湖北防总。

　　湖北防总收到分蓄洪区审批报告后，制订泄洪方案：开启南闸、北闸，于 2012 年 8 月 20 日 8 时开始泄洪，于 2012 年 8 月 23 日 8 时结束泄洪，并将此方案发送至国家防总。待审批通过后，湖北防总执行此方案，并将方案数据发送至态势系统。至此，第二次洪水突发事件的应急处置即完成。

12.5.3　分蓄洪区转移安置

分蓄洪区转移安置过程包括多部门之间的协作和 HTN 任务规划等主要环节，涉及区域转移安置、公安、交通和民政等部门，其中交通和民政部门需要进行 HTN 任务规划。在进行 HTN 任务规划之前，区域转移安置部门根据上级部门下达的转移安置通知确定灾民转移和物资出库以及运输计划的起止时间，上报上级单位形成灾民运输和物资出库目标后，下达至交通和民政部门。公安部门根据转移安置通知制订道路警戒方案，下达至交通部门。交通部门根据灾民运输目标和道路警戒方案进行灾民运输任务规划与执行；民政部门根据物资出库目标进行物资出库任务规划与执行，并形成物资运输目标发送至交通部门进行物资运输任务规划与执行。

本次仿真过程以湖北省荆江分蓄洪区为例，参与灾民转移安置的应急决策实体为荆江分洪前线指挥部，其组成单位包括区域转移安置部门、荆州市公安部门、荆州市交通部门和荆州市民政部门。为保证灾民的生命安全和日常生活，需要进行灾民转移和救灾物资出库运输。灾民转移涉及 2 个集结点、3 个安置点和5 支灾民运输队伍；安置点需要的救灾物资有帐篷、矿泉水、面粉和棉被共 4种，分别存储在 3 个不同的储备点，各储备点配备有 1 支仓储队伍；为完成救灾物资运输，划拨 4 支物资运输队伍给荆州市交通部门。具体仿真流程描述如下。

1. 下达转移安置目标

荆江前线指挥部接到国家防总下达的分蓄洪区启用通知，确定转移安置计划完成时间，形成转移安置通知，下达至区域转移安置部门，如图 12.22 所示。区域转移安置部门接到转移安置通知后，确定各集结点灾民集结人数和运输计划开始时间，以及各安置点所需物资的数量、出库计划起止时间和运输计划截止时间，并上报荆江前线指挥部审核，如图 12.23 所示。此外，荆州市公安部门根据转移安置部门制订道路警戒方案，并下达至荆州市交通部门，如图 12.24 所示。

2. 灾民运输任务规划和物资出库任务规划

荆江前线指挥部审核转移安置目标后下达至荆州市交通和民政部门。荆州市交通部门根据灾民运输目标以及道路警戒状况进行灾民运输任务规划，生成灾民运输方案，如图 12.25 所示。荆州市民政部门根据物资出库目标进行物资出库任务规划，生成物资出库方案并执行，如图 12.26 所示。

3. 物资运输任务规划

物资出库方案执行完毕后，荆州市民政部门形成物资运输目标，发送至荆州市交通部门，如图 12.27 所示。荆州市交通部门根据物资运输目标进行物资运输任务规划，形成物资运输方案并执行，如图 12.28 所示。所有任务执行完成后，

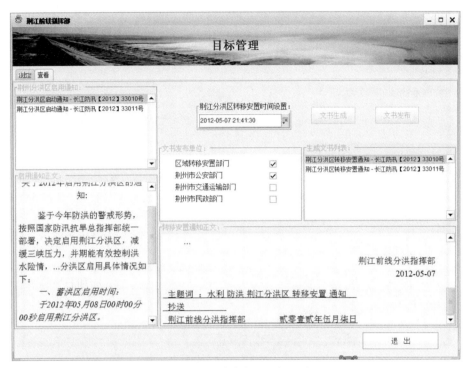

图 12.22　转移安置通知下达

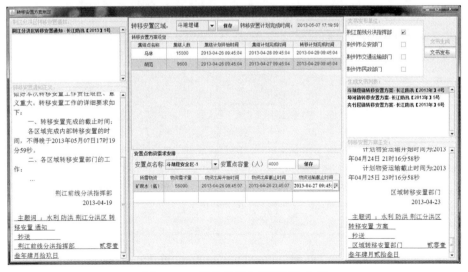

图 12.23　转移安置方案制订与上报

荆江前线指挥部向国家防总报告荆江分蓄洪区转移安置工作完成。

图 12.24　道路警戒方案制订与下达

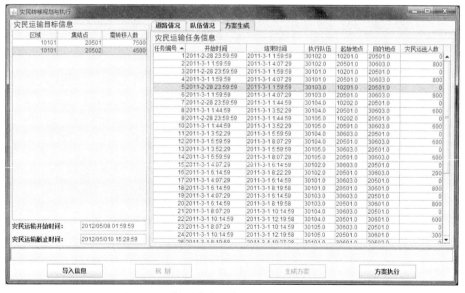

图 12.25　荆州市交通部门生成灾民运输方案

图 12.26　荆州市民政部门生成物资出库方案

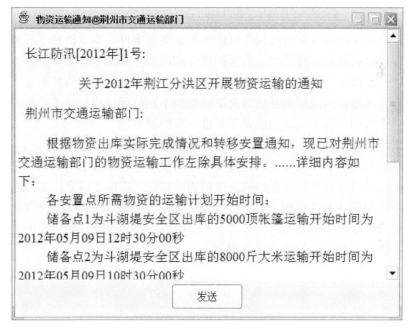

图 12.27　物资运输目标发送

图 12.28　荆州市交通部门生成物资运输方案

12.6　本章小结

　　针对三峡区域综合防洪过程中可能出现的突发事件，本章模拟了三类典型的决策过程，包括堤防工程抢险、洪水调度会商以及分蓄洪区转移安置。本章首先对系统进行了目标分析与边界定义；其次设计了系统的主体架构并配置了系统的软硬件开发环境；再次根据系统对决策问题的不同处理过程设计了系统功能；最后采用三个案例对整个系统功能做了更进一步的说明。

　　本系统为基于 HTN 规划的应急行动方案制订方法提供了验证和实验平台，不仅能够模拟突发事件或灾害演化过程、应急决策过程和应急行动执行过程，而且能够全面反映突发事件应急协同决策过程的特征，有助于应急决策人员提高决策能力，熟悉应急处置流程，其模拟结果可为后续突发事件应急决策提供参考。在未来的研究工作中，需要进一步考虑与实时应急指挥系统相结合，使之在实际突发事件应急过程中发挥更大的作用。

参考文献

[1] Takeuchi I, Kakumoto S, Goto Y. Towards an integrated earthquake disaster simulation system. http://citeseerx. ist. psu. edu/viewdoc/download? doi = 10. 1. 1. 114. 5367&·rep = repl&·type＝pdf, 2003.

[2] Ren A, Chen C, Shi J, et al. Application of virtual reality technology to evacuation simula-

tion in fire disaster. *In*：Arabnica H R. Proceedings of the 2006 International Conference on Computer Graphics and Virtual Reality. Las Vegas：CSREA Press，2006：15-21.

［3］Shendarkar A，Vasudevan K，Lee S，et al. Crowd simulation for emergency response using BDI agents based on immersive virtual reality. Simulation Modelling Practice and Theory，2008，16(9)：1415-1429.

［4］Mendonça D，Beroggi G E G，van Gent D，et al. Designing gaming simulations for the assessment of group decision support systems in emergency response. Safety Science，2006，44(6)：523-535.

［5］Shao G，McLean C R. Simulation prototypes for incident management training. Proceedings of the Brooks Automation's 13th Annual Worldwide Symposium，Austin，2006.

［6］赵策，陈国友. 引入 MMOG 技术的综合应急模拟训练系统框架. 计算机应用，2006，26：284-286.